EDUCAÇÃO COMO CONHECIMENTO DO SER HUMANO NA ERA DO ANTROPOCENO
uma perspectiva antropológica

Dados Internacionais de Catalogação na Publicação (CIP)
(Câmara Brasileira do Livro, SP, Brasil)

Wulf, Christoph
　　Educação como conhecimento do ser humano na Era do antropoceno : uma perspectiva antropológica / Christoph Wulf ; [tradução Karina Limonta Vieira]. — São Paulo : Cortez Editora, 2021.

　　Título original: Bildung als Wissen vom Menschen im Anthropozän
　　ISBN 978-65-5555-212-6

　　1. Antropoceno 2. Antropologia 3. Conhecimento 4. Desenvolvimento sustentável 5. Diversidade cultural 6. Educação 7. Educação - Finalidades e objetivos 8. Globalização 9. Paz 10. Violência I. Título.

21-88502　　　　　　　　　　　　　　　　　　　　CDD-306.43

Índices para catálogo sistemático:

1. Antropologia educacional 306.43

Maria Alice Ferreira - Bibliotecária - CRB-8/7964

Christoph Wulf

EDUCAÇÃO COMO CONHECIMENTO DO SER HUMANO NA ERA DO ANTROPOCENO
uma perspectiva antropológica

Tradução de
Karina Limonta Vieira

São Paulo – SP

2022

EDUCAÇÃO COMO CONHECIMENTO DO SER HUMANO NA ERA DO
ANTROPOCENO: UMA PERSPECTIVA ANTROPOLÓGICA
Título original: *Bildung als Wissen vom Menschen im Anthropozän*
Christoph Wulf

Capa: de Sign Arte Visual
Tradução: Karina Limonta Vieira
Preparação de originais: Elizabeth Matar
Revisão: Ana Paula Ribeiro; Patrizia Zagni
Editora assistente: Priscila F. Augusto
Diagramação: Línea Editora
Coordenação editorial: Danilo A. Q. Morales
Direção Editorial: Miriam Cortez

Nenhuma parte desta obra pode ser reproduzida ou duplicada sem autorização expressa do autor e do editor.

© 2022 by Christoph Wulf

Direitos para esta edição
CORTEZ EDITORA
R. Monte Alegre, 1074 — Perdizes
05014-001 — São Paulo-SP
Tel.: +55 11 3864 0111
cortez@cortezeditora.com.br
www.cortezeditora.com.br

Impresso no Brasil – fevereiro de 2022

Sumário

Prefácio da edição brasileira 7
Introdução: Educação como conhecimento do ser humano 15

Parte I – Perfeição do imperfeito 33

1. O sonho da educação 35
2. O discurso pedagógico da modernidade 53
3. A perfeição do indivíduo 68
4. Fundamentos antropológicos da educação 88

Parte II – Formas do conhecimento antropológico ... 113

5. Repetição como parte da *conditio humana* 116
6. O poder produtivo da imaginação 139
7. A digitalização do mundo da vida 165
8. Conhecimento silencioso: iconicidade, performatividade e materialidade 187

Parte III – Educação no mundo globalizado 205

9. Ser um "bom humano": educação no confucionismo.......... 208
10. Espiritualidade e redução da violência: perspectivas indianas 233
11. Antropoceno: a Era dos Humanos 255
12. Paz, diversidade cultural e sustentabilidade como tarefas da educação global 279

Referências 323
Sobre o autor.. 365

Prefácio da edição brasileira

A tradução do livro *Educação como conhecimento do ser humano na Era do Antropoceno: uma perspectiva antropológica* é um trabalho muito importante do qual me honra ter feito parte e apresentá-lo ao leitor brasileiro, e se constitui em uma tarefa instigante e importante diante do cenário global que estamos vivendo. Este livro apresenta uma abordagem epistemológica que relaciona educação, conhecimento, ser humano e Antropoceno no cenário da globalização. Cabe aqui ressaltar a relevância acadêmica internacional do autor. Christoph Wulf é professor emérito da Universidade Livre de Berlim, instituição a que está vinculado desde 1980 e onde foi cofundador do Centro Interdisciplinar de Antropologia Histórica. É um autor de relevância internacional, cujos livros estão publicados em mais de 20 idiomas. A sua atuação na Alemanha e em diversos países é relevante, sendo vice-presidente da Unesco na Alemanha e fundador da Comissão de Antropologia Educacional Alemã para Ciências Educacionais, além de atuar como professor visitante em diversas universidades como Stanford, Amsterdã, Londres, Lisboa, Viena, Estocolmo, Tóquio, Kyoto, Paris, Pequim, Nova Déli, Moscou, Roma, Pequim, Shanghai, São Petesburgo, Maiçor e São Paulo. Suas principais áreas de pesquisa são: Antropologia, Antropologia Educacional Histórico-Cultural, Estética e Educação Intercultural, performatividade e ritual, diversidade e emoção, aprendizado mimético e imaginação, educação cultural, violência e educação para desenvolvimento sustentável.

A tradução e apresentação desta obra são frutos do meu vínculo com o autor, que se iniciou em 2015, mas podemos dizer que intencionalmente já existia há alguns anos. Desde minha graduação na Unesp, meu interesse por antropologia e sua relação com a educação sempre estiveram presentes, seja no referencial teórico da monografia de final de curso de graduação e no mestrado, seja por minhas experiências na antropologia da UFPE em Recife, bem como nas aulas ministradas em universidades na cidade de São Paulo. O fato é que em 2012 iniciei minha pesquisa de doutorado com o tema Antropologia da Educação. Esta temática me levou a explorar o campo da Antropologia da Educação para além das fronteiras do Brasil e, em 2015, realizei um estágio doutoral na Universidade Livre de Berlim sob a supervisão do Professor Christoph Wulf. Deste estágio doutoral, resultou a publicação da minha tese, cujo viés teórico e metodológico partiu de abordagens alemãs, principalmente da Antropologia Educacional Histórico-Cultural alemã e Análise de Conteúdo Hermenêutica.

Como prosseguimento dessas pesquisas, após o doutorado, o meu vínculo com a abordagem da Antropologia Educacional Histórico-Cultural alemã se estreita como pesquisadora associada da Universidade Livre de Berlim e membro da Rede Internacional de Antropologia Histórico-Cultural. As pesquisas realizadas por mim focam abordagens, conceitos e temáticas como, por exemplo, Antropologia Educacional, mimésis, dimensões educacionais, *Bildung* (educação) e antropoceno. Essas pesquisas seguiram a ideia de que a fragmentação e a desterritorialização da Antropologia contemporânea provocam o desenvolvimento de novos estilos de pesquisa e reflexão e, por isso, uma Antropologia com orientação global significa uma abertura para questões que lidam com as condições da vida humana no futuro.[1] Consequentemente, esse saber antropológico cria novas questões, perspectivas e novos temas nas ciências da Educação dentro de contextos históricos e sociais específicos. Sendo assim, a reflexão

---

1. Wulf, 2017.

sobre a historicidade e a culturalidade do ser humano implica mostrar as possibilidades e os limites da educação e do processo de formação do ser humano em aspectos biológicos, sociais e culturais.[2]

Essa perspectiva, já desenvolvida por Wulf na Antropologia e na Antropologia Educacional, dentre vários outros livros publicados pelo autor com diferentes temáticas e aprofundamento teórico, assim como a indagação sobre a rápida expansão do crescimento do conhecimento do ser humano e a maneira como compreendemos quem somos no mundo globalizado, levaram-no à publicação da obra *Bildung als Wissen vom Menschen im Anthropozän*, cujo título no Brasil é *Educação como conhecimento do ser humano na Era do Antropoceno: uma perspectiva antropológica*.

A palavra *Bildung*, na versão em português, poderia ter tido outra tradução, como, por exemplo, *formação humana*, pois é o que se aproxima da tradução literal. No entanto, essa palavra possui vários significados e interpretações muito complexos e tem gerado um debate muito profundo na Alemanha. Para a versão em português, optou-se, em comum acordo com o autor, pela tradução da palavra *Bildung* para *educação*, tal qual na versão em inglês se optou por *education*, no sentido de aproximá-la, em seu significado e sentido, para o contexto brasileiro, que aborda a palavra educação em sua completude, assim como é a proposta do livro, a educação como componente constituinte do ser humano no sentido de entender quem é esse ser humano e qual é a sua educação.

A proposta do livro de Wulf é instigante, questionadora, ousada e reflexiva. Ela chega em um momento oportuno para o leitor brasileiro, tendo em vista os inúmeros embates que a sociedade brasileira tem vivido nos últimos anos, desde a poluição e as queimadas recorrentes na Amazônia até a vulnerabilidade da pandemia do coronavírus. Esta pandemia gerou um misto de incertezas, tristeza e ansiedade pelo próprio fato de estarmos em meio a uma crise de saúde e ao mesmo tempo em uma crise política levando a população brasileira a uma

---

2. Wulf, 2005a.

saturação de sentimentos devido à falta de controle. Isto nos remete a um trecho deste livro: "estamos subjugando a natureza, explorando-a imprudentemente para nossa própria vantagem e, ao fazê-lo, estamos destruindo, em grande parte, os próprios fundamentos de nossas próprias vidas". Nossas próprias vidas e sentimentos estão envolvidos no descontrole que estamos vivendo em decorrência da interferência do ser humano na natureza.

É importante pensarmos nesta interferência, pois esta compreensão está entrelaçada com a relação entre educação, conhecimento, ser humano e Antropoceno, que nos remete a pensar no mundo em que vivemos hoje e no papel do ser humano neste mundo atual. Como o próprio autor salienta, a educação é um componente constitutivo do ser humano e conhecer o ser humano é um elemento constitutivo da educação. Ou seja, compreender que a educação tem um papel fundamental na maneira como o conhecimento do ser humano interfere no planeta Terra e seu enorme impacto e, a partir desta interferência, coloca em risco a sobrevivência da própria humanidade. Os impactos ambientais, tecnológicos e genéticos clamam por mudanças na compreensão do ser humano e na compreensão da educação, principalmente, no impacto que a educação terá na formação futura de crianças e jovens. Neste sentido, a questão levantada por Wulf guia o livro e nos encaminha a pensar sobre "como entendemos os seres humanos e sua educação no Antropoceno". Uma questão cuja abordagem é histórica e cultural e que é capaz de fluir-se por entre os desafios presentes no mundo globalizado e pensá-los histórico-antropologicamente.

O livro de Wulf aborda temas importantes para pensarmos a educação neste cenário atual, como a perfeição do imperfeito, as formas do conhecimento antropológico e a educação no mundo globalizado. Estas três partes abordam elementos da perfectibilidade da educação e o conhecimento antropológico da educação, das formas do conhecimento antropológico como *conditio humana*, imaginação, digitalização e conhecimento silencioso, e a educação no mundo globalizado que envolve a perspectiva chinesa e indiana, o antropoceno e as tarefas da educação global.

O instigante debate filosófico sobre a perfectibilidade apresentado pelo autor na Parte I convida-nos a refletir sobre o sonho da educação e as imagens do ser humano de Comenius, Rousseau, Humboldt e Schleiermacher. Para Comenius devia-se ensinar tudo a todos de modo que meninos e meninas aprendessem de tudo para atingir a perfeição em nome de Deus. Os princípios de Rousseau almejam a racionalidade, a universalidade e a representatividade para o desenvolvimento de práticas racionais, tais como moderação, prudência e comportamento gentil. Humboldt reconhece a importância de uma educação geral do indivíduo de modo a evitar o conhecimento enciclopédico. E Schleiermacher contribui para pensarmos a prática educacional além de algo técnico, mas que envolve flexibilidade ou intencionalidade interrompida. As imagens do ser humano e o conhecimento antropológico são levados em consideração, logo, se obtém uma visão antropológica dos fenômenos educacionais com o surgimento da Antropologia Educacional, baseada em uma Antropologia Histórico-Cultural de diversidade metodológica, inter e transdisciplinaridade, inter e transculturalidade, bem como uma compreensão complexa da educação.

As dimensões do conhecimento antropológico na educação, o poder produtivo da imaginação, a digitalização do mundo da vida e o conhecimento silencioso são apresentados na Parte II do livro. As dimensões do conhecimento antropológico da educação sem dúvida abordam a importância da repetição e de como o ser humano aprende na sociedade por meio da repetição, imaginação, mimésis, rituais e conhecimento tácito. A repetição é uma *conditio humana*, portanto, desempenha um papel importante na educação, sendo que os rituais com a ajuda da imaginação contribuem para a recriação dos rituais passados e para o pertencimento à comunidade.

O autor, ao examinar o papel da imaginação e seu poder performativo para o desenvolvimento dos seres humanos e a criação de sua convivência social e cultural, enfatiza o poder produtivo da imaginação. A imaginação faz parte da condição humana, e nós, humanos, não vivemos sem imaginar, pois criar faz parte de nosso cotidiano no momento em que performatizamos as nossas criações, assim como as crianças recriam em suas brincadeiras e aprendem com seus gestos e corpo por meio do processo mimético, de sua cultura e de sua interpretação de mundo. As pesquisas evolucionistas e neurológicas têm mostrado que as crianças participam dos processos culturais e adquirem conhecimentos de sua cultura, e as condições sociais e culturais do início da vida da criança se inscrevem no cérebro e no corpo da criança.

Este imaginário também é formado pelas mídias digitais e, no mundo globalizado do Antropoceno, nós vivemos a digitalização do mundo da vida. Mídias que fazem parte do desenvolvimento social e cultural, principalmente dos mais jovens, desempenham um papel social e estabelecem relações sociais e culturais entre as pessoas. Os jovens estão constantemente conectados com a internet por meio de redes sociais e fazem deste meio a sua própria vida, por isso, compreender como essas relações são estabelecidas é fundamental para a educação. Ao mesmo tempo em que as pessoas estão em intensa comunicação na internet, o autor nos propõe a pensar sobre o conhecimento silencioso e como sua aprendizagem ocorre pelo corpo nos processos miméticos de apropriação do mundo que ocorrem nas práticas do cotidiano, e que estão implícitas no aprendizado das pessoas.

A perfeição do imperfeito e as formas de conhecimento antropológico sem dúvida destacam o conhecimento ocidental da educação, mas, para o autor, é relevante pensarmos na educação no mundo globalizado. No mundo global do Antropoceno estão presentes as ideias do confucionismo e do hinduísmo, que contribuem para a compreensão da natureza histórica e cultural do mundo ocidental. No confucionismo, a tarefa consiste em desenvolver a humanidade de um ser humano moral e uma educação ética com a ajuda de rituais. No hinduísmo, a dimensão espiritual da vida é importante para a educação das pessoas, e o eu deve transcender o mundo da experiência e realizar valores voltados para a compaixão e a compreensão do outro. No Antropoceno ou Era dos Humanos, em que o mundo é moldado pelo ser humano e marca uma era de destruição do clima e de recursos não renováveis, o conhecimento antropológico-educacional é destaque para nossa autocompreensão e compreensão da educação e socialização. Neste sentido, a Unesco propõe como tarefas da educação global o debate sobre paz, diversidade cultural e sustentabilidade para o futuro da era global do planeta.

Esta obra é uma contribuição para a educação no Brasil, visto que ao leitor é apresentado o tema do Antropoceno e da globalização. Diante da complexidade do mundo atual, faz-se necessário estar atento a certos fenômenos importantes para a educação, como o impacto das imagens da educação ocidental, o conhecimento antropológico da educação e a educação no mundo globalizado. Estar diante de temas reflexivos na educação, como aprendizado mimético, processos repetitivos, imaginação, paz, violência, alteridade e desenvolvimento sustentável, é importante e fundamental para a compreensão do ser humano e de sua educação.

Karina Limonta Vieira

Introdução
Educação como conhecimento do ser humano

Nos tempos em que vivemos, o conhecimento humano está se expandindo rapidamente, mas, ao mesmo tempo, estamos perdendo nossa compreensão de quem somos. Como devemos nos entender? Qual é o futuro que está diante de nós? Nos últimos anos, os seres humanos tiveram que corrigir sua compreensão de si mesmos de maneira radical. Se os seres humanos estão fazendo com que o mundo se torne diferente e esse processo também está provocando mudanças na maneira como nos entendemos, então nossa compreensão da educação também precisa sofrer uma mudança. Novas imagens do mundo, dos seres humanos e da educação estão surgindo. Diante disso, a Antropologia (a ciência dos seres humanos) e a Antropologia Educacional (a base antropológica da educação) estão assumindo um novo significado. Hoje estamos vivendo no Antropoceno, a Era dos Humanos. É uma era marcada pela influência destrutiva dos seres humanos no planeta em todos os tipos de áreas. Estamos subjugando a natureza, explorando-a imprudentemente para nossa própria vantagem e, ao fazê-lo, estamos destruindo, em grande parte, os próprios fundamentos de nossas próprias vidas. Isso está se tornando visível nas mudanças climáticas, na destruição da biodiversidade, na aniquilação de energia não renovável e na poluição do meio ambiente. A pandemia corona também nos confronta com as limitações de nossa capacidade de dominar o mundo, nossa vulnerabilidade e mortalidade. Deixou claro para nós quão pouca "autonomia" temos em nossas vidas humanas e quão dependentes somos da natureza e dos desenvolvimentos sobre os quais não temos controle. Diante disso, é imperativo corrigirmos as imagens que temos do que é ser humano e das nossas práticas sociais e culturais. Essas mudanças são particularmente importantes quando se considera a educação das gerações futuras.

As pessoas só podem desenvolver seu potencial por meio da educação e da socialização. Elas são educáveis e formadas através da educação; seu desenvolvimento e realização enquanto seres humanos dependem da educação. Isso se aplica a indivíduos, gerações e toda a espécie humana. O que e como os seres humanos devem ser educados ou formados foi determinado de maneira diferente na história da humanidade. A educação é um fator decisivo no desenvolvimento humano e se manifesta de maneira diferente em distintas fases da história e cultura humanas. Uma compreensão dos seres humanos só pode ter sucesso se considerarmos o fato de que os humanos se desenvolvem ao longo de suas vidas. Eles são educados e dependem da educação. A educação é, portanto, um componente constitutivo do ser humano; e o conhecimento do ser humano é um elemento constitutivo da educação. Os dois estão inseparavelmente entrelaçados. No Antropoceno de hoje, na "Era dos Humanos", em que os seres humanos determinam cada vez mais o destino de todo o planeta, questões sobre os seres humanos e como eles são formados pela educação estão ganhando importância.[1] Devido ao potencial produtivo e destrutivo dos seres humanos em relação à formação do futuro do planeta, há uma necessidade de teoria educacional que leve também em consideração essas dimensões.

---

1. Embora a União Internacional de Ciências Geológicas, após longas deliberações, tenha decidido que a época atual ainda é o Holoceno, de uma perspectiva antropológica e cultural-científica, parece-me bastante razoável falar do Antropoceno ao descrever o significado dos enormes efeitos dos seres humanos sobre o planeta.

Historicamente, a educação deu uma contribuição importante ao desenvolvimento, preservação e transformação dos Estados-nação e de suas culturas. Além disso, a globalização das últimas décadas deixou claro que a educação não ocorre apenas em uma cultura, língua e tradição nacional, mas também em relação a uma cultura ocidental comum que transcende as fronteiras nacionais.[2] No mundo globalizado, a educação ainda exige uma orientação que leve em consideração as condições globais da sociedade mundial. A globalização molda as condições de vida locais, regionais e nacionais de várias maneiras. E esses *habitats*, por sua vez, determinam a visão e o entendimento do mundo globalizado. Como as duas tendências de homogeneização universal e diversidade cultural se relacionam entre si e como são tratadas suas contradições e conflitos na educação e na formação?

Igualar globalização exclusivamente à homogeneização global é inadequado e simplifica a complexidade da globalização de maneira inadmissível. Por mais momentânea que seja a homogeneização universal, a tendência oposta de valorizar a diversidade cultural não é menos importante para o desenvolvimento da sociedade mundial. A educação contemporânea deve abordar as duas tendências, lidar com elas e incorporá-las à sua autoimagem.[3] Na Era dos Humanos, a dimensão planetária da ação humana está ganhando importância. Já pode ser demonstrado em nível local, regional e nacional que quase não existem áreas no planeta em que os seres humanos não tenham influência. Isso se aplica à natureza com seus mares, rios e montanhas, florestas e desertos, que estão sendo cada vez mais modificados pelos seres humanos, seguindo suas próprias ideias.[4]

Histórica e culturalmente, a educação ocorre de maneira diferente. Difere nos aspectos local, regional e nacional. Ao mesmo tempo, exige um debate sobre os principais problemas do mundo globalizado, que

---

2. Wulf e Merkel, 2002; Wulf e Weigand, 2011.
3. Poulain, 2017; Wulf, 2013a.
4. Gil e Wulf, 2015.

leva em conta o fato de que não somos apenas cidadãos de um país, mas também cidadãos da sociedade mundial. A paz, o lidar com a alteridade, a educação para o desenvolvimento sustentável e a educação para a cidadania global estão entre as tarefas mais importantes da educação atualmente.[5] Esse é ainda mais o caso, visto que no Antropoceno os seres humanos têm possibilidades sem precedentes de destruir o planeta. Por isso, surgem novas formas de responsabilidade e compromisso com a solidariedade.

Essas tarefas só podem ser realizadas se o conhecimento antropológico for entendido pelos seres humanos como uma parte implícita da educação. Isso requer pesquisa histórico-antropológica para mostrar como nós, humanos, nos vemos no início do século XXI. A questão de *como* entendemos os seres humanos e sua educação no Antropoceno é uma nova questão, histórica e cultural, cuja resposta determinará o futuro dos seres humanos e do planeta. Este livro representa minha própria contribuição para esses problemas complexos.

Perfeição do imperfeito

A fim de compreender educação e socialização, deve-se conhecer sua gênese histórica. Há diferentes possibilidades para isso. Uma é explorar as condições e situações educacionais com a ajuda de fontes existentes e reconstruir sua singularidade histórica. Fenômenos antropológicos, situações básicas e condições de educação e socialização desempenham um papel nessa abordagem. A tarefa dessa forma de historiografia é entender como esses processos ocorreram em certos contextos históricos e mostrar o que a realidade histórica pareceu a partir da perspectiva da respectiva historiografia. Outra possibilidade é reconstruir o surgimento das principais narrativas que regem a ação humana nesses campos.

---

5. Bernecker e Grätz, 2018.

Como a educação foi compreendida no início dos tempos modernos? Que novas ideias do ser humano e de sua educação emergiram e como essas ideias tiveram um efeito durante os séculos até a atualidade? Primeiramente falaremos sobre isso, em seguida, abordaremos as ideias que têm sido usadas desde o início dos tempos modernos para tentar alcançar a perfeição humana, apesar de sua capacidade para ser educado ser limitada. As narrativas que guiam ação e reflexão educacionais são reconstruídas até hoje. Os discursos desenvolvidos para essa proposta são normativos, querendo determinar quem é o ser humano e como ele pode ser melhorado por meio da educação apesar de toda sua resistência.

No século XVII, no início da modernidade, o grande sonho de Comenius (capítulo 1) era proporcionar tudo a todos os seres humanos por meio da educação. Até hoje, por exemplo, tem mantido sua importância pioneira na educação para o desenvolvimento sustentável (capítulo 12). Todas as pessoas, meninos e meninas, deveriam aprender tudo que é necessário para a perfeição deles. Educação e autoformação são um serviço para o ser humano e para Deus. Em uma combinação de visão e linguagem, esse objetivo é para ser percebido de tal maneira que crianças, jovens e professores apreciem a aprendizagem e sua perfeição devota.

Enquanto no século XVII a educação para Comenius foi desenvolvida na base da *Didática magna*, Rousseau voltou-se, no século XVIII, para a criança individual. O pré-requisito constitui também o entendimento da necessidade antropológica da educação, mas agora com a ajuda do amor pela criança, cujos próprios poderes para aprender devem ser estimulados. Educação não é mais projetada por uma ordem mundial desejada por Deus, mas pelas condições da criança, a quem uma providência educacional do ambiente é desenvolvida.

O discurso pedagógico emergente gradual da modernidade faz uma contribuição importante para o entendimento humano. Universalidade, racionalidade e representatividade tornam-se princípios de sua educação e de seu entendimento do mundo e de si mesmo (capítulo

2). O objetivo é o autoempoderamento e a autonomia crescente do ser humano. A finalidade é um adestramento do corpo. A razão deveria controlar nossas emoções; nós exigimos que elas façam parte das atividades da vida cotidiana, cada vez mais, avaliadas de acordo com considerações econômicas; com a ajuda da educação, é exigido um disciplinamento que torne as pessoas mais economicamente utilizáveis. A crescente divisão do trabalho leva ao desenvolvimento das práticas racionais, tais como moderação, prudência e comportamento gentil. No curso do processo civilizatório, a estrutura interna dos seres humanos se diferencia; as contradições sociais atingem também cada vez mais as próprias pessoas. As pessoas possuem cada vez mais conflitos internos. No centro desse desenvolvimento está o sujeito, sua constituição, sua educação, sua posição em direção ao mundo e em direção a si mesmo. Este sujeito torna-se um tema importante da modernidade e o foco do modernismo tardio. É moldado pela ação e, nesse processo, é moldado pelas estruturas sociais e culturais. Em nome do sujeito, é exigido o direito à liberdade individual, crítica e ação autônoma. Em seu centro, é pressuposta uma autoridade que controla de forma responsável suas ações e deve ser desenvolvida nos processos educacionais.

No século XIX, o trabalho de Humboldt fornece uma forma mais concreta de compreender as tarefas da educação. Embora, o Novo Humanismo não tenha uma pedagogia no sentido mais estreito da palavra, ele desenvolveu sua própria teoria da educação. Humboldt viu nos estudos clássicos um valor educacional na medida em que eles poderiam ajudar o indivíduo a ser ele próprio. A tarefa é um desenvolvimento da educação geral do todo do indivíduo de maneira uniforme. O objetivo é o ser humano educado por completo, que é capaz de reconciliar-se com as contradições de sua existência. Uma educação geral deveria ajudá-lo a fazer isso, nesse caso, é essencial evitar sobrecarga enciclopédica a todo custo. As concepções de Humboldt da educação geral estão baseadas em seu trabalho antropológico, no qual ele assume que o ser humano é criado para se educar, melhorar e se aperfeiçoar.

Nas investigações antropológicas de Humboldt, pode-se ver preliminarmente o trabalho sobre uma Antropologia diacrônica *avant la lettre*, histórica, e sobre uma Antropologia Cultural sincrônica, comparativa, que são de importância central para nosso entendimento atual de Antropologia e Antropologia Educacional (capítulo 3).[6] Somente é possível o entendimento da educação geral de Humboldt com base em tais investigações antropológicas. Para ele, a educação é um processo mimético, no qual o indivíduo se assemelha ao mundo em um processo produtivo, incorpora-o em seu imaginário e, assim, se abre e se educa por ele próprio. Nesse processo de apropriação mimética do mundo e desenvolvimento simultâneo de si mesmo, a imaginação e a linguagem estão inseparavelmente entrelaçadas.

A partir disso, Schleiermacher segue enfatizando a precedência da prática educacional sobre a teoria da educação e, portanto, o caráter histórico da prática educacional. Como um texto, a realidade da educação pode se tornar objeto de interpretação hermenêutica. Schleiermacher acredita que não basta ver a prática educacional puramente em termos de objetivos a serem alcançados e apenas como algo técnico. Em vez disso, a prática educacional é uma ação multidimensional, sensorial, emocional e ética que afeta toda a pessoa.

Todos os autores mencionados até o momento enfatizam a interdependência entre Pedagogia e Antropologia. A educação não é possível sem imagens do ser humano, nem sem o conhecimento antropológico. Isso está evidente nas pesquisas de Antropologia Educacional desenvolvidas na Alemanha na segunda metade do século XX. O objetivo aqui é levar uma visão antropológica aos fenômenos educacionais. Seguindo inúmeras abordagens inspiradas filosoficamente, no último quarto do século XX e nas duas primeiras décadas do século XXI, emergiram uma Antropologia Histórica ou Histórico-Cultural,[7] influenciando os fundamentos da Antropologia Educacional (capítulo 4),

---

6. Mattig, 2019.
7. Wulf, 2009.

que foram além da abordagem filosófica.[8] Além da pesquisa filosófica, as pesquisas em Antropologia Histórica e Antropologia Cultural ou Etnologia também ganharam importância. Em contraste com os trabalhos da Antropologia Filosófica, caracterizados por tentar determinar o conceito de ser humano com base em *um* princípio, enfatiza-se agora que, por razões de princípio, é impossível explicar a complexidade do ser humano com base em um único princípio. Em vez disso, a pesquisa sobre seres humanos só pode ser realizada com a ajuda de diferentes paradigmas científicos. Isso inclui, mas não está limitado a: 1) teorias sobre hominização, isto é, a evolução da humanidade, 2) Antropologia Filosófica desenvolvida na Alemanha, 3) Antropologia Histórica desenvolvida primeiramente na França, 4) Antropologia Cultural ou Social, intensivamente desenvolvida na Inglaterra e nos Estados Unidos e 5) Antropologia Histórico-Cultural que procurou conectar esses paradigmas.[9] As múltiplas abordagens e estudos da Antropologia Educacional baseiam-se nas considerações relacionadas, ampliando o campo da pesquisa antropológica.[10] Para esta pesquisa são importantes: dupla historicidade e culturalidade (dos contextos pesquisados e dos próprios pesquisadores), diversidade metodológica, inter e transdisciplinaridade, inter e transculturalidade, bem como uma compreensão complexa da educação.

Formas do conhecimento antropológico

O conhecimento antropológico é amplo, e inclui o ser humano, seu comportamento, suas ações, suas emoções, suas ideias em seu ambiente natural, social e cultural. Um problema central da Antropologia é como o conhecimento geral pode estar atrelado ao conhecimento específico

---

8. Wulf, 2001; Zirfas, 2004.

9. Wulf, 2013a.

10. Wulf e Zirfas, 2014, cf. também as numerosas publicações da Comissão de Antropologia Educacional da Sociedade Alemã para a Ciência Educacional desde 1994.

de um determinado período histórico ou de uma cultura específica. A necessidade disso decorre do fato de que, no mundo globalizado, sabe-se que uma tendência mais universal à homogeneização e uma tendência à diversidade colidem. Na Antropologia, a primeira tendência é mais a favor da pesquisa sobre hominização, que trata da reconstrução da gênese do *Homo Sapiens*, e Antropologia Filosófica, cujos representantes processaram muitas pesquisas biológicas e morfológicas de seu tempo e esperavam determinar as características constitutivas do ser humano em comparação com o animal. A segunda tendência, da diversidade, que determina a globalização atualmente, está mais de acordo com as pesquisas da Antropologia Histórica diacrônica e da Antropologia Cultural sincrônica, ambas objetivando menos o conhecimento nomotético do que o ideográfico.

Uma forma de conhecimento em que ambas as perspectivas desempenham um papel é a repetição (capítulo 5).[11] Por um lado, os processos da vida como comer, beber, sexualidade, são repetições de ações anteriores; por outro lado, cada ação é diferente das anteriores. Assemelha-se às anteriores, mas é diferente e, por isso, também nova. Além dos processos básicos da vida, as repetições na educação e na socialização desempenham um papel constitutivo. Isso se torna claro na importância dos processos miméticos para a educação dos seres humanos.[12] As crianças se esforçam para se tornar como seus irmãos mais velhos ou pais. Elas se assemelham às suas ações e, assim, fazem parte da comunidade à qual desejam pertencer. Processos de aprender a andar, de fazer parte da comunidade, de falar são processos miméticos para os quais a repetição é característica e sem a qual os processos de aprendizado correspondentes não podem ser bem-sucedidos. Nas repetições de processos miméticos, a vida e as formas de ação são incorporadas e, portanto, ficam disponíveis. Cada repetição combina o familiar com o novo e, por isso, está vivo.

---

11. Kierkegaard, 1983; Nietzsche, 2012; Deleuze, 1994; Resina e Wulf, 2019.
12. Gebauer e Wulf,1995, 1998; Wulf, 2009.

O significado antropológico e educacional da repetição na criação do social torna-se particularmente claro em rituais com a ajuda dos quais comunidades são formadas, mantidas e alteradas.[13] Embora percebamos também que a realização de um ritual pode garantir a continuidade do social, cada *performance* de um ritual é diferente. A exploração do caráter performativo dos rituais e dos gestos deixa isso claro.[14] Os rituais são constitutivos dos processos de educação e socialização.[15] A incorporação de valores, comportamentos e formas de ação requer repetição ritual. Isso também se aplica ao desenvolvimento da linguagem e do imaginário. A repetição provoca a educação do indivíduo, bem como o surgimento do *Homo Sapiens* ao longo de gerações.

Não menos que por meio da linguagem, o ser humano é caracterizado pela imaginação (capítulo 6). Com o seu auxílio, o ausente pode se tornar presente e memórias e projeções do futuro podem ser trazidas para o presente. Não há dúvida de que a imaginação é uma característica do *Homo Sapiens*, quase uma condição do ser humano. Agir para o futuro é inconcebível sem eles. A imaginação faz parte das pessoas com quem trabalha e com quem elas podem animar o mundo e torná-lo parte de seu imaginário. A imaginação também é uma capacidade de dissolver e destruir as conexões existentes e, assim, criar novas. Pode criar e recombinar ideias e relações. É uma função "não realizadora" da consciência. A imaginação lembra e cria, combina e projeta imagens, cria a realidade. Ao mesmo tempo, a imaginação se utiliza da realidade para produzir imagens. As imagens da imaginação têm uma dinâmica que estrutura a percepção, a memória e o futuro. Sua rede segue os movimentos dialéticos e rítmicos da imaginação. Não apenas a vida cotidiana, mas também literatura, arte, música e artes cênicas fornecem um reservatório inesgotável de imagens. Algumas parecem ser relativamente estáveis e imutáveis. Outras, por outro lado, estão sujeitas a rápidas mudanças históricas

---

13. Wulf, Suzuki et al., 2011.
14. Wulf, Göhlich, Zirfas, 2001; Wulf e Zirfas, 2007.
15. Wulf et al., 2001, 2008, 2007, 2010, 2011.

e culturais. A imaginação possui uma dinâmica simbólica que gera continuamente novos significados e utiliza imagens para interpretar o mundo.[16]

Alinhar-se mimeticamente com outras pessoas, situações e coisas, isto é, tornar-se semelhante a elas, ocorre com a ajuda da imaginação. Isso possibilita transformar o mundo exterior no imaginário do mundo interior e transformá-lo nas condições concretas e materiais do mundo externo. A imaginação é performativa. Contribui para a organização e a *performance* do social. Por mais que seja uma característica humana, seu conteúdo e dinâmica variam de acordo com o tempo histórico, a diferença cultural e a individualidade humana. Com a ajuda da imaginação, as pessoas podem se libertar de suas limitações espaciais e temporais e entrar em outros tempos e culturas. Assim, a imaginação possibilita a liberdade e a criatividade humana. Entender sua importância na educação é atualmente uma preocupação central da educação cultural.[17]

As mídias facilitam a materialização da imaginação (capítulo 7). Elas, portanto, desempenham um papel essencial no desenvolvimento da cultura e da sociedade. Isso se aplica tanto à mídia escrita quanto à crescente importância da mídia digital, que atualmente forma a base de nossa vida cultural e social e a maneira como percebemos.

Dificilmente estamos conscientes das mídias na vida cotidiana. Ao funcionar corretamente, as mídias permanecem em segundo plano das mensagens que elas transmitem. Nas artes, no entanto, elas se tornam frequentemente o sujeito. Uma posição assume que as mídias são caracterizadas pelo fato de expressar algo que elas mesmas não são, mas que devem transmitir. A outra posição representa o caráter *a priori* das mídias e enfatiza que, sem elas, nossa geração do mundo e de nós mesmos não é possível, pois o uso da mídia faz parte da *conditio humana*. Assim, a educação tem a tarefa de assegurar conscientemente as mídias e como elas são usadas.

---

16. Wulf, 2014; 2013b; Hüppauf e Wulf, 2009.
17. Bockhorst et al., 2012.

Na educação e socialização da geração jovem, a extensão da digitalização dos vários ambientes vivos dificilmente pode ser superestimada. Na forma de *smartphone*, *tablet* e computador, a mídia digital é parte integrante da vida cotidiana da geração mais jovem.[18] Eles devem decidir ativamente como devem ser usadas. Uma vez que os usuários também podem se tornar produtores, não é mais possível uma clara distinção entre fornecedor e usuário, produtor e consumidor. A criação do termo "consumidor-produtor" é o resultado. Os "nativos digitais" de hoje sabem como usar essa dupla possibilidade. Os jovens usam a comunicação *on-line* como uma maneira de lidar com as tarefas e os problemas do cotidiano. Os *links* entre *on-line* e *off-line* fazem parte de suas vidas e permitem a comunicação rápida e fácil. A mídia digital possibilita marcar compromissos espontâneos e de curto prazo, além de comunicar e desenvolver novas formas de interação social por meio da troca de sentimentos e pensamentos e da discussão de perguntas e problemas. Para muitos jovens, recuar para um mundo sem essa comunicação é impensável. Pode-se dizer que eles estão constantemente prontos para se comunicar (*pready*). A mídia digital está criando novas condições antropológicas, sociais e culturais e mudanças na vida da "juventude virtual".

O conhecimento do ser humano também inclui a grande área de "conhecimento silencioso", que é subestimada em sua importância para a educação e socialização (capítulo 8). O "conhecimento silencioso" vem do aprendizado do corpo. Com a ajuda de processos miméticos, valores, atitudes e comportamentos são apropriados pela similaridade. O mesmo acontece com a performatividade da ação social e a incorporação da materialidade do mundo na forma de imagens. Seu conteúdo icônico é recriado em processos miméticos e, portanto, incorporado. Esses processos também são inevitáveis no desenvolvimento e na educação das pessoas. Mesmo o conhecimento "silencioso" que não pode ser apreendido linguisticamente, ou apenas inadequadamente é constitutivo desses e processos educacionais semelhantes.

---

18. Kontopodis, Varvantakis, Wulf, 2017; Wulf e Baitello 2019.

Educação no mundo globalizado

Quando examinamos a conexão entre Antropologia e educação no Antropoceno, não podemos mais nos limitar exclusivamente às perspectivas inglesa, alemã, europeia ou americana. A extensa pesquisa sobre colonialismo, racismo e problemas de representação na pesquisa etnográfica deixou clara o quão decisiva é a perspectiva ocidental nesses contextos. Mesmo que essa situação mude em algumas décadas, é hora de tentar mostrar, usando os exemplos da China e da Índia, quais perspectivas foram desenvolvidas lá em relação às pessoas e à sua educação, o que também contribui para a compreensão da natureza histórica e cultural das visões europeias (capítulos 9 e 10).

Por várias décadas, houve um interesse crescente por perspectivas antropológicas e educacionais que surgiram em sua própria história e cultura em ambos os países. Atualmente, não está claro que influência estas reconstruções terão sobre a autoimagem futura da China e da Índia e no desenvolvimento de seus sistemas educacionais. Esses países serão capazes de desenvolver suas próprias formas de modernização nas quais sua própria cultura desempenha um papel mais forte ou sua autoimagem será mais fortemente determinada pelas tendências de homogeneização do mundo ocidental? Provavelmente haverá repetidas tentativas para entender melhor a homogeneização da sociedade mundial, recorrendo à diferença cultural da própria cultura. China e Índia parecem estar adotando abordagens diferentes para direcionar problemas semelhantes de modernização. Os dois países possuem diferentes abordagens aos resultados do esclarecimento europeu, direitos humanos, liberdade, privacidade, justiça processual etc.

Na China, são sobretudo os esforços crescentes para reconstruir o Confucionismo que estão ganhando importância. No centro é que ser um ser humano é ser um ser humano (*Mitmenschlichsein(ren)*) moral que muitas vezes tem sido traduzido como "moralidade", "benevolência", "altruísmo" e "amor". A tarefa é desenvolver sua humanidade como um ser humano moral, educar-se eticamente com a ajuda de rituais. O objetivo é criar um consenso social sempre que possível e contextualizar quaisquer decisões em seu caráter histórico e cultural. As decisões éticas também devem levar em conta os "ritmos do céu e da terra", na medida do possível, e estar abertas ao imperceptível. Ser humano como membro da humanidade requer o cultivo do sujeito *(xiuji)*. Sem isso, ações que são benéficas para a sociedade não são possíveis. Superar o egoísmo e desenvolver um senso de dever são tarefas importantes da educação. A educação ocorre usando os bens culturais do passado, vivendo juntos na família e na comunidade, na relação mútua com o meio ambiente e requer o desenvolvimento do "autoconhecimento", uma espécie de "conhecimento interior" e "intuição espiritual".

Se, no caso da China, é uma questão de apresentar aspectos centrais do Confucionismo, no caso da Índia, parece-me fazer sentido reconstruir as perspectivas antropológicas e educacionais de Swami Vivekananda, Ravindranath Tagore, Mahatma Gandhi e Sri Aurobindo, no final e depois do fim do colonialismo. O que todos eles têm em comum é a convicção de que a educação das pessoas exige orientação a partir de modelos. Somente com a ajuda de processos miméticos baseados em modelos é possível desenvolver o próprio potencial. A dimensão espiritual da vida é importante para todas essas pessoas destacadas. Os fenômenos do mundo, sejam objetos ou sujeitos, são fenômenos ilusórios. Em contraste, alma e Deus são idênticos. O ser humano consiste em um corpo (não real) e uma alma. Sendo assim, a alma também é Deus: "Tat Tvam Asi". Existe uma identidade entre a alma do ser humano finito e Deus, o supremo *Brahman*, o eu luminoso da consciência infinita. Para dar uma contribuição à identidade indiana por meio da educação, é necessário estudar o Vedanta e outros escritos antigos da cultura indiana, que podem subsequentemente levar a avaliações do mundo global, outras que não sejam aquelas comumente mantidas. Partindo do pressuposto da singularidade de cada pessoa, o objetivo da educação é o desenvolvimento de toda a pessoa. Estes incluem Vidya (conhecimento), Dharma (virtude) e libertação da ignorância, e Maya, o apego ao mundo. O eu deve transcender o mundo da experiência e realizar valores atemporais. A mente deve desenvolver as seguintes qualidades: paz, contenção, abnegação, liberdade a partir do sofrimento a longo prazo, solidariedade e fé. Os seres humanos devem aprender a se proteger das ilusões e saber que o significado e o valor de suas vidas não é ganhar bens externos, mas trabalhar em sua própria perfeição. O objetivo é transcender o orgulho, a ganância, a luxúria, a luta pelo poder e o egoísmo. Requer o desenvolvimento de uma mente indagadora e uma busca por conhecimento e verdade.

A história do pensamento indiano tem inspirado os princípios baseados filosófica e antropologicamente e as tarefas da educação e da socialização, e ainda influenciam o sistema educacional atual. A educação moral e o enfrentamento da violência são tarefas importantes da educação e da socialização. Permite que os jovens se comportem da maneira correta e, assim, se ajustem produtivamente à ordem do mundo. O desenvolvimento da compaixão e a compreensão do Outro contribuem para superar a separação de outros seres humanos e para compreender sensivelmente todos os seres vivos. O pensamento e a ação não violentos exigem respeito e reconhecimento da natureza e de todos os seres vivos; estas atitudes devem ser comunicadas à próxima geração. No Hinduísmo, os jovens devem aprender a não se apegar ao mundo das coisas que os rodeiam, mas a se orientar para uma "realidade superior". Um Deus humano não existe, mas nós humanos sentimos Deus além do espaço e do tempo e em todas as categorias da visão de mundo humana. No panteísmo, *atman* (alma pessoal) e *Brahman* (alma do mundo) se interpenetram e são um. O objetivo da vida é entrar no *Moksha* ou no Nirvana e eliminar toda a individualidade e separação. A vida humana é vista como sofrimento e como uma luta contínua contra o mal, na qual a educação deve apoiar as pessoas.[19]

No famoso ditado "Sat-Chit-Ananda" de Gandhi, verdade, conhecimento e bem-aventurança são pensados juntos. Eles apenas podem ser realizados através da não violência (*ahimsa*). Gandhi está convencido de que a não violência não é passiva, mas ativa, e a forma

---

19. Cf. Sharma, 2002, p. 31f.

e expressão do amor. Isso é acompanhado por respeito, compaixão e vontade de sofrer. O objetivo da educação é a autodeterminação (*swaraj*) do indivíduo e da comunidade, bem como o bem-estar de todos (*sarvodaya*). Gandhi já havia desenvolvido esse modelo social de *satyagraha* na África do Sul, que é baseado na força interior, emoções controladas e resistência passiva.[20]

Se considerarmos que cerca de dois terços de todas as pessoas vivem juntas no mundo ocidental da Europa e América, na China e na Índia, logo fica claro até que ponto essas sociedades e culturas contribuem para o surgimento de uma era que é essencialmente moldada pelo ser humano, e que, portanto, pode ser descrito como o Antropoceno ou a Era dos Humanos (capítulo 11). É verdade que as culturas ocidentais marcaram o início do Antropoceno com a industrialização, o desenvolvimento da energia nuclear, seu longo papel pioneiro na destruição do clima e na destruição de recursos não renováveis. Mas a China e a Índia também estão envolvidas hoje nesse desenvolvimento. No Antropoceno, os seres humanos estão usando quase 50% da superfície terrestre e grandes partes da fotossíntese e biomassa em seu benefício; eles estão criando montanhas de plástico de tamanho inimaginável, vastas quantidades de lixo não reciclável e estão determinando o destino do planeta e de seus seres atuais e futuros através da destruição de recursos e das mudanças climáticas que causaram.[21]

Com referência aos 17 objetivos de desenvolvimento sustentável e educação adotados pela Assembleia Geral da ONU em 2015, com os quais a comunidade internacional, com a ajuda do sistema da ONU, está tentando neutralizar esses desenvolvimentos destrutivos, no capítulo 12 são descritas três áreas principais de responsabilidade, cuja forma determinará em grande parte o futuro da humanidade. Uma é a violência, a violência manifesta das guerras, a violência estrutural

---

20. Por mais importantes que sejam essas ideias, quando consideramos todos os erros e problemas do Antropoceno, o sistema educacional moderno na Índia os leva pouco em conta.

21. Gil e Wulf, 2015.

do sistema internacional e das instituições sociais e a violência simbólica de grandes partes da cultura.[22] Em vista do fato de que hoje cada vez mais pessoas de diferentes culturas estão vivendo cada vez mais próximas, a segunda tarefa é aprender a lidar com o exterior, reconhecer, apreciar e viver com a *alteridade* de outras pessoas. As experiências da alteridade de outras pessoas tornam-se a condição decisiva da vida e coexistência humanas.[23] A terceira área principal de atividade é a necessidade de trabalhar em direção aos objetivos do desenvolvimento sustentável, ou seja, tornar sustentável o uso dos recursos da natureza.[24] A condição e a maneira como as pessoas terão futuro em nosso planeta dependem do manejo bem-sucedido dessas três áreas de tarefas e dos processos educacionais necessários para esse fim.

---

22. Senghaas, 1995, 1997, 2007; Wulf, 1973.
23. Wulf, 2016, 2006; Wulf e Merkel, 2002.
24. Wulf e Bryan, 2006.

PARTE I

Perfeição do imperfeito

A história da educação pode ser entendida como uma série de tentativas contínuas de aperfeiçoar crianças, adolescentes e adultos. Os métodos propostos e utilizados variam de acordo com os conceitos subjacentes ao ser humano. O que eles têm em comum é seu trabalho para melhorar as pessoas. No sonho da educação, o foco está no projeto imaginário das possibilidades educacionais, no discurso da modernidade que está em sua elaboração intelectual e precisão. O sonho da educação começou com a grande utopia de Comenius, no século XVII, que pretendia *ensinar tudo a todos na sua totalidade* e cujo radicalismo influencia ainda hoje o pensamento pedagógico. No discurso da modernidade pedagógica, o foco está nos problemas, aporias e perspectivas da educação moderna. Para Rousseau, a mudança de visão focada na criança é decisiva. Além disso, surgem várias questões fundamentais. Como, por exemplo, podem ser entendidas as conexões entre a modernidade e o surgimento da educação? Quais são os limites da visão que a educação é simplesmente um meio para o fim na pedagogia? Ao considerarmos a perfeição do indivíduo, examinaremos a visão de Wilhelm von Humboldt das possibilidades e das limitações da educação do indivíduo. A visão de Humboldt do caráter individual da educação, que ele desenvolveu na virada do século XIX, a conexão com sua pesquisa antropológica linguística, sua visão do estado e sua contribuição para uma Antropologia Histórica *avant la lettre* são de interesse aqui. As considerações de Friedrich Schleiermacher, do primado da prática sobre a teoria, também desempenham um papel importante. Com a ampla incerteza do século XX sobre os objetivos, normas e valores da educação e os desafios da globalização em relação a uma educação moderna e aberta para o futuro, considerações sobre o conhecimento antropológico estão ganhando importância na orientação dos processos educacionais. O foco está em uma abordagem antropológica histórico-cultural para a educação e a formação que também leva em consideração problemas centrais que transcendem Estados e culturas individuais e vê a educação como conhecimento humano no contexto da Europa* e da sociedade mundial.

---

* Wulf, 2014.

1
O sonho da educação

Na história da cultura europeia, encontramos muitas ideias, projeções, sonhos e utopias que podem ser identificados sobre uma vida boa e uma educação correspondente que possibilita essa vida boa. O que eles têm em comum é que são principalmente contraimagens das condições sociais e culturais existentes e são desenvolvidos com o objetivo de melhorar essas condições. Momentos importantes desse processo de "perfeição" pedagógica desde o século XVII estão agora sendo reconstruídos. Elementos utópicos voltados para a "melhoria" dos seres humanos estão no centro dos conceitos e teorias da educação. Eles estão relacionados com imagens e ideias de pessoas que tornam visível algo que ainda não se tornou realidade. Ao longo da história, muitos desses projetos e utopias revelam seu poder de criar realidade. A fim de poder educar, foram concebidas imagens de seres humanos e desenvolvidos sonhos e concepções com a ajuda dos quais essas imagens de seres humanos deveriam ser realizadas.

O sonho ou a utopia da educação na modernidade responde às noções antropológicas que Martin Heidegger formulou em 1929 da seguinte maneira: "Nenhum tempo sabia tanto e tão variado sobre a humanidade como hoje. [...] Mas nenhum tempo tornou o ser humano tão questionável quanto o nosso".[1] Arnold Gehlen, seguindo Nietzsche, falou que não há teorias para nos ajudar a determinar o que é um ser humano. Max Scheler também se referiu a esse cosmopolitismo do homem, que está ligado à sua independência do instinto e da liberdade ambiental.[2] A necessidade de educação é baseada no princípio da "liberdade ambiental", devido à redução do instinto inato dos seres humanos e à ausência de um "ambiente" específico da espécie. No entanto, esta noção antropológica não fornece nenhuma informação sobre quais condições sociais e de vida devem ser consideradas como pano de fundo e ponto de partida da educação. Por esse motivo a questão de qual sonho da educação deve permanecer está em aberto e é controverso. Todas as tentativas de tirar certas conclusões a partir de noções antropológicas gerais dentro de uma Antropologia Educacional podem ser contestadas pela citação de Helmut Plessner, que resulta da posição excêntrica do homem: "Como um ser exposto no mundo, o homem está escondido de si mesmo — *homo absconditus*".[3] Basicamente, nesta citação, o requisito do segundo mandamento, antes relacionado a Deus, agora é transferido para o ser humano, dizendo: "Você *não pode* tornar-se uma imagem de si mesmo".

Nesse campo de tensão entre o autoconhecimento a que aspiramos e nossa percepção da impossibilidade de alcançá-lo diante de possibilidades ilimitadas de desenvolvimento humano, a educação e a teoria educacional têm enfrentado repetidas vezes essa "proibição" nas imagens. Para poder educar, foram concebidas imagens de seres humanos e muitos sonhos foram projetados. Muitos foram esquecidos, alguns ainda estão presentes, outros apareceram repetidamente. Essa parte do livro apresenta as imagens humanas de Comenius, Rousseau, Wilhelm von Humboldt e Friedrich Schleiermacher.

---

1. Heidegger, 1997, p. 147.
2. Scheler, 2009.
3. Plessner, 1983, p. 353 f.

Comenius

O sonho de Comenius é um dos sonhos da educação que se repetem desde o início dos tempos modernos. De certa forma, representa o começo visionário da educação moderna.

No contexto das terríveis experiências da Guerra dos Trinta Anos, destacam-se as ideias educacionais de Comenius, inseridas na harmonia de sua pansofia e carregadas por um intenso otimismo, como o sonho de um mundo melhor. Na primeira página de sua *Didática magna*, publicada em 1628 na versão tcheca e, em 1637 na versão latina, diz programaticamente:

> Didática magna. A arte completa de ensinar a todos os seres humanos todas as coisas, ou a maneira segura e requintada de construir escolas em todas as comunidades, cidades e vilas de todo o Reino Cristão, em que toda a juventude de ambos os sexos, sem exceção, pode ser rápida, agradável e completamente educada nas Ciências, pura na moral, formada para a piedade e, dessa maneira, instruída em todas as coisas necessárias para a vida presente e para a vida futura; na qual o respeito a tudo o que é aconselhado, seus Princípios Fundamentais são mostrados a partir da natureza essencial da matéria, a Verdade é mostrada por exemplos comparativos das artes mecânicas, a Ordem é definida de acordo com anos, meses, dias e horas e, finalmente, é mostrado um método fácil e seguro que pode ser trazido à existência de maneira agradável. O principal objetivo de nossa Didática é o seguinte: buscar e encontrar um método de instrução pelo qual os professores possam ensinar menos, mas os alunos possam aprender mais; pelo qual as escolas podem ser palco de menos barulho, aversão e trabalho inútil, mas de mais lazer, prazer e progresso sólido; e por meio do qual a comunidade cristã pode ter menos trevas, perplexidade e dissensão, mas, por outro lado, mais luz, ordem, paz e sossego.[4]

---

4. Comenius, 1907.

O programa educacional da era moderna dificilmente pode ser expresso com mais clareza, embora em Comenius esteja completamente incorporado na doutrina cristã e nesse contexto bastante medieval. Para Comenius, não havia dúvida de que existe a ordem das coisas criadas e desejadas por Deus e o caminho do indivíduo por meio das confusões da vida para a felicidade. Embora tenha havido a queda de Adão, Cristo trouxe a salvação à humanidade através de seu sofrimento. Assim havia novamente a possibilidade de desenvolver a boa natureza do ser humano, isto é, educar o ser humano. "Pansophia est sapientia universalis" é como Comenius inicia sua contribuição à pansofia no "Lexicon reale pansophicum".[5] Pansofia é entendida como sabedoria geral, como conhecimento universal, mas também como onisciência, cujas fontes são o mundo criado por Deus, a Bíblia e a própria consciência, o que leva ao conhecimento e à piedade. Os conhecimentos do mundo e de Deus não podem ser distinguidos. Esta é a força motriz que embasa os objetivos pedagógicos comenianos, conhecer o mundo, compreender a ordem das coisas, tomar consciência da obra de Deus e contribuir para alcançar a paz mundial.[6]

Não há dúvida de que esse conceito contém um elemento enciclopédico. O *Orbis pictus*, provavelmente a obra mais famosa de Comenius, que Goethe conheceu na infância e que foi publicado em 1835 numa versão revista por Gailer como "Novo *Orbis pictus* para os jovens", dá um testemunho eloquente disso. O *Orbis pictus* representa "o mundo visível". "Essas são todas as coisas mais nobres do mundo e as realizações da vida. Modelo e comportamento". Um livro ilustrado composto por 20 lições: elas variam de "Deus", "mundo", "céu" a "animais", "homem", "cidade", "política", "religião" e "Último Julgamento".[7]

A representação ilustrada do círculo mundial, que tem seu início no Deus da Gênesis e seu fim no Deus do Juízo Final, vê o mundo como

---

5. Comenius, 1966, sp. 1121; cf. Schaller, 1962.
6. Korthaase, Hauff, Fritsch, 2005.
7. Comenius, 1991, 2011.

um contexto de significado circularmente projetado, entre cujo começo e fim, a natureza e as obras humanas se expandem à medida como decodificações das ideias de Deus. Embora este livro ilustrado seja enciclopédico, as coisas não são retratadas como individuais, mas dentro de um contexto. A atribuição de palavra e coisa/imagem, bem como o arranjo alfabético das coisas, é indicado — princípios de ordem que hoje são difíceis de imaginar. Comenius, no *layout* geral do livro, defende que tudo e todas as ideias possam ser experimentadas em sua conexão com a ordem das pessoas e a maneira como elas conduzem suas vidas. Em contraste com as escolas latinas medievais, onde quase tudo era baseado no conhecimento verbal, em cujo contexto a contemplação dificilmente desempenhava um papel, mas a lembrança precisa teve um papel decisivo, Comenius (no contexto da disseminação da impressão de livros) propôs transformar-se em coisas reais, nos objetos do mundo e, portanto, a contemplação como poder do conhecimento. Com o princípio da percepção, que foi fundado no *Orbis pictus* e doravante não pôde mais ser ignorado na Pedagogia, uma nova avaliação dos sentidos foi introduzida na Pedagogia.

O *Orbis pictus* é uma tentativa de representar o mundo para crianças e jovens de forma a constituir um todo significativo. O crucial é que o mundo seja apresentado aos jovens de uma maneira especial. O objetivo não é mais puramente retratar coisas, mas retratá-las com intenção pedagógica. Isso significa que os conceitos e imagens apresentados no *Orbis pictus* não representam as coisas; ao contrário, eles se referem às coisas. As crianças e os jovens aprendem um construto do mundo que foi criado para eles — um mundo pedagogicamente preparado, cuja constituição é guiada por intenções pedagógicas e que recoloca ou complementa outras visões do mundo. Qual parte é representada para as crianças pela geração mais velha, em qual maneira? A partir de agora, isso se tornará uma questão decisiva para o estabelecimento da Pedagogia e da Didática modernas. Com o *Orbis pictus* poderia dizer que começa um desenvolvimento no decorrer do qual as intenções educacionais desempenham um papel no projeto e representação de muitas áreas da sociedade. No contexto desses pensamentos, as frases das primeiras páginas da obra *Didática magna* citadas anteriormente, que caracterizam o sonho educacional dos tempos modernos, começam realmente a fazer sentido: a Pedagogia como a "Arte Completa de Ensinar todas as Coisas a todos os Homens".

De acordo com Comenius, os aspectos decisivos do ensino e aprendizagem humanos foram a transmissão da ordem divina para a próxima geração e a redução resultante na diversidade de conhecimentos possíveis. Pestalozzi retoma esse aspecto em sua concepção da elementarização do conhecimento. Desde então, tem sido uma parte indispensável da educação.[8] Outro critério formulado por Comenius não é menos importante: a educação deve levar em consideração o futuro da criança. Mas o que significa a orientação futura da educação? Desde o início dos tempos modernos, a Pedagogia continuou a abordar essa questão. Embora ainda fosse relativamente fácil responder quando a vida da humanidade era considerada como uma determinação de Deus em direção ao futuro, e ainda parecia responsável, quanto para Hegel e Marx, o futuro da espécie humana em geral ser determinado por um curso intencional da história. No entanto, agora dificilmente parece haver uma resposta, mesmo que a ciência educacional faça repetidamente essa pergunta.

O sonho de Comenius de ser capaz de garantir uma humanidade melhor com a ajuda da educação se tornou apenas parcialmente realidade. O que em Comenius é o sonho brilhante do ser humano educado muitas vezes parece diferente na realidade do sistema educacional desenvolvido nos séculos XVIII e XIX. Quando a tentativa é feita para implementar o sonho glorioso da educação, que projeta um método de ensino no qual "os professores ensinam menos e os alunos aprendam mais", fica claro que simplesmente não pode ser realizado.

O conteúdo utópico do sonho de Comenius obviamente significa que nós prestamos pouca atenção às dificuldades impedindo que se torne realidade, de modo que, por inúmeras razões, parece

---

8. Osterwalder, 1996.

perfeitamente justificado falar em uma supressão dos elementos que contradizem a educabilidade do homem. Uma vez que as experiências de sofrimento durante o curso da Guerra dos Trinta Anos quase não tiveram efeitos na antropologia comeniana, o sonho de educação de Comenius pode ser entendido como uma tentativa incondicional de realizar os desejos. Embora a humanidade seja considerada carregada de pecado original, a negatividade percebida não é suportada; é compensada pelo sonho das possibilidades de desenvolver uma humanidade melhor.

A educação ainda ocorre em nome de Deus, mas apenas Deus forma a estrutura externa para os acontecimentos. O que Comenius faz é projetar o sonho de uma pessoa autocapacitada que pode se tornar perfeita com a ajuda da educação. Experiências de impotência e nosso conhecimento de que humanos são incapazes de controlar seus assuntos satisfatoriamente são suprimidos.

Não são permitidas dúvidas sobre a ordem significativa do mundo criada por Deus e sobre a capacidade da humanidade em reconhecer o mundo e a nós mesmos. Portanto, o conhecimento das limitações do aprendizado humano é suprimido e sacrificado à ideia de que o ser humano pode ser educado a um estado de perfeição. Durante os séculos seguintes, os elementos antropológicos e políticos relevantes para a educação foram suprimidos, ganhando considerável influência e cobrindo os conteúdos utópicos do sonho comeniano de educação.

Pedagogia pietista e o movimento escolar industrial

Como já indicado por Comenius, a ideia de que a educação do povo cristão é um dever continua na pedagogia pietista de August Hermann Francke no século XVIII. Em contraste com Comenius, encontramos aqui uma antropologia pessimista. Como resultado do pecado original, que não pode ser compensado por boas obras, mas apenas pela própria fé (*sola fide*), toda criança é no início ruim de natureza, ou seja, dotada de uma má vontade, que a educação precisa quebrar a fim de alcançar o retorno ao "interior" e desenvolver uma "genuína piedade de coração". O desenvolvimento da "piedade de coração" e do "Cristianismo do ato" se torna a principal tarefa da educação. Oração e trabalho, proibição de brincar e punições severas por má conduta tornam-se um meio de educação para fortalecer a mente contra as tentações do corpo. A educação se torna educação para o asceticismo e o cumprimento do dever para a educação profissional, no sentido de Martinho Lutero.[9] O conde Ludwig von Zinzendorf, aluno de Hermann Francke e fundador do pietismo de Herrnhut, formulou o objetivo da vida da seguinte maneira: "Não se trabalha apenas para viver, mas vive-se para trabalhar, e quando não se tem mais nada a fazer, sofre ou adormece".[10] Com base nessa visão, a rotina diária do orfanato de Herrnhut incluía três horas de prática devocional, seis horas de trabalho físico e cinco horas de instrução.

No que diz respeito à educação para o trabalho, existem algumas semelhanças entre a teoria da educação pietista e o movimento da escola industrial, cujo objetivo educacional central é o industrialismo. O foco volta-se ainda mais aos benefícios econômicos do aprendizado do que no pietismo de Herrnhut. As escolas-modelo criadas por Lord Rochow von Reckahn em suas propriedades também estão comprometidas com isso, nas quais as capacidades relacionadas ao ciclo rural da vida dos alunos devem ser formadas.[11]

Jean-Jacques Rousseau

Com *Emílio*, de Jean-Jacques Rousseau, publicado em 1762, inicia-se um novo sonho educacional, sem o qual a Pedagogia moderna seria inconcebível. A novidade está no fato de que Rousseau, como

---

9. Schweitzer, 1996.
10. Zinzendorf, citado em Hammer, 1925, p. 32 f.
11. Marquardt, 1975.

Primeira Educação, não a vê como um meio de alcançar objetivos primordiais, mas, ao contrário, questiona os objetivos da própria educação. A educação não deve mais ser um instrumento de especificações normativas, mas deve respeitar e desenvolver o que é a própria criança. Para Rousseau, é em grande parte isso que justifica e legitima a educação. Assim, a maturidade, a independência e o julgamento de uma pessoa educada não são mostrados no fato de que, quando adulto, ele corresponde às ideias e julgamentos de seus educadores, mas no fato de ter alcançado sua própria posição. Rousseau é crítico de uma educação que não é centrada na criança e em seu direito de se desenvolver à sua maneira. Essa posição dificilmente pode ser formulada de maneira mais radical do que nas primeiras páginas de *Emílio*: "Nascemos fracos e precisamos de força; indefesos, precisamos de ajuda; insensatos, precisamos de razão. O que nos falta no nascimento e o que precisamos como adultos é o que a educação nos dá [...] Tudo é bom, pois vem das mãos do Criador, tudo se degenera nas mãos do homem".[12] Por um lado, é reconhecida a dependência antropológica dos humanos em relação à educação: o sonho do que pode ser alcançado pela educação é, portanto, uma necessidade da vida. Por outro lado, enfatiza-se a inadequação da educação fatual em relação à educação concebida como possível no sonho. Por um lado, esse conhecimento inclui a possibilidade fundamental de melhoria e é otimista nesse aspecto em termos de esclarecimento. Por outro lado, é visto o poder do negativo, que funciona em todas as relações sociais, que contraria uma melhoria repetidamente.

A educação deve promover as forças do ser humano que lhe dão a possibilidade de satisfazer suas necessidades naturais. A criação de necessidades "artificiais", não satisfatoriamente independentes, deve ser evitada, pois impede a felicidade da criança ou do ser humano. O amor pela criança se torna o princípio da educação. Por meio do amor, é possível desenvolver uma atitude em relação à criança que não sacrifica a felicidade do seu presente para o futuro, por incluir

---

12. Rousseau, 1979, p. 6.

o presente entre os objetivos a serem alcançados no futuro. O caminho para a criança levar uma vida realizada, em que ela também tem experiências importantes para o seu futuro, é o jogo no qual as funções físicas e mentais são praticadas e, portanto, se movem para o centro da educação. Assim como as crianças são fascinadas pelo brincar, elas também devem ser inspiradas por outras formas de aprendizado relacionadas aos objetos.

A criança é indiretamente educada pelo seu ambiente, que é, no entanto, organizado pedagogicamente. Nesse sentido, também deve aprender a trabalhar. "O trabalho deve ter seu valor em si, não porque ela o fez. Se alguma coisa é bem-feita, eu digo: 'Isso é um bom trabalho'. Mas não pergunte quem fez isso. Se ela própria diz orgulhosa e contente: 'Eu fiz!', responda com indiferença: 'Não importa quem fez, está bem-feito' ".[13]

O sonho da educação de Rousseau também inclui a descoberta da importância da juventude como um período de transição entre a infância e a idade adulta. Enfatiza-se também o *status* especial da adolescência, a descoberta dos direitos inerentes da juventude, a importância da alma juvenil para o desenvolvimento humano. Em suma, o objetivo neste período da vida é criar o equilíbrio entre a vontade e a habilidade, que são tão centrais para o sentimento de felicidade.

Embora os sonhos muitas vezes anunciem o despertar, o sonho de Rousseau de uma nova educação pressupõe que alguém ainda não tenha despertado. "O despertar", como Walter Benjamin escreve, "como um processo gradual que continua na vida do indivíduo, bem como na vida de gerações. Durma seu estágio inicial. A experiência juvenil de uma geração tem muito em comum com a experiência onírica. Sua configuração histórica é uma configuração de sonho. Toda época tem um lado desses sonhos, o lado das crianças."[14] E o *Emílio* de Rousseau é um sonho, que está em tensão com sua época, quando

---

13. Rousseau, 1979, p. 197.
14. Benjamin, 1999, p. 388.

a razão alegava ser tudo, mas quando a exclusão do Outro ocorre em seu nome. Nesse processo, a autonomia da natureza, os sonhos, o divino, o que não pode ser expresso na linguagem, o misterioso é desvalorizado. Este é o preço a ser pago pela padronização, universalização, abstração da vida moderna em nossa "sociedade disciplinar" (Foucault), com seu autocontrole, autoidêntico, colonizado no processo de autocapacitação. Em suas feridas gravemente curadas, memórias fantasmáticas de outras formas de vida ainda doem.

Muitas das ideias de Rousseau são retomadas na escola-modelo de Basedow, o filantropo, fundada em Dessau em 1774, e no filantropismo como um todo.[15] O mais importante é a ideia dos direitos da criança, e o direito em desenvolver suas possibilidades. Além disso, em contraste com as escolas latinas, que foram congeladas no verbalismo, há a tentativa de incluir as línguas modernas, a matemática e as ciências naturais nas lições e dar às crianças uma educação cosmopolita. Da mesma forma, é dada importância à relação da educação com o mundo do trabalho e com o respectivo *status* das crianças. O objetivo é criar um equilíbrio entre os jovens como pré-requisito para um estilo de vida útil.

Wilhelm von Humboldt

O próximo grande sonho da educação é sonhado no Classicismo Alemão. O novo humanismo determina a orientação deste tempo. Nele são trazidos para apoiá-lo um elemento estético e um elemento filológico. *Thoughts on the imitation of Greek works in painting and sculpture* de Winckelmann, que surgiu em 1755, marca o início da orientação estética em direção a um conceito grego idealizado,[16] diante do qual Nietzsche polemizará veementemente uns bons 100 anos depois. O elemento

---
15. Basedow, 1774.
16. Winckelmann, 1995.

filológico é formado acima de tudo pelo estudo emergente da Antiguidade, no qual uma reavaliação da língua grega também ocorre como um fenômeno histórico. Embora o Novo Humanismo não tenha desenvolvido pedagogia no sentido mais restrito, ele desenvolveu sua própria teoria da educação (*Bildung*). Nos estudos clássicos, Humboldt viu um valor educacional à medida que eles deveriam ajudar o indivíduo a encontrar a si mesmo (ver capítulo 3). A utilidade é rejeitada, que era uma tarefa central da educação para Comenius, os pietistas e os filantropos, como critério de desenvolvimento humano. Existe um sonho da educação (*Bildung*) que transcende a ideia de utilidade. A razão se desdobraria no estudo da linguagem e da Antiguidade. A educação obtida dessa maneira levaria a um desenvolvimento geral da humanidade. Uma vez que isto é em princípio inatingível, permanece uma tarefa ao longo da vida. No processo educacional, o poder interior dos seres humanos assimila os objetos com os quais lida e os torna parte de seu próprio ser. A educação, portanto, ocorre em um encontro entre o indivíduo e o mundo. O objetivo é um desenvolvimento global uniforme da educação do indivíduo. Isso requer, por um lado, certo conteúdo educacional concreto, e aqui os temas e o conteúdo da Antiguidade clássica são importantes. Eles formam o lado concreto do processo educacional. Esse processo só pode ocorrer, entretanto, quando existe um poder formal que é independente do conteúdo educacional ajudando o indivíduo a assimilá-lo.

Para Humboldt, é na Antiguidade que se origina a cultura ocidental e que deve determinar o conteúdo da educação, enquanto que, para Rousseau, é a natureza. No estudo dos gregos, o ser humano pode experimentar de forma elementar o que constitui o ser humano; portanto, a ocupação com eles é particularmente adequada para uma educação geral (*Allgemeinbildung*).

Este sonho educacional foi severamente criticado porque foi visto, acima de tudo, como a retirada do sujeito para a interioridade,[17] que

---

17. Frank, 2012; Grundmann et al., 2007; Cramer et al., 1987.

foi responsabilizada pela retirada da burguesia intelectual da política e pelas consequências políticas resultantes, particularmente por causa de seus efeitos no contexto das reformas educacionais da Prússia. Essa crítica é parcialmente justificada, mas também ignora o fato de que a ênfase na individualidade, que envolve um distanciamento das normas sociais, também resulta em uma postura crítica em relação às demandas da sociedade.

Comenius sonhava que os seres humanos pudessem ser educados completamente, enquanto que para Rousseau o sonho consistia em que as crianças tivessem direitos próprios para se desenvolverem em um ambiente determinado pelo amor, e para Humboldt o sonho que as pessoas não ficariam limitadas por considerações restritas do que é útil, mas educadas com a ajuda da cultura grega. Agora a questão que se coloca é se a realização completa desses sonhos não levaria a resultados bastante assustadores. No caso da realização literal do sonho comeniano, emergiria um mundo completamente pedagógico, no qual a universalização do conhecimento levaria a um nivelamento abrangente, onde todos se tornariam uniformes. Assim, o estrangeiro seria assimilado e sacrificado ao que já era familiar. Criaria uma sociedade de aprendizagem na qual as pessoas estivessem constantemente a caminho de se aperfeiçoar por meio do conhecimento adquirido de maneiras sempre novas e, assim, buscariam sua salvação secular. Isso seria acompanhado pela pedagogização e pela funcionalização em todas as áreas da vida. Parte desse sonho parece ter sido realizada em uma sociedade mundial de aprendizagem, com a educação obrigatória geral que hoje é a norma em muitos países e, especialmente, com as ideias de aprendizagem ao longo da vida propagadas pela Unesco para o mundo.[18] A indústria cultural e a comunidade científica também estão contribuindo. Mas existem obstáculos a esse sonho para que as pessoas se capacitem com a ajuda da aprendizagem e a aquisição de conhecimento.

---

18. Unesco, 1972, 1996, 2015.

Embora todo mundo pretenda implementar esse sonho apenas como uma questão de maneiras e modos corretos, na verdade, na prática, isso não acontece. O mesmo se aplica à demanda de Rousseau pelo direito da própria criança à educação e ao desenvolvimento autodeterminado, que, embora tenha um lugar fixo no cânone de valores e objetivos da Pedagogia moderna, cada geração mais velha viola, como se soubesse que a realização enfática dessa ideia era jovem. Podia lançar as pessoas no caos. Evidências de tais aberrações podem ser encontradas no campo da educação antiautoritária e antipedagógica. Sob as condições experimentais de uma educação ideal, conforme esboçado por Rousseau em *Emílio*, além disso, evidencia-se a pretensão da Pedagogia para uma penetração total em todas as áreas da vida dos jovens e para uma ilusão associada à onipotência. O sonho de Humboldt de uma pessoa educada também precisa ser colocado em perspectiva. Neste sentido vê-se apenas uma imagem ideal possível da educação, que na prática educacional precisa ser complementada por outras imagens da educação e do que constitui o ser humano. Se a educação fosse capaz de realizar seus sonhos, haveria o perigo de que esses sonhos se transformassem em pesadelos. Apenas porque não é possível tornar realidade os sonhos da educação, é que a beleza utópica deles nos fascina.

Friedrich Schleiermacher

Em contraste com os conceitos educacionais de Comenius, Rousseau e Humboldt, que se opuseram à realidade educacional, sonharam uma educação melhor, principalmente de pessoas melhores, de um mundo melhor, Friedrich Schleiermacher escolheu um caminho diferente, que será brevemente descrito aqui; especialmente desde que se tornou importante para o conceito de ciências humanas de Wilhelm Dilthey, para educação das humanidades ou Pedagogia das Ciências Humanas (geisteswissenschaftliche Pädagogik) que foi baseado nela, e por abordagens mais recentes de uma teoria pedagógica da prática. O ponto de partida da educação não é a teoria pedagógica, mas, segundo Schleiermacher, a realidade educacional que precede a teoria. É o produto de um processo histórico-social no qual são determinados os fatores de poder da sociedade e em que são feitas numerosas suposições teóricas. Assim, a teoria da educação, e analogamente também os sonhos da educação, devem ter seu ponto de partida na realidade da educação. A prática educacional tem sua própria dignidade sobre a teoria e o sonho, que não podem ser moldados no sentido de uma teoria ou sonho que já foi desenvolvido. Nas palavras de Schleiermacher: "Assim, foi dada grande importância [...] às influências externas e, embora a teoria só tenha surgido mais tarde, a atividade educacional não careça do caráter da arte. Não obstante, é verdade que, em todos os domínios sob o nome de Arte, em um sentido mais restrito, a prática é muito mais antiga que a teoria, de modo que simplesmente não se pode dizer que a prática obtém seu próprio caráter definido apenas com a teoria. A dignidade da prática é independente da teoria; a prática se torna mais consciente apenas com a teoria".[19]

Enquanto Comenius, Rousseau e Humboldt projetaram seus sonhos de uma nova educação contrafatualmente, aqui estamos falando sobre a dignidade da prática educacional, que é em grande parte independente da teoria e que apenas se torna consciente de si por meio dela. Assim como Martin Heidegger e Helmuth Plessner, já temos a percepção de que a realidade humana não pode ser compreendida teoricamente.[20] A teoria apenas pode definir o que é a realidade humana em princípio e torná-la mais consciente do que ela é. Segundo Schleiermacher, a realidade educacional deve ser dividida e entendida como um texto com procedimentos hermenêuticos. Os pressupostos teóricos que são eficazes devem ser reconhecidos e modificados, se

---

19. Schleiermacher, 1983, p. 10f.; cf. Schleiermacher, 2000.
20. Cf. Kraus, Budde, Hietzge, Wulf, 2017.

necessário. Schleiermacher reduz o debate da teoria-prática na medida em que ele considera que sob o curso das vidas as pessoas tendem a comportar-se de maneira cada vez mais moral. Para Schleiermacher não é possível obter uma visão crítica da prática social que lhe permitiria examinar sua tese e provar que existe realmente uma tendência para a vida em tornar-se cada vez mais moral. Assim, ele priva amplamente a educação como ciência da possibilidade de assumir uma posição crítica em relação à prática social e educacional.

Desde Schleiermacher, a relação entre teoria e prática tem sido um problema pedagógico fundamental, e as diferenciações posteriores de Erich Weniger deram uma contribuição importante para trabalhar essa relação. Weniger distingue uma teoria de primeiro grau; isto é, a teoria latente contida na prática que não pode ser conceitualizada pelo praticante. Isso afeta seu subconsciente, sua percepção do campo educacional e as tarefas a serem resolvidas lá. A partir disso, ele delineia uma teoria de segundo grau, na qual inclui que o conhecimento de ação do praticante nem sempre está presente, mesmo que seja latente.[21] Contudo, pode ser conscientizado com a ajuda de um esforço expresso, podendo ser comprovado em sua função de controlar a ação educacional. Finalmente, Weniger distingue uma teoria de terceiro grau, cujo objeto é a relação entre teoria e prática na prática. Além desta tarefa, a determinação fundamental da relação teoria-prática deve contribuir para a especificação e esclarecimento das teorias efetivas no campo da prática.[22]

O próprio Schleiermacher desenvolveu inúmeros aspectos que poderiam ajudar a elucidar a história da prática educacional. As distinções entre educação direta (positiva) e educação indireta (negativa), receptividade e espontaneidade, apoio e oposição, formação de consciência e desenvolvimento de habilidades, educação formal e material são bem conhecidas.[23] Esses pontos de vista fornecem critérios

---

21. Ibid.
22. Weniger, 1957, p. 7-22.
23. Schleiermacher, 1983.

para a prática educacional, que, segundo Schleiermacher, é uma prática que envolve flexibilidade ou "intencionalidade interrompida". É importante ver que a educação é mais do que algo técnico que se concentra puramente nos objetivos. Os processos educacionais são importantes em si mesmos.

Perspectivas

No sonho da educação, elementos utópicos e pesadelos se misturam. Nas teorias da educação, estas sempre correm o risco de serem reprimidas, de modo que a esperança para a realização de sonhos utópicos possa se desenrolar sem interrupções. Mesmo que se tenha uma visão crítica disso, é preciso estar ciente de que os elementos utópicos desempenham um papel importante na melhoria da educação. Na segunda metade do século passado, o sonho da emancipação e democratização da sociedade por meio da expansão e reforma do sistema educacional levou a importantes reformas. Novas formas de organização, objetivos, conteúdo e meios, bem como novos comportamentos de professores e alunos, educadores e crianças, contribuíram para mudar a sociedade. Mas, nas palavras de Benjamin, "o despertar iminente está equilibrado, como o cavalo de madeira dos gregos, na Troia dos sonhos".[24] Como a astúcia de Odisseu levou os gregos escondidos no cavalo de madeira a serem trazidos para a cidade e, assim, selaram a queda de Troia, o despertar que se seguiu fez com que o sonho da onipotência da educação se incendiasse e a resignação se propagasse.

Os sonhos das pessoas e ideias são necessários para sua educação, moldando-os como são educados. Seus sonhos determinam a direção e a qualidade da educação e, portanto, são indispensáveis para que a educação ocorra. O sonho da educação humana é tão

---

24. Benjamin, 1999, I, p. 392.

necessário quanto a própria educação. Resta ser visto quais sonhos educacionais são sonhados e quais formas de educação são realizadas em uma sociedade em um determinado período histórico. O sonho brinca com a realidade da vida e da educação; complementa, corrige, satisfaz desejos não realizados; o sonho a penetra, foge, transcende; projeta modificações e alternativas contrafactuais. A diferença entre sonho e realidade educacional não pode ser abolida; corresponde à diferença entre o imaginário e o real, entre os quais não é possível uma demarcação clara. Frequentemente o imaginário se torna real e o real, imaginário. Não obstante, há sempre um hiato entre imaginação e realidade, e isso limita as possibilidades da educação em mudar a realidade dos seres humanos e deixa claro o limite da nossa educabilidade. Para compensar isto, os sonhos de educação são constantemente criados novamente.

2
O discurso pedagógico da modernidade

Como vimos, a Pedagogia atual é amplamente um produto dos tempos modernos. O nosso desconforto com a modernidade corresponde ao nosso desconforto com a Pedagogia e vice-versa. Três coisas determinam a modernidade em um sentido mais amplo: a Reforma, o surgimento da ciência moderna e a descoberta do Novo Mundo. Esses pontos de virada são acompanhados por inúmeros desenvolvimentos. Entre os mais importantes estão o surgimento do racionalismo, racionalidade e racionalização, bem como universalismo, universalidade e universalização. O desenvolvimento desses princípios característicos da modernidade coincide com a secularização e generalização de normas e valores, com o surgimento de novos padrões de socialização e educação. Há uma expansão do ambiente urbano, do desenvolvimento do sistema educacional, da ampliação dos direitos de participação política, do desenvolvimento das autoridades centrais e dos Estados nacionais, bem como o aumento de capital e recursos, e o crescimento da produtividade do trabalho e das forças produtivas. Nos séculos XVIII e XIX, o modernismo burguês substituiu gradualmente a sociedade aristocrática tradicional. "A industrialização inicial, a filosofia do Iluminismo e o avanço científico, o surgimento de mercados suprarregionais de mercadorias e estruturas de produção capitalista, a legalização e democratização gradual, a urbanização e a educação da classe média como a classe culturalmente líder, com exigências de moralidade e o desempenho levam ao surgimento de uma lógica social do geral em várias áreas da sociedade. A racionalização técnica, cognitiva e normativa estão gradualmente ganhando terreno em todos os lugares."[1]

Três aspectos são particularmente importantes para a Pedagogia: o acesso de indivíduos concretos a normas universais, a racionalização do meio ambiente no qual vivemos e o princípio da representação. Essas tendências contribuem para o desenvolvimento de uma ciência moderna e de um sistema educacional moderno que, apesar de suas origens étnicas serem europeias, são válidos em torno do mundo. Os três princípios de universalização, racionalização e representação já são encontrados na pedagogia de Comenius.

No objetivo de Comenius de encontrar um método pelo qual se pode ensinar completamente tudo a todos, a reivindicação da universalidade ocorre de várias maneiras. Comenius assume que há uma ordem mundial geral criada por Deus que deve estar ancorada no processo de educação das crianças. O objetivo é transmitir o *ordo rerum*, o mundo em geral. Então, não apenas as pessoas selecionadas devem ser educadas, mas todas as pessoas. Isso postula o direito de todas as pessoas à educação, ou seja, a democratização da educação. A razão apresentada é que todos os seres humanos são filhos de Deus. Também é feita referência ao princípio da universalidade. Afinal, deve haver um único método geral pelo qual todas as coisas do mundo possam ser ensinadas a todas as pessoas. Esse método deve ser uma maneira universal e geralmente válida de aprendizado ideal, independente do conteúdo e das pessoas. Na frase central da pedagogia de Comenius de "*toda* a arte de ensinar *todas as coisas* a *todos os homens*", encontramos uma tripla referência ao princípio do universal.

O mesmo se aplica ao princípio da racionalidade, que é usado para orientar a aprendizagem, a fim de otimizá-la. A ideia de poder

---

1. Reckwitz, 2017, 2020, p. 41f.

retratar a ordem mundial criada por Deus dentro dos seres humanos implica processos de dedução que só são possíveis aplicando o princípio da racionalidade. Deve ser possível indicar como quais objetivos e conteúdos podem ser representados dentro dos jovens e por quais meios. A relação necessária entre finalidade e meios é a marca da racionalidade de propósito. Objetivos e meios são definidos em relação um ao outro. É feita uma tentativa de determinar os meios com base nos objetivos, a fim de poder, então, verificar com base nos resultados se a relação entre objetivos e meios era racional. O crucial é a relação entre objetivos e meios; o indivíduo específico é importante apenas na medida do necessário para a realização da racionalidade dos objetivos. Aqui também a generalidade abstrata deste princípio prevalece sobre as preocupações do indivíduo específico. Até certo ponto, o princípio da racionalidade substitui até o princípio da educação. Educação significa a implementação da relação entre objetivo e meios nas pessoas, inicialmente nos processos de aprendizagem, mas também com vistas a contextos de trabalho posteriores. Essa ideia de substituição da educação por ação baseada no princípio de objetivos e meios se torna um elemento importante na educação moderna.[2]

No *Orbis pictus*, um terceiro princípio da Pedagogia moderna se torna visível. O mundo é representado ao jovem de tal maneira que aparece como um todo significativo. O objetivo não é mais a simples apresentação, mas a representação das coisas com uma intenção educacional. Os termos e imagens dados no *Orbis pictus* não representam mais as coisas em si; ao contrário, eles se referem a isso. Um construto do mundo criado para eles é ensinado para as crianças e os jovens — um mundo pedagogicamente preparado, cuja constituição é guiada por intenções pedagógicas e que substitui ou complementa outras visões de mundo. Os sinais se referem simplesmente ao que é designado sem que o contexto seja absolutamente problemático. Deus garante a validade deste contexto no mundo que Ele criou. A realidade do mundo é o "Livro da Natureza", o sistema de sinais

---

2. Benner, 1986.

que Deus revelou à humanidade. No *Orbis pictus*, sua apresentação pedagógica é baseada em dois princípios: organização alfabética e representação dos objetos e atribuição de palavra e coisa, sinais e designações e o que designa. O *Orbis pictus* é o resultado da intenção educacional para representar o mundo. Neste trabalho o mundo é representado às crianças para transmitir a elas uma visão específica do mundo e dos humanos. Essa visão de mundo é o produto do seu tempo e mudará no curso da história. A ordem mundial medieval, com suas certezas, está se movendo lentamente. Klaus Mollenhauer interpreta esse desenvolvimento com referência à interpretação de Foucault da pintura de Velázquez, *Las Meninas*, de 1656, da seguinte maneira: "Para Comenius, o espelho é, portanto, uma metáfora educacional: o mundo educacional da criança deve ser 'construído' de tal maneira a refletir a confiança e não a superfície dos fenômenos, mas a realidade que está nelas".[3] Segundo a visão neoestruturalista, essa reflexão, sobre a qual a Pedagogia trabalhou ao longo da história moderna, não funciona mais. Os sinais pareciam inicialmente referir-se à ausência da realidade, agora começaram a referir-se a nenhuma realidade. Eles se referem a si mesmos e não mais a um mundo fora deles; assim, tornam-se sua própria simulação. Não é mais possível distinguir entre o mundo dos signos e o mundo real, uma vez que não há pontos de referência seguros. A realidade e o mundo dos signos tornam-se indistinguíveis. A pedagogia participa na produção da "hiper-realidade" da educação, na qual não é mais possível distinguir entre a realidade e os sinais.

Se não é fácil determinar a relevância do conhecimento do ensino para o presente, a questão de sua relevância para o futuro envolve dificuldades consideráveis para a Pedagogia. Embora essa pergunta ainda fosse relativamente fácil de responder quando a vida do ser humano era considerada determinada por Deus até o fim, e podíamos ainda encontrar uma resposta, acreditávamos que a história tem um curso intencional e está indo para algum lugar, pelo menos o

---

3. Mollenhauer, 1983, p. 67.

futuro da espécie humana em geral era considerado como determinado. Contudo, podemos hoje dificilmente encontrar uma resposta, uma vez que dúvidas radicais têm surgido sobre se a humanidade pode continuar a se desenvolver. Quando pensamos sobre o futuro da próxima geração, não podemos ignorar nossas preocupações ansiosas sobre o futuro da humanidade como um todo.[4] Além disso, a tremenda aceleração de todas as áreas da vida levou a dúvidas sobre a estrutura teleológica da história, que permaneceu decisiva para as noções secularizadas da história como história da salvação. Segundo Benjamin, o anjo da história virou o rosto para o passado. O que nos parece uma série de acontecimentos esparsos que surge diante dos nossos olhos ao longo do tempo, ele vê como uma "catástrofe única que empilha incessantemente escombros sobre escombros e os joga aos seus pés. Ele quer ficar, despertar os mortos e unir os quebrados, mas uma tempestade está soprando do paraíso; ficou preso em suas asas com tanta violência que o anjo não pode mais fechá-las. Essa tempestade o leva sem parar para o futuro, para o qual ele vira as costas, enquanto a pilha de escombros à sua frente cresce no céu. O que chamamos de progresso é essa tempestade."[5]

Os princípios de universalidade, racionalidade e representatividade, que se tornaram centrais na Pedagogia de Comenius no início da era moderna e na Pedagogia como um todo desde então, promovem desenvolvimentos no sistema educacional que não formaram até os séculos XVIII e XIX.

O discurso da educação visa ao autoempoderamento e à crescente autonomia dos seres humanos, primeiro em nome de Deus e depois sob seu abandono. Esse processo é acompanhado pelo aumento da racionalização, modernização e civilização. Há uma crescente separação de "dentro e fora", permitindo a expansão do espaço interior e a diferenciação psicológica. A razão instrumental controla as emoções

---

4. Gil e Wulf, 2015.
5. Benjamin, 1980a, p. 697f.

e exige que elas estejam alinhadas de uma maneira que a vida seja cada vez mais governada por considerações econômicas.

Com a ajuda da educação, as pessoas são disciplinadas de uma maneira a torná-las economicamente mais úteis. Inúmeros papéis e novos comportamentos associados são aprendidos. A educação contribui para a funcionalidade das pessoas. As crianças já são introduzidas às formas de planejar seu tempo e seu espaço na escola. Gradualmente, o comportamento disciplinado é adaptado ao processo natural, e assim não há resistência à disciplina tornando-se ainda mais eficaz.

Com a crescente divisão do trabalho e o surgimento do trabalho assalariado, desenvolvem-se formas racionais de comportamento. Moderação, prudência, racionalidade estão se tornando cada vez mais comportamentos socialmente recompensados. Isso corresponde ao desenvolvimento de comportamentos perceptivos diferenciados, com um número crescente de pessoas em conformidade com seu pensamento e a capacidade de pensamento abstrato. A organização da educação escolar e a expansão da escolaridade obrigatória faz uma contribuição considerável.

Com a crescente dependência do funcionamento da sociedade como um todo, há uma necessidade crescente de autocontrole, que está substituindo cada vez mais o controle externo e isto é apoiado por práticas escolares apropriadas. Há uma tendência para o controle ganhar vida própria, o que rompe o vínculo entre afetos e comportamento. A regulação da vida instintiva, que também é imposta no contexto da educação, e a expansão associada da vida interior são acompanhadas por uma crescente satisfação das necessidades por meio de fantasias e histórias, de modo que a experiência é "desencarnada" e "sem sentido".

Com a estrutura interna diferente das pessoas que surgiu no curso do processo civilizatório, as contradições sociais atingem os seres humanos. As pessoas têm que lidar consigo mesmas cada vez mais. Onde elas se contradizem e são tomadas pelo medo de não ser mais capazes de mediar entre suas necessidades e normas sociais, o sentimento de vergonha surge como uma expressão tangível da sua relação agora rompida consigo mesmas.

No centro desse desenvolvimento está o sujeito humano, sua constituição, sua educação, sua posição em relação ao mundo e a si próprio. Esse sujeito se torna o centro da modernidade. Ele age e é moldado por suas estruturas. Em nome do sujeito moderno, exige-se o direito à liberdade individual, crítica e ação autônoma, e presume-se que uma autoridade seja responsável por dirigir suas ações. No discurso teológico, essa autoridade é a consciência, que na Idade Média foi refinada por ser capaz de distinguir entre bem e mal, e pela institucionalização da meditação, oração e rito e, sobretudo, pela confissão. No protestantismo, é a mesma autoridade que, com suas perguntas atormentadoras sobre como obter um Deus gracioso, forma a crescente autorreferência de pensamento e reflexão. O sujeito capaz de discernir e, portanto, capaz de agir é exigido como um ponto de referência para fé, ação, ciência e filosofia. O "cogito ergo sum" de Descartes deixa claro a mudança de peso para um sujeito abstrato capaz de pensar e subordinar seu corpo concreto a essa habilidade geral. Com o estabelecimento da razão como a autoridade suprema, a relação do sujeito cognitivo consigo mesmo continua a se desenvolver.

Esse processo é apoiado pela ciência, moralidade e arte, que, no início do século XIX, se desenvolveu em áreas sociais específicas nas quais foram tratadas questões de verdade e conhecimento, ação correta e justa e gosto. O sujeito humano moderno que se constituiu na sobreposição dessas áreas se distancia gradualmente da natureza vinculativa das estruturas tradicionais da fé. Um desencantamento do mundo é a consequência inevitável, o resultado é a separação final entre conhecimento e fé. Se o povo medieval e o povo dos primeiros tempos modernos ainda queriam saber para acreditar, a fé foi o ponto de referência para o conhecimento e o desejo para conhecer cada vez mais e tornar-se a força motriz para novas técnicas de descoberta. Este contexto cultural retrocedeu em segundo plano até desaparecer completamente com a "morte de Deus", que se tornou o ponto de referência para o conhecimento. Deus, que segundo Nietzsche simplesmente não morreu, mas foi morto pelo ser humano, e foi finalmente substituído pelo sujeito moderno como ponto de referência para a ação.

Esse autoempoderamento do sujeito é o aspecto central da modernidade, que culmina na Era dos Humanos, no Antropoceno. Os esforços para realizar a liberdade, a igualdade e a fraternidade devem ser entendidos como parte desse processo. A emancipação do sujeito não ocorre apenas no tecido social da sociedade. É igualmente enfatizada contra a natureza externa com a ajuda da ciência e da tecnologia. O resultado é uma racionalização técnica, normativa e cognitiva.[6] A racionalização técnica leva a um aumento na produção de alimentos e bens de consumo, no processamento da natureza e no desenvolvimento da construção e transporte urbanos. Isso resulta em padronização e aumento da eficiência em muitas áreas da sociedade. A racionalização cognitiva é resultado do desenvolvimento das ciências naturais. Seu objetivo é a aplicação de teorias empiricamente comprovadas e a generalização do conhecimento. Como resultado do sistema administrativo e legal, esta racionalização cognitiva leva ao desenvolvimento e à regulamentação das ordens intersubjetivas e formalizadas. Depois que esses processos foram inicialmente considerados como progresso e libertação, eles agora começaram a mostrar seus efeitos colaterais traiçoeiros e indesejados. Com a racionalização e generalização do conhecimento, o autoempoderamento do sujeito contra a natureza é apanhado nas armadilhas do exercício do poder. Ele ou ela não pode afirmar seu poder contra a natureza e a sociedade sem se tornar prisioneiro de seu exercício do poder. Portanto, esse processo também leva inevitavelmente ao isolamento e à autoalienação do sujeito. As esperanças do poder reconciliador da razão, que conseguiria dissolver essas antinomias, foram apenas parcialmente cumpridas. Nem na religião no início da era moderna, nem na ciência na época do Iluminismo, nem na arte do Romantismo, o poder reconciliador bastava para dissolver as incompatibilidades inerentes às estruturas da sociedade e do sujeito. Em vez disso, a razão, que se desenvolve

---

6. Cf. Reckwitz, 2017, p. 34-36.

a partir da autorreferência do ser humano, experimentou cada vez mais seus limites no curso da crescente socialização do ser humano.

Um desses limites reside no fato de que esse sujeito dissolve sua individualidade em sua busca pela universalidade. Somente o sujeito humano em geral conta, não o ego individual. Com o surgimento de um sujeito abstrato como ponto de referência para a educação, inicia-se o processo compressivo da supressão do único, do concreto, do singular, que é também apoiado pela educação moderna. O desenvolvimento de um sujeito humano geral produz um hábito que o torna uma quantidade calculável no mundo do trabalho, da política e de outras esferas da vida. Deve ser calculável, confiável e utilizável. Ao mesmo tempo, deve ter capacidade para desenvolver as habilidades adquiridas durante o processo de socialização e adaptá-las a novas circunstâncias. A formação do *habitus* de um sujeito geral torna-se, portanto, a tarefa principal do sistema educacional na modernidade.[7] Na linguagem da Pedagogia, nas teorias e estruturas educacionais, esse objetivo consiste em prover uma educação geral.

Embora Humboldt e o Novo Humanismo do Classicismo Alemão não tenham desenvolvido uma Pedagogia no sentido estrito, eles desenvolveram sua própria da educação. Humboldt viu um valor educacional nos estudos clássicos, na medida em que eles pretendiam ajudar o indivíduo a se encontrar. O objetivo é uma educação geral que desenvolva o indivíduo como um todo uniformemente. Três aspectos são de particular interesse.

Primeiro, esses esforços para produzir uma personalidade educada geral são uma tentativa de reconciliar o ser humano com as contradições de sua existência. O que mudou na modernidade como resultado das antinomias do mundo do trabalho, dos efeitos do Estado burocrático, da explosão das necessidades, das abstrações, das reivindicações da razão e das ciências e não pode mais ser domado, pode ser reconciliado no sujeito humano com a ajuda da educação geral.

---

7. Bourdieu, 1990, 1997, 1998; Bourdieu e Wacquant, 1992; Krais e Gebauer, 2002.

O componente estético contido na teoria educacional de Humboldt apoia esta interpretação.

Em segundo lugar, a tentativa de reconciliar o ser humano consigo mesmo e com o mundo por meio da educação geral precisa ser revista. Uma objeção crítica feita a ela é que, como efeito colateral indesejado, essa tentativa levou à abstinência política da classe média intelectual. Em parte, essa crítica é certamente verdadeira. É controverso, no entanto, se o distanciamento da teoria educacional de Humboldt das demandas da sociedade por utilidade também não é um potencial crítico.

Em terceiro lugar, a educação geral corre o risco de se tornar um conhecimento enciclopédico, que deve ser cada vez mais adquirido para alcançar a educação universal. Com referência aos benefícios e desvantagens da história, Nietzsche criticou fortemente essa sobrecarga do cânone da escola com material de ensino. Ele afirma que muita história e muito conhecimento armazenado apenas enciclopedicamente levam inevitavelmente a uma educação antiquada que sufoca, em vez de promover, uma relação com a vida. Além disso, tende a enfraquecer a vitalidade dos alunos e a criar um senso de superioridade sobre outras épocas históricas. Também evita o amadurecimento do indivíduo e da comunidade, sobrecarregando-os com o material desatualizado e produz uma sensação da epigonalidade da própria época; finalmente, produz ironia e cinismo que são autodestrutivas.[8] Estes pontos formam a base da formulação de Nietzsche de um argumento para o qual o concreto e atual é como oposto ao que é histórico e supra-histórico. Isto ainda é válido hoje. A tentativa de criar um sujeito humano geral com a ajuda da educação geral é ambivalente. Por um lado, o sujeito humano geral adquire um nível de liberdade sem precedentes na busca de seus interesses individuais em nível privado, na participação igualitária no processo de tomada de decisão política, na autonomia pessoal e na oportunidade de autorrealização, bem como no processo educacional. Por outro lado, o fardo opressor de uma

---

8. Nietzsche, 2017.

educação geral que degenerou em educação antiquada e que perde a força diante do futuro "para interpretar o passado desde a mais alta potência do presente" (Nietzsche) logo se torna aparente.

Nós encontramos objeções a essas ideias sobre educação humana no Romantismo, mas elas não têm equivalência na Pedagogia. O *Programa Sistemático Mais Antigo do Idealismo Alemão* de 1796/1797 exige uma nova mitologia que emprega a poesia como professora da humanidade. Dentro da estrutura dessa mitologia, não são mais a religião, a razão ou a ciência que devem fortalecer a moralidade do povo, mas a arte como instituição pública. "A arte é", como Friedrich Wilhelm Joseph Schelling coloca, "primordial para o filósofo, justamente porque lhe abre, por assim dizer, o sagrado dos sagrados, onde arde na unidade eterna e original, como se estivesse em uma única chama, aquilo que na natureza e na história se rasga em pedaços na vida e na ação, não menos do que no pensamento, deve separar-se para sempre".[9] Então, poesia e arte são as novas possibilidades de ajudar o ser humano a uma reconciliação consigo mesmo e com o mundo. Friedrich Schlegel pensa da mesma maneira quando escreve: "Pois este é o começo de toda poesia, abolir o curso e as leis da razão racional e nos colocar de volta na bela confusão da fantasia, no caos original da natureza humana, por que não conheço símbolo mais bonito do que o enxame colorido dos velhos deuses".[10] As reflexões de Friedrich Nietzsche também seguem a mesma direção. Algo semelhante é esperado do "Deus vindouro" Dionísio.[11] O Deus ausente, nascido de novo nos mistérios, retornará livre da loucura e reconciliará os homens. Todos os três testemunhos lidam com a autoexaltação, sua transcendência e autoesquecimento do sujeito. O lado sombrio da entrega do sujeito de emancipação, progresso e autoempoderamento está claramente articulado e é feita uma tentativa de escapar dele. Se mito, poesia e arte ou mesmo o *Gesamtkunstwerk* podem proporcionar mais do que

---

9. Schelling, 1978, p. 231.
10. Schlegel, 1968, p. 100.
11. Frank, 1982.

experiências intensas de vida, parece-me duvidoso, mesmo depois das experiências políticas do século passado. Afinal, aqui encontramos outro lado do discurso pedagógico. Diante disso, surge a questão de como, nas principais correntes da Pedagogia, lidamos com as noções de superação e renúncia do eu da subjetividade, com perspectivas decorrentes da autotransgressão ou mesmo autoextinção do sujeito humano, e que consequências isso tem para a maneira como a Pedagogia se define.

A formação da identidade como meta da educação se dá pela sujeição da natureza interna e externa à repressão. O eu idêntico só pode ser criado pelo sacrifício da natureza, isto é, por romper a comunicação com a natureza, que se tornou anônima a si mesma como resultado desses processos. A natureza desdobra seu poder novamente nas nossas costas, retirando seu poder de "cura", que nos reconcilia conosco, ou negando-se a nós como resultado da submissão. A compulsão de dominar a natureza racionalmente leva à compulsão de se expor a um processo educacional. A fim de evitar isso também é necessário incluir estoques paralógicos de conhecimento no discurso pedagógico; por isso, os dois lados agiram em contextos de conhecimento nos quais o paradoxo é absorvido sem eliminá-lo por meio da exclusão violenta de alternativas. O objetivo é uma forma de conhecimento que possui seu caráter fragmentário como um princípio e um método, e desenvolver teorias educacionais sistemáticas como a base da ação pedagógica. Essa percepção radicaliza as dúvidas repetidamente expressas na Pedagogia Humanística sobre as possibilidades das teorias para controlar a ação pedagógica.[12]

As reflexões de Derrida sobre a desconstrução do conhecimento não visam repetir ou diferenciar ainda mais os contextos de significados e interpretações a partir de pontos de vista fixos. Em vez disso, eles movem-se das posições fixas das disciplinas tradicionais e penetram na base incerta de um motivo não mensurável pela ciência. O obsoleto

---

12. Wulf, 2003.

deve ser destruído e remontado. Em vez de pontos de referência fixos, o conhecimento científico terá que pairar estar no meio, estar na fronteira. A partir dos contextos destruídos de significado, é necessário projetar novas construções de conhecimento aberto ao não idêntico e às paralogias. Derrida sugere que, por um movimento oculto e sempre perigoso, corre-se o risco de cair incessantemente no que está sendo desconstruído, sendo "necessário cercar os conceitos críticos com um discurso cuidadoso e por meio do discurso marcar as condições, o meio e os limites de sua eficácia e designar rigorosamente sua íntima relação com a máquina cuja desconstrução eles permitem; e, no mesmo processo, designar a fenda por meio da qual o brilho ainda inominável além do fechamento pode ser vislumbrado".[13]

A razão centrada no sujeito encontra apenas maneiras inadequadas de resistir à ação intencional das empresas organizadas capitalistas e do aparato burocrático do Estado. Como resultado, há a compulsão de acumular coisas, o desejo de eficiência e o poder resultante da reificação, com sua exclusão das partes desconsideradas. Esses mecanismos também se opõem aos heterogêneos e os excluídos anteriormente, que se opõem aos imperativos de utilidade e previsibilidade. A soberania humana poderia então ser estabelecida não pela regra da razão, mas pelo heterogêneo. Atravessar fronteiras, êxtase e autodissolução tornam-se pré-requisitos importantes para a soberania humana, que não se desenrola sem essas experiências.

Finalmente, precisamos examinar se a Pedagogia não deve ser entendida como uma mistura de discursos e práticas em que os sujeitos e as instituições são menos importantes do que geralmente se supõe. Quais são as consequências para a Pedagogia se por trás desses discursos não havia realidade ou verdade independente deles? A partir dessa questão, é importante descrever os discursos pedagógicos e decidir como podemos descrever contextos diferentes da educação e em momentos diferentes. De acordo com essa visão, a educação é constituída nos discursos de diferentes maneiras. O tipo de discurso

---

13. Derrida, 1967/2016, p. 14; ver também Derrida, 2001, 2007; Wimmer, 2014.

depende de fatores como orador, destinatário, conteúdo, forma etc. Possivelmente, o elemento determinante reside na diferença que um discurso tem para outro, para outro tempo e para outro contexto. Certas práticas moldam os discursos e são codeterminadas por eles. No entanto, é possível que sejam menos os sujeitos atuantes que os educam do que os discursos e práticas que os constituem. Historicamente, apesar de todas as diferenças de detalhes, o discurso pedagógico consistiria em constituir o sujeito geral como ponto de referência da educação e este como ponto de referência do sujeito geral.[14] Assim, o sujeito geral e a educação seriam na medida considerável o produto de uma maneira específica de falar. Uma análise do discurso teria que analisar os inícios contingentes desses discursos e os motivos de suas mudanças. Provavelmente, o motivo para a mudança do discurso reside nas práticas determinadas pelo poder, que formam as bases desse discurso e que estão baseadas nas relações de poder. Logo, discursos e mudanças no discurso seriam mais um produto de poder do que dos sujeitos inseridos nele. "Onde a alma se afirma como uma, onde o ego inventa uma identidade ou coerência, a genealogia se direciona na busca do começo [...] A análise da origem leva à dissolução do ego e faz com que mil eventos perdidos se acumulem nos lugares e locais de sua síntese vazia".[15] Essa posição recusa a hermenêutica orientada para a compreensão do significado e a ideia de uma historiografia global. Não há sentido abrangente, ao contrário, apenas discursos, sinais e jogos de poder podem ser identificados. Um dos discursos que determinam a modernidade é o da representação, na qual os signos, sem serem reconhecidos como tais, servem para representar as coisas, e as nossas concepções coincidem largamente com os objetos a fim de estabelecer uma ordem de representação. Existem também discursos que não consideram a correspondência metafisicamente garantida do mundo e da linguagem a serem dados. Aqui, o sujeito imaginário deve

---

14. Aqui surge a questão de até que ponto essa situação ainda se aplica à modernidade tardia ou se a relação entre o geral e o singular mudou com o resultado de que o singular se tornou muito mais importante.

15. Foucault, 1971, p.151 (traduzido a partir do francês).

se tornar um objeto para "obter uma verdade pessoal por meio do processo problemático de representação. O conceito de autorreflexão assume a liderança, e a relação do sujeito imaginário consigo mesmo se torna o único fundamento das certezas finais".[16]

Deste ponto de vista, diferentes formas de produção mundial podem ser distinguidas. No momento, não temos um quadro de referência fixo. Criamos nossos quadros de referência e visões de mundo de maneiras muito diferentes, sem poder reduzi-los a um único válido. A criação de um mundo é geralmente uma recriação na qual composição e decomposição, ponderação e ordem, erradicação e conclusão, assim como deformação, desempenham um papel. Depois disso, todos temos dificuldades com a verdade e somos capazes apenas de uma realidade relativa. "Ironicamente, então, nossa paixão por *um* mundo é satisfeita em diferentes épocas e para diferentes propósitos de muitas maneiras diferentes. Não apenas movimento, derivação, ponderação e ordem, mas até a realidade é relativa".[17]

---

16. Habermas, 1985, 1989.
17. Goodman, 1978, p. 20.

3
A perfeição do indivíduo

A questão central

Wilhelm von Humboldt difunde novas percepções sobre o sonho e o discurso da criação de filhos e da educação. Aqui o indivíduo é colocado no centro com grande determinação. Uma educação geral do indivíduo é a principal tarefa. Com a ajuda deles, o indivíduo deve estar preparado para as demandas de sua vida futura. Além disso, serão analisados três aspectos relacionados à relação entre educação e Antropologia. Logo, o rascunho de Humboldt de uma "Antropologia comparada" será examinado por seu significado para uma Antropologia Histórico-Educacional. Em seguida, serão apresentadas as ideias de Humboldt sobre a conexão entre educação e mimésis. Finalmente, o entrelaçamento recíproco entre linguagem, Antropologia e teoria educacional no pensamento de Humboldt deve ser reconstruído. Também veremos a importância da relação entre indivíduo e sociedade, entre o tradicional e o novo, realidade e imaginação, fora e dentro, especial e geral, histórico e universal, linguagem e línguas. Alguns dos primeiros escritos de Humboldt merecem atenção especial a fim de abordar as questões e problemas acima mencionados. Assim, o *Plan einer vergleichenden Anthropologie* (*Esboço de uma Antropologia Comparativa*), escrito em 1797, desempenha um papel central em sua Antropologia, o mesmo se aplica ao texto *Über den Geist der Menschheit* (*Sobre o espírito da humanidade*), escrito no mesmo ano e importante acima de tudo para sua teoria da educação. Este estudo complementa o ensaio de 1794/95 *Theorie der Bildung des Menschen* (*Teoria da formação do ser humano*). Também em 1794/95 ele escreveu o estudo *Über Denken und Sprechen* (*Sobre pensamento e linguagem*), cujas ideias têm sido confirmadas por numerosos estudos de Linguística Comparada. *Ideen zu einem Versuch, die Gränzen der Wirksamkeit des Staats zu bestimmen* (*Ideias para uma tentativa de determinar os limites da efetividade do Estado*) desenvolvidas tanto anteriormente quanto em 1792, ideias essas também importantes para o nosso estudo. Nestes escritos, quase todos publicados pela primeira vez pela Editora Leitzmann na Akademieausgabe, no início do século XX, encontram-se os embriões das muitas ideias posteriores de Humboldt.

A recepção de Wilhelm Humboldt

Além desses escritos do jovem Humboldt, que são importantes para este tópico, eu devo mencionar também o número de análises críticas de seu trabalho que têm influenciado o nosso entendimento sobre o pensamento de Humboldt, seja porque eles inspiraram o leitor a se distanciar deles ou porque desenvolveram novos pontos de vista que eu incluo aqui. Eu menciono em detalhes os primeiros trabalhos de Eduard Spranger, *Wilhelm von Humboldt und die Humanitätsidee* (1908), *Das Bildungs ideal der deutschen Klassik und die moderne Arbeitswelt* (1959) de Theodor Litt, *Wilhelm Humboldts Lehre und Bild vom Menschen* (1965) e *Die Bildungsreform Wilhelm von Humboldts* (1975) de Clemens Menzes, *Über den Widerspruch von Bildung und Herrschaft* (1970) de Hans-Joachim Heydorns, *Wilhelm von Humboldts Bildungstheorie* (1990) de Dietrich Benner, *Apeliotesor oder Der Sinn der Sprache* (1986) e *Traditionen Humboldts* (1990) de Jürgen Trabant, as investigações de Hans-Josef Wagner com o título *Die Aktualität der strukturalen Bildungstheorie Humboldts* (1995), o estudo de Heinz-Elmar Tenorth sobre Humboldt, *Bildungspolitik und Universitätsreform* (2018), e a investigação de Ruprecht Mattig com o título *Wilhelm von Humboldt als Ethnograph. Bildungsforschung im Zeitalter der Aufklärung* (2019). É extraordinário como a visão de Humboldt difere nesses estudos. Nas diferenças de opinião, tornam-se visíveis a complexidade e o pensamento complexo de Humboldt. É um pensamento que resiste às interpretações lineares destinadas à ambiguidade e à liberdade da contradição. Não menos importante nisso, reside o apelo e a atualidade do pensamento de Humboldt.

Antropologia Histórica *avant la lettre*?

A contribuição independente de Humboldt para a Antropologia foi algo bastante novo. A Antropologia Filosófica e Educacional interessou-se pelo universal e tinha tendências a negligenciar o particular. Isso significou que as pessoas foram incapazes de perceber como as ideias de Humboldt e de Herder[1] foram fecundas, cujo foco era a apreciação do particular e como se relacionou com o geral. Sob a influência da Antropologia Filosófica de Max Scheler, de Helmuth Plessner e de Arnold Gehlens, os temas tratados foram "posição do ser humano no cosmo", "*conditio humana*", e "ser humano". Também na Antropologia Educacional dos anos 1960 e 1970, sob a influência da Antropologia Filosófica, o interesse foi direcionado à criança como "*homo educandus*". As consequências foram declarações bastante gerais sobre a criança, sua educabilidade e seu destino, que foram percebidas de maneira isolada sem considerar as condições históricas e culturais prevalecentes. O interesse em infâncias histórica ou culturalmente diferentes, como examinado no âmbito da "Antropologia Cultural" anglo-saxônica, era menos relevante. Somente no início dos anos 90 do século passado, o interesse mudou através da "descoberta" da

---

1. Herder, 1987.

dualidade histórica do objeto e de sua exploração e do estabelecimento do campo da "Antropologia Histórica".

Nos anos 1990, houve inúmeras tentativas de tornar esses esforços frutíferos para o desenvolvimento de uma Antropologia Histórico-Educacional. No contexto desses esforços, surgem novas possibilidades para a compreensão da "Antropologia Comparada" de Humboldt, cujo significado pode ser visto em sua tentativa de combinar uma perspectiva geral com uma perspectiva particular.

Antropologia Comparada

Como é o conceito de "Antropologia Comparada" de Humboldt? "Sua peculiaridade consiste no fato de que lida com materiais empíricos de uma forma especulativa, objetos históricos filosoficamente e a natureza real dos seres humanos, considerando como devemos nos desenvolver no futuro".[2] A Antropologia não deve, portanto, ser perseguida nem exclusivamente de forma empírica, nem apenas de forma filosófica; é antes uma questão de entrelaçar empirismo e filosofia, isto é, de explorar filosoficamente um objeto histórico de tal maneira que, quando olhamos para o que constitui os seres humanos, nós vemos como eles podem se desenvolver. Com essa combinação de filosofia e empirismo, do transcendental e do histórico, deve ser realizada uma filosofia baseada em uma investigação antropológica-histórica da "diversidade de mentes". Na medida em que isso também deve mostrar possibilidades de desenvolvimento, suas intenções se sobrepõem às da educação e da teoria da educação. Não há a preocupação com a realização de uma norma geral, e sim com a realização das diferenças entre culturas, épocas históricas e indivíduos.

A pesquisa antropológica busca "justapor e comparar as características morais das várias espécies humanas".[3] O reconhecimento

---
2. Humboldt, 1960a, p. 352f.
3. Ibid., p. 337.

de nosso "caráter moral" aparece como o principal objetivo da Antropologia. De acordo com o uso linguístico do tempo, "moral" se refere aos aspectos "culturais" do caráter. Portanto, é tarefa da Antropologia examinar as características culturais das várias "espécies humanas" ou de diferentes sociedades. Por mais importante que seja o conhecimento dos diferentes "personagens", é necessário o conhecimento da totalidade dos indivíduos e das sociedades. Somente nesta totalidade aparece o "ideal da humanidade". E assim pode-se dizer logicamente: "Um ser humano só é criado para uma forma, para um personagem, assim como uma classe de seres humanos. Mas o ideal da humanidade representa tantas formas variadas quanto sempre compatíveis entre si. Portanto, nunca pode parecer diferente da totalidade dos indivíduos".[4] A Antropologia visa, então, por um lado, investigar as diferenças entre sociedades, culturas e indivíduos; por outro lado, é precisamente na diversidade de diferenças e nas contingências que o "ideal da humanidade" deve ser apreendido.

Uma vez que a tarefa da pesquisa antropológica consiste em identificar o "caráter" de diferentes sociedades, grupos de pessoas e indivíduos, uma definição mais precisa do termo torna-se necessária. Humboldt vê isso como unidade através da diversidade quando escreve: "O que se move na alma do ser humano, seus pensamentos, sensações, inclinações e decisões, e como, em que sequência e conexão eles funcionam, são, portanto, os pontos em que seu personagem consiste — a relação e o movimento de suas forças, ao mesmo tempo, e como Um."[5] Essa diversidade em Um determina a especificidade de cada caráter e sua forma. Sua unidade e estrutura internas devem ser reconhecidas. É o ponto de partida das ações do indivíduo. Ao mesmo tempo, marca os limites da adequação dos enunciados antropológicos gerais e aponta para a necessidade de uma abordagem mimética àqueles aspectos do indivíduo que podem, de outra forma, não ser compreensíveis.

---

4. Ibid. p. 339f.
5. Humboldt, 1960b, p. 453.

A Antropologia Comparada é responsável por reconstruir o "caráter" a partir das "declarações de todo ser humano". O objetivo é combinar suas características individuais de ser humano, a relação entre as forças que o movem, sua "natureza interior e perfeição", em vez de sua "aptidão para fins externos". É importante, quando estudá-lo, separar o coincidente a partir do essencial, vê-lo em sua gênese temporal e entender que o ser humano é historicamente condicionado e aberto para o futuro. Finalmente, a diversidade de fenômenos deve ser reunida na "mais alta unidade". A Antropologia tem, portanto, a tarefa de "explorar a extensão da possível diversidade na raça humana sem violar a idealidade".[6] Isto é complementado pela afirmação "medir a possível diversidade da natureza humana em sua idealidade; ou, o que é o mesmo, examinar como o ideal humano, ao qual nenhum indivíduo pode sempre alcançar, pode ser representado por muitos".[7]

O objetivo da pesquisa antropológica é, portanto, descobrir a diversidade e combiná-la em uma compreensão complexa dos seres humanos que não é direcionada para eliminar as contradições por meio da simplificação e abstração. A Antropologia luta por uma visão complexa dos seres humanos. Portanto, concentra-se nas diferenças existentes entre culturas, diferentes épocas históricas, grupos e indivíduos. Ela deve nomeá-los, analisá-los e entendê-los conceitualmente, sem perder de vista o que eles têm em comum e o que possibilita as diferenças.

No centro da Antropologia está o estudo do indivíduo com todas as diferenças que são partes de sua constituição. Estas são:
- diferenças entre as pessoas em termos de emprego, os resultados de sua diligência e a maneira como satisfazem suas necessidades;
- diferenças na aparência externa, constituição e comportamento, fisionomia, linguagem e gestos;

---
6. Humboldt, 1960a, p. 354f.
7. Ibid., p. 350.

- diferenças entre os sexos em termos de físico, capacidades intelectuais, caráter estético, sensibilidade e vontade.

Apesar do foco no indivíduo, o conhecimento antropológico também visa a um entendimento sintético da totalidade do ser humano.

A Antropologia usa três métodos. No primeiro, o ser humano é visto como um objeto e, dessa forma, deve ser pesquisado empiricamente. Uma variedade de métodos de pesquisa científica está disponível para esse fim. O segundo método concentra-se na exploração da historicidade e socialidade do ser humano. Os métodos histórico-hermenêuticos desempenham um papel decisivo aqui. Finalmente, a reflexão filosófica e o julgamento estético formam o terceiro método da Antropologia. Para a fertilidade da pesquisa antropológica, a combinação de diferentes métodos é de importância crucial. Posteriormente, Humboldt se tornou um modelo de pesquisa antropológica em linguagem e sua manifestação em várias línguas.

Para Humboldt, conhecimento humano e educação estão intimamente ligados. A educação humana não é possível sem o conhecimento da natureza humana, sem a Antropologia. A Antropologia, por sua vez, visa à educação dos seres humanos e de nossas espécies. A relação entre Antropologia e teoria educacional é contingente, ou seja, existem várias possibilidades para definir esta relação, mas apenas uma dessas pode ser realizada como uma decisão em particular. Contingência refere-se a uma conexão entre o que nós podemos controlar e o que não podemos. Por um lado, contingente é o que não pode ser planejado. Aristóteles introduziu a categoria de possibilidade para esse propósito. Seu "como acontece" foi traduzido como "contingere" na Idade Média. Por outro lado, tudo o que pode ser reconhecido e projetado é contingente. Em contraste com as relações, que são vistas como inequívocas, o conceito de contingência se refere às possibilidades entre as quais uma decisão deve ser tomada, ou seja, o escopo para conhecimento e ação. Se se entende a relação entre Antropologia e educação como contingente, segue-se o caráter aberto e mutável dessa relação e a necessidade de determiná-la individualmente. Uma condição prévia para uma relação contingente entre pesquisa antropológica e teoria educacional é a abertura da teoria antropológica e da teoria educacional em relação às suas possibilidades de conhecimento e ação, uma abertura que em toda situação histórica específica requer limitação por decisões.

Ao explorar diferentes culturas, grupos e indivíduos, é adquirido um conhecimento antropológico que também contribui para uma melhor compreensão de cada cultura, grupo ou pessoa individual. O conhecimento do semelhante aumenta o conhecimento das contingências e, portanto, das possibilidades de autoconhecimento. O esforço em compreender o Outro leva a um entendimento de que possibilidades contêm e de nossas próprias possibilidades também. Todos possuem apenas uma característica que, no entanto, pode ser entendida em uma relação contingente com a similar e o que é estrangeiro. Essa experiência de contingência entre o próprio indivíduo e o Outro é um fator essencial no processo educacional. Para Humboldt, o conhecimento antropológico não é apenas conhecimento pelo conhecimento, mas também conhecimento para a iniciação de processos educacionais, cujo objetivo é a perfeição do indivíduo.

Com o entendimento da Antropologia como "comparativo", Humboldt cria um interesse na diferença e, portanto, entre o que é individual em qualquer contexto. Esse foco leva a uma compreensão da historicidade e do caráter específico da cultura do indivíduo. Dessa forma, Humboldt pode ser visto como um precursor da Antropologia Histórica e da Antropologia Cultural. Seus esforços ganham um entendimento geral do ser humano, que vai além do seu interesse no individual e incluem diferenças e contingências representando um desafio para a Antropologia Histórica e a Antropologia Cultural.[8]

---

8. Mattig (2019) realizou um estudo muito minucioso da dimensão antropológica e etnográfica cultural da Antropologia de Humboldt e descobriu quão importante ambas são para sua Antropologia e para sua teoria da educação; cf. também Mattig, 2012.

Educação e os limites do Estado

O pré-requisito para a teoria da educação de Humboldt é a descoberta do indivíduo como iniciante, portador e ponto de referência dos processos educacionais. Essa apreciação do indivíduo com sua diversidade também pode ser encontrada, como vimos, na Antropologia de Humboldt. Esta articulação é encontrada em seus escritos juvenis *Ideen zu einem Versuch, die Gränzen der Wirksamkeit des Staats zu bestimmen (Ideias para uma tentativa de determinar os limites da efetividade do Estado)* (1792). Aqui, Humboldt desenvolve sua visão sobre a necessária limitação do poder do Estado. Essas ideias são formuladas no contexto de suas experiências com o Estado absolutista e com a Revolução Francesa, que Humboldt acolhe como um "sinal da história", mas que ele vê com ambivalência devido à sua crueldade. Em relação ao Estado, é necessário esclarecer "para qual finalidade toda a instituição do Estado deve funcionar e quais barreiras devem ser estabelecidas para sua eficácia."[9] A fim de permitir que a diversidade dos vários cidadãos floresça, o Estado deve limitar seu desejo de dominar a comunidade de acordo com seus próprios critérios. Isso ainda é mais necessário, uma vez que não está em posição de lidar adequadamente com a diversidade e diferenciação da vida social e comunitária. Somente limitando o poder do Estado pode ocorrer um desenvolvimento na igualdade e a liberdade dos cidadãos. A restrição do poder estatal é uma condição necessária para o desenvolvimento da diversidade e a perfeição da comunidade. Ao limitar o poder estatal, é possível fornecer aos cidadãos uma educação universal que desenvolva sua individualidade e permita que participem e formem políticas públicas. O objetivo do Estado não é mais o Estado em si, mas o bem-estar dos seus cidadãos. Nas sociedades modernas, isso não pode mais ser determinado por objetivos sociais gerais pre-determinados. Em vez disso, os indivíduos devem definir e alcançar seus próprios objetivos. Portanto, o desenvolvimento social depende tanto

---

9. Humboldt, 1960c, p. 56.

da educação de cada membro da sociedade quanto das oportunidades educacionais concedidas pelo Estado. Uma vez que a identidade entre ser humano e cidadão não existe mais nos Estados modernos, essas sociedades devem permitir aos indivíduos decidirem o objetivo e a natureza de seu desenvolvimento. Não é possível dizer que uma coisa permaneça verdadeira para todos os membros da sociedade. A determinação parece possível apenas como autodeterminação dos indivíduos. É dever do Estado garantir as condições necessárias para isso. A autodeterminação dos indivíduos é sua tarefa.

Como Johann Gottlieb Fichte, Humboldt viu claramente a inelutabilidade do indivíduo. Toda reflexão e toda ação são precedidas pelo indivíduo e, portanto, são inatacáveis. Na formulação de Fichte, a autoconsciência é "uma atividade que tem um olho". Em contraste com Fichte, em cuja visão o eu em sua inescapabilidade confronta o mundo como não eu, Humboldt assume uma relação igualmente original entre o eu e o mundo, "em que a receptividade e a espontaneidade do eu são pressupostas como igualmente originais e o eu é inicialmente considerado como completamente indeterminado, mas toda a experiência é interpretada como resultado de uma interação com o mundo mediada pela espontaneidade e reflexividade do eu".[10] Portanto, determinar o indivíduo a partir do exterior, deixando-o sem possibilidade de autodeterminação é problemático e viola a educabilidade indeterminada de cada indivíduo, o projeto do qual é incumbente sob ele. Esta imprecisão da educabilidade deve ser mantida, para que a educação não se degenere em uma adaptação do ser humano a determinadas condições sociais ou a um *habitus* de dominação sobre o mundo.

Na segunda parte de seu tratado sobre as fronteiras do Estado, Humboldt determina o objetivo e o significado da vida humana: "O verdadeiro propósito do ser humano — não aquele que a mudança de inclinação, mas que a razão eternamente imutável lhe dita — é a mais alta e mais harmoniosa *Bildung* (educação) de suas forças na

---

10. Benner, 1990, p. 32.

proporção de um todo. A liberdade é a primeira e indispensável condição para essa *Bildung*. Além da liberdade, o desenvolvimento das forças humanas exige outra coisa, embora esteja intimamente ligada à liberdade e à grande diversidade de situações. Até o ser humano mais livre e independente, colocado em posições monótonas, se desenvolve totalmente".[11] No contexto de nossas considerações até o momento, parece lógico não interpretar essa passagem como se Humboldt estivesse preocupado com uma educação harmoniosa, na qual o eu chegasse a um acordo com o mundo e consigo mesmo. Em nosso entendimento, "educação superior" não significa um padrão educacional válido, geral e alto que deve estar ancorado no indivíduo. Tampouco "educação harmoniosa" significa uma harmonia válida de conteúdo educacional. Em vez disso, pode-se seguir a interpretação de Dietrich Benner, que se refere à relação antinômica entre os dois termos: "Quanto mais alto, nas condições da moderna divisão do trabalho, o grau de educação individual em uma determinada área ou área, mais desproporcionalmente as outras áreas ou áreas, quaisquer que sejam, se relacionam com ela. Por outro lado, quanto mais harmonioso o desenvolvimento de todas as áreas ou campos da educação, menos elas diferem em termos de desenvolvimento e menor é, em regra, pelo menos o nível e o grau de seu desenvolvimento individual".[12] Para que o indivíduo possa processar adequadamente essa antinomia, são necessárias duas condições: a "liberdade" do indivíduo para determinar seu processo educacional com as antinomias contidas nele e a "diversidade" e multiformidade das situações educacionais.

Educar e fazer o máximo das forças com as quais somos dotados é considerado o significado da vida humana. Essas forças distinguem o orgânico do inorgânico e são características de todos os seres vivos. Com cada individuação, eles são dados de maneiras diferentes. São eles que devem ser educados e, ao mesmo tempo, nos constituem educáveis. Clemens Menze determina adequadamente seu significado

---

11. Humboldt, 1960c, p. 64.
12. Benner, 1990, p. 49.

teórico-educacional e antropológico: "A força como *a priori* no ser humano significa que o ser humano por sua natureza é atividade, energia, enquanto o ser humano sempre aparece como uma pessoa ativa, que a atividade assim entendida é a característica básica de seu ser".[13] Esta força é uma condição de todo ser humano e todo ser vivo. Como tal, permanece misterioso e insondável.

Na medida em que essa força (vida) constitui o indivíduo, ela também impulsiona seus processos educacionais. Os processos educacionais são enérgicos. Eles são moldados pelo fato de que a energia humana é direcionada para o exterior. "Visto que, no entanto, o mero poder precisa de um objeto sobre o qual eles se exercitem, e a mera forma, o pensamento puro, um material no qual ele pode continuar a se desenvolver, o ser humano também precisa de um mundo além de si mesmo". A partir disto, surge a luta para expandir seu círculo de cognição e efetividade.[14] Portanto, a natureza interior do ser humano precisa de uma exterioridade para se formar. O pensamento e a ação humanos só podem se desenvolver com a ajuda do processamento de uma exterioridade, algo não humano. Somente trabalhando do lado de fora, a inquietação dada pela estrutura humana enérgica pode ser satisfeita e ocorre uma "melhoria e refinamento internos". Educação significa "vincular nosso eu ao mundo no mais geral, em interação mais livre possível e ativa".[15]

Educação como mimésis

Os processos educacionais assim concebidos são miméticos. Mimésis significa aqui não apenas "imitação", mas também "semelhança", "representação", "expressão". Se o caráter mimético de muitos processos educacionais é mencionado, então a mimésis não

---

13. Menze, 1965, p. 100.
14. Humboldt, 1960d, p. 235.
15. Ibid., p. 235f.

se restringe à arte, poesia e estética. No entendimento de Humboldt, as capacidades miméticas desempenham um papel em quase todas as áreas da imaginação, pensamento, fala e ação humanas e são uma condição indispensável para a "conexão do nosso eu com o mundo". Com a ajuda de processos miméticos, o indivíduo se expande para o mundo exterior e se aproxima dele. Essa semelhança com mundos externos ao indivíduo leva à formação da energia voltada para fora, característica da vida humana. No entendimento de Humboldt, essa formação do exterior é ao mesmo tempo um projeto do interior, ou seja, educação. Na medida em que a educação não visa à dominação, mas a educação das forças do indivíduo em um encontro sem dominação com os mundos externos, ela é mimética. Na semelhança com os mundos externos, os processos miméticos conduzem à apropriação do desconhecido. Com a ajuda de suas capacidades miméticas, o indivíduo se expande para o estranho e o torna parte de seu mundo interior de imagens, sons e imaginação. Isso transforma o mundo exterior no mundo interior. Essa transformação, que constitui o processo educacional, ocorre por meio da transformação do mundo exterior em imagens e de sua incorporação no imaginário do indivíduo.[16] Com a ajuda da imaginação, essas imagens são conectadas ao mundo interior das imagens com outras imagens da memória, desejo e imaginação. Ao retratar o mundo exterior, as imagens tornam-se parte do interior do indivíduo, que é assim expandido. Por meio dessa conexão mimética, o indivíduo abre o mundo para si e, ao mesmo tempo, é aberto por ele. Essa semelhança de espírito e mundo causa a formação do indivíduo.

Na mimésis do mundo exterior, dos objetos e de outras pessoas, ocorre a experiência da diferença do mundo exterior, de sua não identidade com sua própria. Quando nos assemelhamos ao mundo exterior, isso não leva à anulação da diferença entre interior e exterior. Se isso acontecesse, a mimésis se tornaria uma imitação, uma adaptação a um mundo exterior, ignorando as forças e energias criativas do indivíduo. O fato dessas energias serem individuais garante a

---

16. Wulf, 2014; Hüppauf e Wulf, 2009; Gebauer e Wulf,1998.

diversidade dos processos miméticos e seus resultados. Por meio de suas capacidades miméticas individuais são capazes de entrar no mundo, de ser fascinado por sua novidade e estranheza, de gostar do processo de interiorizar o exterior e de experimentar-se nessa alegria.

Os processos miméticos são sensoriais. Eles ocorrem por meio do ver, ouvir, tocar, cheirar e saborear. Mas eles também podem se concentrar em mundos imaginários e usar nossa capacidade para a imaginação. Eles visam ao desconhecido e produzem novas experiências no encontro, no qual o estranho se torna familiar. No comportamento mimético, uma abordagem ativa do mundo está entrelaçada com uma recepção bastante passiva dentro do indivíduo. A receptividade garante a semelhança, a atividade e a diferença individual de processamento. Os processos miméticos não são meros processos de imitação; algo novo sempre surge.[17] No confronto mimético com o mundo, cada indivíduo cria algo novo com base em suas próprias características pessoais. A diversidade de indivíduos, portanto, também garante a diversidade de processos educacionais miméticos. Liberdade, autoatividade e autodeterminação são, portanto, indispensáveis a tais processos.

Os processos educacionais sempre ocorrem em contextos histórico-culturais específicos, que, por sua vez, possuem suas próprias características individuais, mas estão ligados aos anteriores. Aprender a língua, por exemplo, é um processo altamente mimético, no qual as pessoas tentam se alinhar. Portanto, é moldado de acordo com a própria individualidade. Para muitos desses processos educacionais e de aprendizagem, os modelos são de importância crucial, para os quais o jovem é direcionado. Em particular, sua "originalidade individual" que nos desafia a imitá-los: "As pessoas notáveis que nos servem de exemplo aqui [...] sempre têm uma individualidade originalmente determinada".[18] A superioridade e a diferença inerentes a essa individualidade original desafiam a faculdade mimética. O jovem quer

---
17. Gebauer e Wulf, 1995.
18. Humboldt, 1960e, p. 512.

se tornar como o modelo. Suas forças miméticas são tão convincentes que ele não consegue resistir aos efeitos delas. De acordo com a visão de Platão, a escolha dos modelos deve, portanto, ser cuidadosamente controlada. Da mesma forma, Humboldt também está convencido da importância de modelos para a educação humana e a autoeducação. Na "originalidade individual" de pessoas notáveis, aprende-se algo sobre as próprias possibilidades. Não que você possa ser como eles. Mas eles abordam as possibilidades contidas em todo ser humano e nos desafiam a desenvolvê-las.[19]

A mimésis de um modelo significa o estabelecimento de uma relação contingente entre um modelo e um ser humano que se refere a ele mimeticamente. O resultado desta relação depende das condições respectivas do modelo e do ser humano que se comporta mimeticamente em relação a ele e, portanto, é apenas inadequadamente previsível. A relação mimética torna-se determinada pela referência a alguma coisa já lá, mas seu resultado permanece aberto, porque não é uma relação meio-fim em que as metas determinam previamente os resultados. Os processos miméticos ocorrem com "intenções quebradas", isso é, de uma forma flexível. Eles ocorrem sem que fique claro desde o início em que direção eles estão indo e quais serão seus resultados. Seu caráter aberto os distingue de processos de imitação mais orientados a objetivos e orientados a resultados. Nos processos miméticos, um indivíduo é cativado por um objeto ou outra pessoa, se expõe a um processo de apropriação e pode até correr o risco de perder o seu eu próprio para seu modelo ou para o seu mundo de referência. Nesta "similaridade do tornar-se", podemos ver a força e o poder dos processos miméticos com seus efeitos profundos no indivíduo.

Humboldt compreende a educação como mimética, ou seja, como não teleológica, indefinida e aberta. A educação visa à mediação entre condições histórico-sociais externas e condições individuais internas. O sucesso desses processos requer liberdade individual e uma variedade

---

19. Gebauer e Wulf, 1995; Wulf, 2007, Capítulo 5.

de oportunidades educacionais criadas socialmente. Somente dessa maneira as demandas e os conflitos associados ao objetivo de educação "superior" e "mais harmoniosa" podem ser processados. Os resultados desses processos educacionais estão abertos para o futuro. A abertura ao futuro significa que os elementos desconhecidos e incertos do futuro e a incompletude da educação humana tornam-se elementos constitutivos no processo educacional. Em outras palavras, não pretendemos poder estar certos ao que é inerentemente incerto.

Automimésis

O movimento mimético do indivíduo não é direcionado apenas para o exterior e não visa apenas a uma semelhança com o exterior. Humboldt já enfatizava a importância central do indivíduo e do sujeito humano para a Antropologia e a teoria educacional em seus primeiros trabalhos, *Über den Geist der Menschheit (Sobre o espírito da humanidade)*. De acordo com essas considerações, o ser humano cria o seu próprio destino. A educação também é entendida como uma atividade mimética autorreferencial do indivíduo. Humboldt determina seu objetivo e estrutura: "O homem deve, portanto, buscar algo ao qual, como objetivo final, possa subordinar tudo, e de acordo com o qual ele, como padrão absoluto, possa julgar tudo. Ele não pode deixar de encontrar isso em qualquer lugar do que ele próprio, pois no epítome de todos os seres tudo se refere apenas a ele; mas ele não pode se referir ao seu gozo instantâneo, nem à sua felicidade em geral, uma vez que é uma vantagem nobre de sua natureza ser capaz de desprezar o gozo e passar sem a felicidade; portanto, só pode existir em seus valores interiores, em sua maior perfeição".[20]

O indivíduo encontra sua "perfeição superior" somente por meio da atividade independente e livre. É somente neste processo que o ser

---

20. Humboldt, 1960e, p. 507.

humano individual percebe sua singularidade; é somente por meio deste que ele pode encontrar seu destino. Esta atividade independente é uma "força vital espiritual interior", que ajuda o indivíduo a se moldar de acordo com seus valores. Essa força, difícil de determinar, pode ser equiparada ao poder da imaginação com a ajuda da qual o ser humano individual pode se relacionar consigo mesmo e, portanto, com a humanidade: "O desafio da nossa autoeducação consiste em seguir essa força vivente, em tornar um ser humano individual que, em nenhum momento de sua vida, pode alcançar seu objetivo final e cumprir sua medida, mas sempre se esforça para expressar o 'espírito da humanidade ao mais alto grau e à mais alta medida enquanto possível', ou seja, o ser humano deve efetuar o aumento de seus poderes e o refinamento de sua personalidade, e, assim, vir a viver sua vida diária de uma forma mais moral e ao mesmo tempo separar sua própria vida a partir da totalidade da sua experiência de mundo".[21] A mimésis externa e interna pode proteger as pessoas da alienação do mundo e da autoalienação. Por meio de ambas as formas de alienação, o homem falha ao cumprir o seu potencial e perde a sua possibilidade de autoaperfeiçoamento. Resta observar se a faculdade mimética pode proteger os seres humanos dessa dupla alienação ou se simplesmente degenera em imitação, em nos alinhar a nós mesmos com o que é reificado ou morto.

Linguagem

O trabalho de Humboldt sobre linguagem reúne suas reflexões sobre Antropologia e teoria educacional e acrescenta novas dimensões a elas. Já em seu ensaio inicial de 1793, *Über das Studium des Altertums und des Griechischen inbesondere (Sobre o estudo da Antiguidade, em particular a Grécia Clássica)*, Humboldt estabeleceu uma conexão entre

---

21. Herrmann, 1994, p. 145f.

a cultura grega e a idiossincrasia de sua língua. Em um fragmento sobre pensar e falar, ele enfatiza a estreita conexão entre linguagem e individualidade. Humboldt distingue pensamento do pensado e vê na reflexão a natureza específica do pensamento, enquanto se situa na reflexão. Na reflexão, a pessoa pensante enfrenta objetos, combina-os em unidades e deve nomeá-los. Humboldt entende que a linguagem determina a referência mundial de uma pessoa da qual não há escapatória. Portanto, as diferenças entre os diferentes idiomas e as visões de mundo baseadas neles não podem ser eliminadas. Cada idioma deve ser entendido em seu caráter histórico-individual. Se isto se perder de vista, a peculiaridade do respectivo idioma é mal avaliada. A diversidade de idiomas garante a diversidade de culturas e indivíduos. É um pré-requisito para a diversidade de indivíduos e seus processos educacionais.

Linguagem é a capacidade de criar pensamentos, conectar mente e sensorialidade. "A linguagem é, portanto, se não completamente, pelo menos sensorialmente, o meio pelo qual o homem forma simultaneamente a si mesmo e ao mundo, ou melhor, torna-se consciente dele por separar um mundo de si mesmo".[22] Afirma que a linguagem não é apenas um sinal ou um meio de comunicação. Pelo contrário, é um meio de formar o pensamento, o eu e o mundo. Através da combinação de sensorialidade e intelecto, o pensamento é gerado. Essa criação, expressão e repercepção do pensamento só é possível devido o pensamento ser criado como uma palavra. "Mas a linguagem é indispensável para isso. Pois, como nele o esforço espiritual abre caminho através dos lábios, o produto dele retorna ao seu próprio ouvido. A ideia é assim transferida para a objetividade real sem ser retirada da subjetividade".[23] A linguagem é direcionada ao outro. O outro ouve e responde. Não apenas o falante, mas também o ouvinte produz materialmente a fala; por sua vez, ele se torna o orador. Uma produtividade comum mútua é criada.

---

22. Seidel, 1962, v. 1, p. 207.
23. Humboldt, 1968, p. 55.

Análogo à Antropologia e à teoria educacional, Humboldt entende a diversidade histórico-empírica das línguas como a riqueza do mundo e do homem. A multiplicidade de idiomas não representa um grande obstáculo ao entendimento humano. Se um indivíduo cresceu em um idioma quando criança, ele ou ela pode aprender outros idiomas e se comunicar a partir deles.

A comunicação entre membros de diferentes idiomas é possível. Como na Antropologia, na qual a exploração da diversidade de culturas também aumenta o nosso conhecimento sobre seres humanos, a exploração das diferenças de línguas também aumenta o nosso conhecimento sobre "linguagem". A linguagem faz do mundo um mundo humano; traduz o mundo para um mundo humano. Seus limites formam os limites da cultura e do indivíduo. A condicionalidade linguística da cultura e do indivíduo é inevitável. É riqueza e limitação em um. A linguagem representa uma área intermediária entre o mundo e o indivíduo, tornou-se histórica e está em um estado de constante mudança. Isto é de importância crucial para a educação do indivíduo. A linguagem é usada para expandir e cultivar o indivíduo, sua autoexpansão e desenvolvimento. A linguagem é o meio de um processo educacional aberto ao futuro, no curso do qual as contradições e os conflitos são processados repetidamente.

É apenas por meio da linguagem que o ser humano se torna um ser humano. Ser humano não pode ser separado da capacidade de falar. Portanto, ideias que afirmam que o homem inventa a linguagem e que essa é a única maneira de alcançar nossa perfeição não vão longe o suficiente. A linguagem permite a expressão humana e a comunidade humana. Sem elas, o homem carece de um meio essencial de expressão, ele não é um ser social. Cada idioma é uma visão de mundo específica; essa visão de mundo é inevitável; o indivíduo não consegue encontrar um ponto de vista fora dessa linguagem e de sua visão de mundo. A linguagem é a mediação do mundo e da individualidade. É um pré-requisito da educação e permite abrir o mundo e ser aberto pelo mundo. Cria uma compreensão individual específica do mundo e de si mesmo. A linguagem é o poder de moldar o indivíduo e o mundo. Está relacionada com a energia espontânea e criativa do indivíduo e possibilita a individuação. Na medida em que a reflexividade humana e o pensamento estão ligados à linguagem, e o ser humano não está completamente dissolvido em sua existência linguística, nós também encontramos que a insondabilidade do ser humano pode ser experimentada na linguagem. A abertura linguisticamente e a insondabilidade da existência humana que percebemos na linguagem é um elemento constitutivo de uma Antropologia Histórico-Educacional e de uma teoria educacional baseada nela.

Perspectiva

No pensamento de Humboldt, linguagem, educação e Antropologia estão intimamente ligadas. Ser humano significa ser capaz de falar e de ser educado. Do ponto de vista antropológico, é decisivo como qual linguagem forma qual ser humano. O que é importante são as características culturais e históricas específicas da linguagem e da educação, mais do que estabelecer a existência de uma capacidade geral de falar uma língua e ser criativo. É a tarefa da Antropologia Linguística e da Antropologia Educacional pesquisá-las. Apesar desse interesse no indivíduo, que foi extraordinário para o seu tempo, e das diferenças associadas a ele, a visão de Humboldt, do ponto de vista atual, possui suas limitações em sua aderência a uma imagem idealizada de humanidade e nossa educação, onde, no espírito de seu tempo, adere-se à certeza da perfectibilidade do indivíduo e da espécie humana. Após os acontecimentos do século XX e na visão das forças destrutivas da Era do Antropoceno, esta percepção dos limites da capacidade humana de ser educado está se tornando cada vez mais importante.

4
Fundamentos antropológicos da educação

Nos escritos de Johann Gottfried Herder e Wilhelm von Humboldt, encontramos uma consciência da importância do conhecimento antropológico para a compreensão e autocompreensão dos seres humanos e seus processos educacionais. Ambos têm a percepção de que esse conhecimento é histórico e culturalmente condicionado. Enquanto Herder e Humboldt enfatizam a historicidade do conhecimento antropológico, Humboldt também desenvolve uma Antropologia Cultural ou uma perspectiva etnológica em sua Antropologia Comparada. Ambas as perspectivas são adotadas na Antropologia Histórico-Cultural emergente no final do século XX e desenvolvidas ainda mais no contexto de uma sociedade mundial globalizada.[1] Com base nessas perspectivas, também surge uma Antropologia Educacional orientada de forma correspondente.

Como mencionado no primeiro capítulo, Martin Heidegger viu uma característica desse interesse no conhecimento antropológico no fato de que, apesar de todo o nosso conhecimento, não sabemos "o que é o ser humano". No campo da educação, devemos repetidamente

---

1. Wulf, 2009, 2010, 2013a.

considerar que o ser humano é um sujeito voltado para a educação (*homo educandus*) e é, ao mesmo tempo, considerado educável (*homo educabilis*) e como pode ser "melhorado" ou "aperfeiçoado". A educação não é possível sem o conhecimento antropológico.[2] Mas como adquirimos conhecimento antropológico e como podemos torná-lo frutífero para a educação?

Por mais complexo que seja lidar com essa questão no contexto histórico e cultural da Alemanha e da Europa, é ainda mais difícil respondê-la no mundo globalizado de hoje. Aqui não há perspectivas e critérios seguros em relação aos quais possa ser determinado como a(s) pessoa(s) pode(m) ser entendida(s). Entre as culturas do Ocidente e da Ásia, as diferenças na compreensão humana são consideráveis. Em todas as sociedades e culturas, existem ideias de uma vida boa e de uma educação bem-sucedida. Algumas se sobrepõem, outras têm pouco em comum.

Nesta seção, reconstruímos como o campo da Antropologia Educacional (*pädagogische Anthropologie*) se desenvolveu na Alemanha desde meados do século XX. Várias fases com diferentes pontos focais podem ser distinguidas. Para entender o caráter especial da "pädagogische Anthropologie" na Alemanha, é necessário ter em mente a diferença para o uso anglo-saxão de "Educational Anthropology" ou "Anthropology of Education". Quando usamos "Anthropology of Education" em inglês, geralmente pensamos em Etnologia ou etnografia da educação. Os campos alemães da "Anthropologie der Erziehung" e "pädagogische Anthropologie" são muito mais amplos, envolvendo dimensões históricas e filosóficas, e traduzi-las como "Anthropology of Education" seria reduzi-las a apenas um paradigma. Em inglês "Anthropology of Education" significa, antes de mais nada, uma abordagem etnográfica para pesquisar o campo da educação. Em segundo lugar, "Anthropology of Education" refere-se à pesquisa em campos da educação e atividades educacionais em uma cultura estrangeira. Durante muito

---

2. Wulf, 2014, 2010; Wulf e Baitello 2014.

tempo, foram principalmente as culturas não ocidentais cujas formas de educação foram exploradas. Isso mudou na medida em que hoje a pesquisa em educação nas culturas ocidentais também é chamada de "Anthropology of Education" ou "ethnography of education".[3] Esta orientação corresponde ao entendimento da "Anthropology" no mundo de língua inglesa como "Cultural" ou "Social Anthropology".[4] Aqui também a Antropologia é amplamente equiparada à Etnologia, de modo que a pesquisa de campo com métodos etnográficos e a pesquisa no estrangeiro constituem o centro da Antropologia ou da Antropologia da Educação.[5]

Embora a redução dos conceitos de Antropologia e Antropologia da Educação à pesquisa de campo etnográfica e ao estudo da alteridade realmente forneçam precisão conceitual, ignora muitas dimensões importantes da Antropologia e da Antropologia Educacional, que também devem ser levadas em conta na Antropologia Educacional. Por mais importante que seja em um sistema mundial globalizado pesquisar o estrangeiro e como lidar com a alteridade,[6] ver isso como a única tarefa da pesquisa antropológica não é o suficiente. Isso é visto frequentemente da mesma maneira na Antropologia Cultural, mas menos na Antropologia da Educação. A Antropologia Cultural, por exemplo, há algum tempo tem reexaminado a "four-field approach" de Franz Boas.[7] Boas, que é da Alemanha, desenvolveu essa perspectiva nos EUA.[8] Ao lado da Etnologia, ele também incluiu Paleontologia, Linguística e estudos históricos como parte da Antropologia. Em contraste ao campo científico anglo-americano, os conceitos de Antropologia e Antropologia da Educação são mais complexos na Alemanha.[9]

---

3. Anderson-Levitt, 2012.
4. Wulf, 2013a.
5. Kohl, 1993.
6. Wulf, 2016.
7. Bunzl, 2004; Segal e Yanagisako, 2005.
8. Boas, 1896/ 1940.
9. Wulf, 2001, 2009, 2010, 2013a; Zirfas, 2004; Wulf e Zirfas, 2014a.

Hoje, nos EUA, em analogia a uma "continental Philosophy" europeia que não é analiticamente orientada, também se fala em uma "continental Anthropology". Isso é caracterizado por quatro paradigmas e um quinto integrador.[10] Além do mais, mostra um interesse pronunciado em questões interdisciplinares e transculturais. Na Antropologia Educacional, supõe-se que educação e socialização não sejam possíveis sem imagens implícitas e explícitas do ser humano e que, portanto, formam um importante campo de pesquisa antropológico-educacional.[11]

A seção seguinte está dividida cinco partes: apresentação, interpretação e análise da Antropologia Educacional, na qual ficará claro por que um conceito complexo de Antropologia Educacional é necessário na era da globalização e no Antropoceno: 1) imagens históricas do ser humano e seus efeitos na educação; 2) o desenvolvimento da Antropologia Educacional como parte da ciência educacional; 3) a crítica da Antropologia Educacional; 4) o retorno à Antropologia Educacional Histórica; 5) perspectivas.

Imagens históricas do ser humano e seu impacto na educação

O assunto da Antropologia Educacional é o ser humano e as condições nas quais ele é educado e socializado. Estas condições são examinadas com consideração especial das imagens humanas implícitas nelas e das condições culturais e sociais em que estão baseadas. Podemos ver a partir de dois exemplos históricos da Antiguidade e do início dos tempos modernos como as imagens diferentes da humanidade levam a ideias diferentes de educação e socialização. Nas duas imagens do ser humano, fica clara a interdependência entre

---
10. Wulf, 2013a.
11. Wulf, 2014.

concepções culturais e sociais e concepções de educação e socialização. Ao mesmo tempo, os dois exemplos mostram que a diferença entre duas imagens do ser humano também leva a diferentes concepções, estratégias e métodos de educação e socialização.[12]

Até os filósofos pré-socráticos, em nome de um pensamento perspicaz, insistem na liberdade do ser humano do Estado e da tradição e questionam as visões de mundo míticas de Homero e Hesíodo com referência à racionalidade, argumentação e lógica. Para Protágoras, "o ser humano tornou-se a medida de todas as coisas". Isso levou a uma mudança no entendimento das pessoas, que se baseia na suposição de que as pessoas podem e devem moldar suas próprias vidas. Sócrates vai um passo além ao questionar também esta capacidade humana com a ajuda de seu pensamento cético. Ele enfatiza a importância da ação moralmente correta e se refere à necessidade de autorreflexão e aos limites do conhecimento por meio de sua metodologia de questionamento (maiêutica). Platão vê na razão (*nous*) a nossa capacidade de compreender as ideias verdadeiras, boas e bonitas, imutáveis e "eternas". O objetivo é a libertação do ser humano das trevas da "caverna" por meio da ascensão à realização de ideias. Em *A República*, Platão desenvolve um modelo de ser humano que também corresponde a um modelo de sociedade e educação. Para Platão, o ser humano é caracterizado por três instâncias, que correspondem às três condições do Estado. A autoridade suprema é a razão (*nous*); então segue a vontade/coragem (*thymos*) e a sensorialidade/desejo (*epithymia*). Esta divisão de três vias, tão importante para a autoimagem do povo europeu, corresponde às três posições sociais dos filósofos, dos guardiões/guerreiros e dos camponeses/artesãos. A educação também é projetada de acordo com esse modelo antropológico-político. Em cada posição, as crianças (meninos) e os jovens recebem a educação que lhes permitirá mais tarde cumprir seus deveres sociais. A sociedade e o sistema educacional são considerados estaticamente; não se

---

12. Wulf e Zirfas, 2014b.

busca uma permeabilidade entre as propriedades com o objetivo de estabelecer justiça educacional.[13]

O ser humano e a educação, a cultura e a sociedade são vistos de maneiras diferentes no final da Idade Média ou no início da Era Moderna. Determinante para a história da ciência educacional nesse período de transição é o pensamento educacional de Johann Amos Comenius (ver capítulo 1). Por um lado, está enraizada na Idade Média e na Reforma, por outro, os tempos modernos são anunciados nessa perspectiva. A imagem do ser humano e os conceitos e métodos de educação baseados nela correspondem a esse caráter transitório. Em sua *Didática magna*, o mundo é visto como criação de Deus, cujas estruturas devem ser entendidas e representadas entre os jovens. Aqui o primeiro livro moderno, o *Orbis pictus*, desempenhou um papel central.[14] O ser humano é entendido ao mesmo tempo como criatura e imagem de Deus. Em que ambos são criados, ser humano e natureza são obras de Deus sobre as quais Ele segura sua "mão". Para apoiar o ser humano na realização de sua semelhança dada por Deus, é necessária educação. Para Comenius, é serviço a Deus, ou seja, "adoração". Com a *Didática magna*, Comenius acredita que encontrou a estratégia para poder ensinar "todas as coisas a todos os homens". Os destinatários de suas ideias educacionais são todas as pessoas, meninos e meninas, mulheres e homens na cidade e no país e em todas as partes do mundo. A realização desses objetivos educacionais universais, originários do protestantismo e de sua concepção da necessidade antropológica da educação, não foi bem-sucedida até hoje em todo o mundo. Os Objetivos de Desenvolvimento do Milênio e os Objetivos de Educação para o Desenvolvimento Sustentável das Nações Unidas adotados em Nova York em 2000 e 2015, respectivamente, são um lembrete duradouro desta tarefa.[15]

---

13. Platão, 2019.
14. Comenius, 1907, 1992.
15. Cf. capítulo 12.

Antropologia Educacional como parte da ciência educacional

Na segunda metade do século XX, a Antropologia Educacional emergiu como um campo da Ciência Educacional. Duas fases podem ser distinguidas neste processo. Uma primeira fase abrange os anos 1950 e 1960, uma segunda começa no início dos anos 1990 e chega até o presente. Entre as duas fases houve uma mudança em direção a uma Ciência Educacional crítica e o desenvolvimento de uma Ciência Educacional, simplesmente a partir de que seja, também, uma humanidade em uma ciência social. Esta teve uma influência na segunda fase da Antropologia Educacional. A primeira fase compreende uma série de abordagens muito diferentes, sistematizadas de diferentes maneiras.[16] A primeira é uma Antropologia Educacional orientada filosoficamente, a segunda é uma Antropologia Educacional orientada fenomenologicamente e a terceira é uma Antropologia Educacional Integrativa. Esta terceira envolveu integrar o conhecimento antropológico a partir de outras ciências na Antropologia Educacional. A primeira e a segunda também influenciaram a Antropologia orientada fenomenologicamente. No entanto, ainda faltam investigações mais detalhadas.

Antropologia Educacional Filosófica

Embora a Antropologia Educacional Filosófica nem sempre seja facilmente distinguível da Antropologia Fenomenológica, especialmente porque os trabalhos de autores como Otto Friedrich Bollnow se sobrepõem às duas correntes, a Antropologia Educacional Filosófica também tem influência na Antropologia Educacional Histórica que vem se desenvolvendo desde os anos 1990. Essa reflexão filosófica

---

16. Wulf e Zirfas, 1994.

também constitui uma parte importante da pesquisa antropológica. Agora, o que é característico da Antropologia Educacional Filosófica desse período? A maioria dos autores desse período, incluindo Otto Friedrich Bollnow (1965), Werner Loch (1963), Johannes Flügge (1963) e Josef Derbolav (1980), é influenciada pela Antropologia Filosófica de Max Scheler (2009), de Helmuth Plessner (1983) e de Arnold Gehlen (1993). Todos os autores concordam que os seres humanos precisam de educação para seu desenvolvimento (*homo educandus*) e que eles são educáveis (*homo educabilis*). Arnold Gehlen (1988) e outros autores usam pesquisas biológicas e morfológicas a partir, por exemplo, dos trabalhos de Adolf Portmann (1964) para justificar este fato. Eles enfatizam que o recém-nascido, em grande parte desamparado, só é capaz de viver se outras pessoas cuidarem dele. Como os estudos de René Spitz (1965), o trabalho sobre crianças "selvagens" ou isoladas[17] e a pesquisa infantil[18] mostraram que as crianças pequenas precisam não apenas de nutrição, mas também de reconhecimento e atenção emocional e uma educação baseada nela.[19] Da mesma forma, a Antropologia Evolucionista mostrou que não apenas as crianças, mas também os recém-nascidos e as crianças muito pequenas são altamente educáveis e necessitam de estímulo apropriado para seu desenvolvimento.[20]

Esta dependência de cuidado e afeição de crianças pequenas que hoje é confirmada por diversas pesquisas empíricas interdisciplinares foi reconhecida desde cedo pelos representantes da Antropologia Educacional Filosófica e passou para o centro de suas atenções. Ao mesmo tempo, eles viram que as ações educativas dos adultos são características da ação humana, que ocorre apenas de forma rudimentar em primatas não humanos. A Antropologia Educacional Filosófica examinou a questão do que significa para a compreensão humana que

---

17. Itard, 1985; Hörisch, 1979.
18. Fonagy, 2009; Stern, 1985.
19. Althans, Schmidt, Wulf, 2015.
20. Tomasello, 1999.

os adultos apontem, demonstrem, ensinem às crianças,[21] que então se apropriam disso de maneiras diferentes. Esta relação entre adultos e crianças e entre gerações foi vista como o lugar produtivo onde a cultura emerge e se desenvolve. Elementos tradicionais e inovadores são combinados nesse processo complexo, cuja interpretação faz uma importante contribuição para a autointerpretação e autodefinição dos seres humanos. Também foram feitos vários esforços para relacionar os resultados da pesquisa antropológica nas ciências individuais com uma compreensão geral do ser humano. Isso levou, por exemplo, à tentativa de sistematizar a Antropologia Educacional.[22] Estas visões foram opostas pelas considerações de Otto Friedrich Bollnow (1965), segundo as quais a questão do ser humano deve ser entendida como uma questão em aberto. De acordo com Bollnow, a Antropologia Educacional é uma visão sem afirmação sistemática. Uma vez que hoje, pelo menos no mundo ocidental, quase não existem imagens fechadas universalmente válidas da humanidade,[23] uma variedade inesgotável de perspectivas antropológicas emerge disso. Portanto, não é tarefa da Antropologia Educacional estabelecer uma nova disciplina. Em vez disso, é necessário desenvolver "uma abordagem que permeie toda a Pedagogia", "uma que não seja capaz de fornecer um esquema de orientação próprio que permita que as questões pedagógicas individuais sejam combinadas em um todo de uma nova maneira. A abordagem antropológica como tal não tem função de construção de sistemas [...]. O que emerge são apenas aspectos individuais e conexões antropológicas resultantes de certos aspectos".[24] Estas considerações também foram importantes para o desenvolvimento posterior da Antropologia Educacional, mesmo que ainda não refletisse sua própria historicidade e cultura e o pluralismo de suas abordagens na relação entre o ser humano e a educação.

---

21. Prange, 2012.
22. Lassahn, 1983.
23. Geertz, 1973.
24. Bollnow, 1965, p. 49f.

Antropologia Educacional Fenomenológica

Além das pré-formas da Antropologia Educacional, que incluem *Pädagogische Menschenkunde*, de Herman Nohl, em 1929, e *Allgemeine Pädagogik*, de Wilhelm Flitner, 1933,[25] entre outras, na década de 1950, surgem os estudos de Antropologia de Martinus Langeveld e a análise de fenômenos existenciais de Otto Friedrich Bollnow, tais como atmosfera educacional, espaço e tempo, humor e reverência.[26] O efeito educacional da atmosfera nos processos educacionais é o sujeito do estudo. Bollnow investiga a importância do espaço e do tempo para situações educacionais. O objetivo é conscientizar seus efeitos sobre os processos educacionais. Aqui, as experiências corporais pré-linguísticas desempenham um papel importante. Trinta anos depois, com referência às pesquisas de Maurice Merleau-Ponty (1968, 2012), Paul Ricoeur (1984, 1988, 1992) e Bernhard Waldenfels (2007, 2010), a corporalidade humana também é reavaliada na Antropologia Histórico-Educacional e entendida como um ponto de partida para os processos educacionais e suas pesquisas.[27]

Antropologia Educacional Integrativa

Na década de 1960, uma nova abordagem emergiu que diferiu desses trabalhos, que foram inspirados pela Fenomenologia e pela Antropologia Filosófica. Essas foram tentativas de integrar pesquisa antropológica ou conhecimento antropológico relevante a partir de disciplinas individuais[28] na Pedagogia ou ciências da educação. Os princípios norteadores desses esforços são os critérios de educabilidade e como nós somos moldados. Uma vez que os seres humanos são

---
25. Flitner, 1950.
26. Langeveld, 1964; Bollnow, 1965.
27. Meyer-Drawe, 1984, 2008.
28. Gadamer e Vogler, 1972, p. 74.

educáveis, esta educabilidade deve ser moldada de maneira específica, ou seja, dada uma forma concreta por meio das ações e decisões pedagógicas. O objetivo dessas abordagens é selecionar o conhecimento das humanidades, ciências sociais e ciências naturais no que diz respeito à educabilidade e aos propósitos e torná-lo frutífero para o trabalho pedagógico prático.[29] Heinrich Roth (1971) tenta isso em seus dois volumes *Pädagogische Anthropologie (Antropologia Educacional)*, colocando o conceito de aprendizado e pesquisa empírica da Psicologia no centro de seu trabalho. O objetivo último é a maturidade e a autodeterminação, que devem ser desenvolvidas na prática da educação. O princípio norteador é a "imagem do ser humano consistente teoricamente, verificada empiricamente e avaliada na prática de um ser humano amadurecido e mais velho, que se caracteriza pela plenitude de suas oportunidades de desenvolvimento físico e mental, pela identidade e autorreflexividade, bem como pelo equilíbrio em relação a si mesmo e ao mundo".[30] Outro exemplo do esforço para integrar o conhecimento de outras disciplinas é encontrado no trabalho de Max Liedtke, que introduz a perspectiva evolucionista na Antropologia Educacional e tenta combinar a biologia e a pedagogia humana.[31]

Crítica da Antropologia Educacional

Sem dúvida, a Antropologia Educacional desse período forneceu informações importantes sobre a nossa dependência humana na educação e sobre os limites da educação humana. Mas, da perspectiva de hoje, existem quatro pontos centrais de crítica cuja consideração se tornou importante para o desenvolvimento da Antropologia Educacional.

---

29. Flitner, 1963.
30. Wulf, 2014, p. 52.
31. Liedtke, 1994; Uher, 1995; Scheunpflug, 2001.

1) No interesse pelas características universais dos seres humanos, com a sua dependência da educação, a Antropologia Educacional desse período ignorava seu próprio caráter histórico e cultural. Também há uma perda da percepção da historicidade de todos os processos educacionais concretos. Os representantes da Antropologia Educacional viram a importância geral da dimensão histórica, sob a influência da pedagogia da ciência humana ou educação das humanidades, mas não a levaram em consideração em suas pesquisas em educação. Assim, eles também evitaram as dificuldades, resistências e contradições que o trabalho pedagógico encontrou na prática. Por exemplo, faltava a inclusão de conflitos sociais na autocompreensão da Antropologia Educacional. Isso também levou ao fato de que a Antropologia Educacional perdeu importância em comparação com as abordagens sociocríticas e críticas à ideologia da década de 1970, que eram orientadas pela Escola de Frankfurt.[32] Essa crítica mais tarde deu origem a uma visão da dupla historicidade da Antropologia e da pesquisa antropológico-educacional.

2) De acordo com a situação histórica desse período, os representantes da Antropologia Educacional não desenvolveram uma consciência do fato de que suas próprias pesquisas foram condicionadas culturalmente. Portanto, eles não perceberam o quanto suas pesquisas antropológicas tiveram origem na teoria e na filosofia educacional alemã. Tampouco estavam em posição de reconhecer que outras tradições culturais, tais como as que surgiram na França, levaram a diferentes descobertas antropológicas.[33] Eles estavam tão apegados ao caráter cultural de suas pesquisas que não tinham consciência de sua relatividade cultural. Em decorrência disso, havia também um desinteresse em pesquisar outras culturas e sua alteridade.

---

32. Wulf, 2003.
33. Beillerot e Wulf, 2003.

3) Muitos representantes da Antropologia Educacional assumiram que eles seriam capazes de transformar o conhecimento adquirido nas ciências humanas em algo abrangente em todos os aspectos para a educação. Isso correspondia à relativa homogeneidade do conhecimento antropológico desse período e à reivindicação associada de ser capaz de fazer afirmações gerais sobre as pessoas, as crianças e sua educação. A relativização do conhecimento científico ocorrida na disputa entre positivismo e hermenêutica[34] e nas disputas sobre o pós-modernismo[35] ainda não havia ocorrido. As críticas ao conhecimento burguês ocidental, dominado por homens, e a consideração do problema da representação, como ocorreu particularmente na Antropologia Cultural, ainda estavam pendentes (Berg e Fuchs, 1993).[36] A relativização das "grandes narrativas" ainda não havia ocorrido[37], o que coloca em dúvida fundamental a legitimidade do conhecimento universal e as metas universalmente válidas para o desenvolvimento social e cultural.[38] Em outras palavras, a pluralização do conhecimento antropológico (que não deve ser equiparado à arbitrariedade) ainda não havia ocorrido. Nas décadas seguintes, esta pluralização de conhecimentos desempenhou um papel importante na Antropologia Educacional.[39]

4) Na Antropologia Educacional desse período, ainda não havia sido desenvolvida uma crítica antropológica que tivesse conseguido sujeitar o alcance de seus conceitos e métodos na forma de autocrítica. Gradualmente, surgiu uma crítica radical que enfatizava os limites das Antropologias Positivas e a fertilidade das Antropologias Educacionais negativas e desconstrutivas.[40]

---

34. Adorno et al. 1978; Gadamer e Boehm, 1976.
35. Welsch, 2005.
36. Berg e Fuchs, 1993.
37. Lyotard, 1986.
38. Brown, 1991.
39. Featherstone, 1995.
40. Wimmer, 2006.

O retorno à Antropologia Histórico-Educacional

Os importantes impulsos para as mudanças na Antropologia Educacional ocorreram em meados dos anos 1990.[41] Em termos das pessoas e dos conceitos envolvidos, elas foram apoiadas pelos membros do Centro Interdisciplinar de Antropologia Histórica da Freie Universität Berlin (Universidade Livre de Berlim).[42] Durante esse período, inúmeras universidades na Alemanha, influenciadas por pesquisas no contexto da "École des Annales",[43] conduziram uma extensa pesquisa sobre Antropologia Histórica. Ao concentrar-se em questões antropológicas, tanto as estruturas sociais da realidade social quanto os momentos subjetivos de ação dos sujeitos sociais foram tematizados; assim, o comportamento humano elementar e as situações básicas tornaram-se objeto de pesquisa. Na Alemanha, assim como na França, foram abordados principalmente por historiadores interessados nas novas questões, temas e objetos desse paradigma.[44] A pesquisa conduzida pelo Centro Interdisciplinar de Antropologia Histórica de Berlim tinha muitas coisas em comum com esses estudos, mas outros fizeram uma diferença considerável. Os acadêmicos de Berlim não eram historiadores e os seus trabalhos tiveram como base um conceito mais amplo de Antropologia Histórica, cujo foco era a pesquisa no entendimento (histórico) do presente por meio de investigações histórico-antropológicas. Entre esses acadêmicos incluíam-se os educadores Dietmar Kamper e Christoph Wulf, que se especializaram em Antropologia, bem como Dieter Lenzen (1985, 1989, 1991), Konrad Wünsche (2007) e Gunter Gebauer,[45] especializados em Filosofia, e Gert Mattenklott (1982), em literatura comparada. Os esforços para desenvolver uma Antropologia Educacional Histórica foram apoiados na ciência educacional de Klaus Mollenhauer (1983,

---

41. Mollenhauer e Wulf, 1996; Wulf, 1996; Liebau e Wulf, 1996.
42. Gebauer et al., 1989; Wulf e Kamper, 2002.
43. Burke, 2015.
44. Dinzelbacher, 1993; Nitschke, 1994; Dressel, 1996; van Dülmen, 2000; Reinhard, 2004.
45. Gebauer e Wulf, 1995, 1998.

1986, 1996) e Eckart Liebau, que foram reunidos por Johannes Bilstein, Jörg Zirfas, Meike Sophia Baader, Ursula Stenger, Michael Göhlich, Helga Peskoller, Micha Brumlik, Birgit Althans, Sabine Seichter, Gabriele Sorgo, Kerstin Westphal e Doris-Schumacher-Chilla, bem como por outros pesquisadores mais jovens que se juntaram à equipe.[46]

Uma vez que a pesquisa sobre Antropologia Histórica teve uma influência central na conceitualização da Antropologia Histórico-Educacional, a definição amplamente aceita de Antropologia Histórica, como foi encontrada na capa da revista *Paragrana* de 1992, é citada aqui: "Antropologia Histórica é um termo usado aqui para múltiplos esforços transdisciplinares que, após a 'morte do homem', isto é, após o fim do compromisso de uma norma antropológica abstrata, continuam a explorar fenômenos e estruturas da humanidade. Portanto, a Antropologia Histórica permanece na tensão entre a História e as humanidades. Mas é mais do que uma história da Antropologia enquanto disciplina, e uma contribuição da História enquanto uma disciplina para a Antropologia. Em vez disso, tenta relacionar a historicidade de perspectivas e métodos com a historicidade de seu objeto. A Antropologia Histórica pode, portanto, resumir os resultados das ciências humanas, mas também os de uma crítica da Antropologia baseada na filosofia da História, e torná-los frutíferos para novas questões paradigmáticas. No centro de seus esforços, há uma inquietação de pensamento que não pode ser detida. A Antropologia Histórica não se limita a espaços culturais específicos, nem a épocas específicas. Ao refletir sua própria historicidade, é capaz de deixar para trás o eurocentrismo das ciências humanas e o interesse meramente antiquado na História em favor de problemas abertos do presente bem como do futuro".[47]

---

46. Wulf e Zirfas, 2014a, b.

47. *Paragrana*. Jornal Internacional para Antropologia Histórica, editado inicialmente por Carsten Colpe, Gunter Gebauer, Dietmar Kamper, Dieter Lenzen, Gerd Mattenklott, Alexander Schuller, Jürgen Trabant, Konrad Wünsche e Christoph Wulf (editor); ultimamente a equipe tem sido: Claudia Benthien, Christiane Brosius, Almut-Barbara Renger, Ludger Schwarte, Holger Schulze, Matthias Warstat, Jörg Zirfas e Christoph Wulf (editor-chefe).

Quando a Antropologia Histórico-Educacional foi constituída, em meados dos anos 1990, o Instituto de Berlim já pesquisava há mais de uma década e compilava uma série de antologias sob o título "Lógica e Paixão".[48] Em termos de conteúdo, o espectro variou de pesquisas sobre o corpo, tais como *O retorno do corpo*[49] e *A diminuição dos sentidos*,[50] *Os estudos sobre a aparência da beleza*[51] e *O destino do amor*[52], *Os estudos sobre sorrisos e risos*[53], *O sagrado*[54], *A alma extinta*[55], *O tempo da morte*[56] e *O silêncio*[57], até a situação da Antropologia após o fim da natureza vinculativa das antropologias normativas.[58] Em grande medida, esses estudos foram transdisciplinares e transculturais na Europa. Reuniram mais de 200 cientistas de mais de 10 países e mais de 20 disciplinas. Muitas dessas investigações refletiram a fragmentação do conhecimento científico humano e a renúncia consciente de interpretações que afirmam ser universalmente válidas sem contradições. Um dos objetivos desta pesquisa foi conscientizar as pessoas da complexidade e da insondabilidade fundamental de muitos fenômenos antropológicos.[59] Nesses estudos, o corpo cristalizou-se como ponto focal da pesquisa. Posteriormente, também formou um ponto focal na Antropologia Histórico-Educacional e, além disso, nas ciências culturais em desenvolvimento.[60]

A Antropologia Histórico-Educacional não trata de definir certa área de pesquisa e afirmar direitos exclusivos a ela, enquanto

---

48. Wulf e Kamper, 2002.
49. Kamper e Wulf, 1982.
50. Kamper e Wulf, 1984.
51. Kamper e Wulf, 1989.
52. Kamper e Wulf, 1988b.
53. Kamper e Wulf, 1986.
54. Kamper e Wulf, 1997.
55. Kamper e Wulf, 1988a.
56. Kamper e Wulf, 1987.
57. Kamper e Wulf, 1992.
58. Kamper e Wulf, 1994.
59. Wulf, 2013b.
60. Benthien e Wulf, 2001; Wulf e Fischer-Lichte, 2010; Zeitschrift für Erziehungswissenschaft, 2004, 2012, 2013.

disciplina científica. O objetivo consistia mais em desenvolver certa maneira de encarar os temas antropológicos e as inter-relações, dispensando deliberadamente uma abordagem sistemática.[61] Existem muitos tópicos da Antropologia Histórico-Educacional que são importantes tanto em termos antropológicos quanto educacionais e, portanto, foram abordados. Isso se aplica a questões, por exemplo, do corpo e da natureza,[62] da percepção e da estética,[63] e de temas relevantes aos processos educacionais ou processos de desenvolvimento, tais como nascimento,[64] geração,[65] formas de religião,[66] trabalho e educação,[67] jogo,[68] memória,[69] amor como uma condição básica da ação educacional,[70] espaço e tempo em processos educacionais,[71] instituições educacionais,[72] experiência,[73] amizade,[74] gênero[75] e alimentação[76]. Todos os estudos são coletivos, a maioria dos quais foi preparada pelos membros da Comissão de Antropologia Educacional da Sociedade Alemã de Ciências da Educação em suas reuniões anuais.

Além dessa pesquisa contínua, existem vários estudos no campo da Pedagogia geral que podem ser atribuídos ao campo da Antropologia Histórico-Educacional. O "Estudo do ritual e gesto de Berlim", desenvolvido no Centro de Pesquisa Colaborativa "Culturas do Performativo" e avaliado várias vezes ao longo de muitos

---

61. Bollnow, 1980.
62. Bilstein e Brumlik, 2013; Liebau, Peskoller, Wulf, 2003.
63. Mollenhauer e Wulf,1996; Schäfer e Wulf, 1999; Bilstein, 2011.
64. Wulf, Hänsch, Brumlik, 2008; Wulf et al., 2008.
65. Liebau e Wulf, 1996.
66. Wulf, Macha, Liebau, 2004.
67. Lüth e Wulf, 1997.
68. Bilstein, Winzen, Wulf, 2005a.
69. Sting, Dieckmann, Zirfas, 1998.
70. Bilstein e Uhle, 2007.
71. Bilstein, Miller-Kipp, Wulf 1999; Liebau, Miller-Kipp, Wulf,1999.
72. Liebau, Schumacher-Chilla, Wulf, 2001; Göhlich, 2001.
73. Bilstein e Peskoller, 2013.
74. Baader, Bilstein, Wulf, 2008.
75. Baader, Bilstein, Tholen, 2012.
76. Althans e Bilstein, 2015; Althans, Schmidt, Wulf, 2015; Seichter, 2012.

anos, é particularmente digno de menção aqui. Para a Antropologia Educacional na Alemanha, é particularmente importante porque é um estudo etnográfico que tem muitos pontos de contato com ideias da Antropologia como etnografia, que são também importantes no campo anglo-americano.[77] Neste estudo, também fica claro como essa pesquisa difere dos muitos estudos sobre rituais que são apresentados, discutidos e publicados, por exemplo, dentro da estrutura do "Conselho de Educação" da Associação Americana de Antropologia. O grupo de Berlim concentrou-se em rituais e gestos nas quatro áreas da socialização, "família", "escola", "cultura de pares" e "mídia". O estudo ocorreu em uma escola primária da cidade de Berlim e seus arredores.[78] Foi realizado utilizando métodos e procedimentos de etnografia[79] e pesquisa qualitativa,[80] entre os quais o método documental desenvolvido por Ralf Bohnsack teve papel importante.[81] O estudo concentrou-se no social como ritual, na educação e o ritual, nas mudanças de aprendizagem e nos gestos nos rituais.[82] O ponto de partida para esta pesquisa foram três preocupações que formaram o quadro de referência para as investigações. Primeiro, foi necessário elaborar uma reavaliação histórica dos rituais (1). Segundo, foi explorada a importância da performatividade para os processos educacionais e de socialização (2). Finalmente, foram desenvolvidas contribuições para o desenvolvimento de teorias pedagógicas da aprendizagem (3).

Ritual

Devido ao abuso de rituais para alinhar as pessoas sob o nacional-socialismo e à rebelião do movimento estudantil contra muitos

---

77. Wulf e Zirfas, 2004a.
78. Wulf, 2008.
79. Geertz, 1973.
80. Friebertshäuser e Prengel, 2013.
81. Bohnsack, 1999, 2009.
82. Wulf, Althans et al. 2001, 2004, 2007, 2011.

rituais que haviam se tornado estereótipos, os rituais foram corretamente vistos de forma crítica como uma ameaça à espontaneidade e à subjetividade. Através da extensa literatura em Antropologia Cultural, na qual os rituais são entendidos como "janelas para uma cultura", ficou claro, no entanto, que as críticas aos rituais pronunciadas pelas razões históricas já mencionadas levaram a negligenciar a importância central dos rituais para a constituição, coerência e continuidade do social e das comunidades.[83] As descrições e análises detalhadas dos rituais deixaram claro seu significado extraordinário para a educação e socialização.[84]

Performatividade

Inspirada pelas extensivas discussões sobre o significado do performativo,[85] foi focalizada a performatividade de rituais e gestos em educação e socialização. Tornou-se clara a importância da encenação e representação das práticas pedagógicas para seu impacto. Não apenas a intencionalidade das ações pedagógicas, mas também *a forma como* sua realização é de significado central para seus resultados.[86] Nesses processos, a corporeidade das ações e a maneira como elas são ordenadas desempenham um papel importante.[87] Foi examinado quanto espaço e tempo são concedidos, por exemplo, no ensino, para a expressão e modelagem do social, quais possibilidades as crianças têm de fazer experiências sensoriais e expressar suas emoções, e como reconhecimento e apreciação ou rejeição são expressos nos gestos da vida escolar cotidiana.[88]

---

83. Wulf e Zirfas, 2004a, b.
84. Wulf et al., 2001, 2004, 2007, 2011.
85. *Paragrana*, 2001, 2004.
86. Kraus, Budde, Hietzge e Wulf, 2017.
87. Wulf, 2005b; Wulf, Göhlich e, Zirfas, 2001; Wulf e Zirfas, 2007.
88. Wulf et al., 2012.

Aprendizagem

O significado dos rituais e ritualizações para a aprendizagem de crianças e adolescentes nos processos de socialização tem sido demonstrado repetidamente. Foi demonstrado que o aprendizado na escola examinada não estava reduzido ao desempenho e ao conhecimento testável. Em vez disso, os professores tentaram basear seu trabalho em um conceito abrangente de aprendizado e educação. Para isso, quatro campos de aprendizado foram definidos como importantes: trabalho, conversação, diversão e celebração. Por meio da observação participante realizada por vídeo, foi possível mostrar como os rituais eram usados para tentar encenar processos de aprendizagem que são descritos em outros lugares como "aprender a aprender", "aprender a viver juntos", "aprender a ser".[89]

Em contraste com a pesquisa etnográfica em países "estrangeiros", que é frequentemente relatada no Conselho de Educação da AAA (American Anthropological Association – Associação Americana de Antropologia) e que também é realizada de tempos em tempos em Etnologia na Alemanha, a Antropologia Educacional até agora carece de pesquisas em países "estrangeiros".[90] Os estudos etnográficos sobre a "felicidade da família" realizados no âmbito de dois grupos de excelência nas universidades de Kyoto e Berlim (Universidade Livre de Berlim) são uma exceção. Neste estudo, o foco da pesquisa não foi a questão do que significa felicidade familiar na Alemanha ou no Japão e como ela difere culturalmente. Pelo contrário, era uma questão de investigar *como* os membros de uma família criam seu bem-estar e felicidade e quais semelhanças e diferenças podem ser identificadas.[91] Três equipes de pesquisa, cada uma composta de alemães e japoneses, investigaram como os membros da família organizam sua celebração mais importante familiar ou ritual. Na Alemanha, esta celebração foi

---

89. Delors, 1996; Göhlich, Wulf, Zirfas, 2014.
90. Funk et al., 2013.
91. Wulf et al., 2011.

o Natal, no Japão, o Ano-Novo. Embora tenha havido dificuldades metodológicas em conduzi-las, o estudo é especial. Consistiu em identificar e pesquisar cinco dimensões transculturais, com base em um estudo etnográfico detalhado dos rituais da celebração em seis famílias, cujo projeto, apesar de todas as diferenças em cada família, criou uma atmosfera de bem-estar ou felicidade familiar. Especificamente, essas são práticas religiosas, refeições comunitárias, troca de presentes, narrativas geradoras de identidade familiar e períodos de tempo abertos e não estruturados (nos quais também podem ocorrer conflitos).

Perspectivas

Não apenas na Antropologia Educacional das décadas de 1950 e 1960, mas também na Antropologia Histórico-Educacional do início deste século, há necessidade de autorreflexão e crítica, bem como o desenvolvimento de perspectivas que possam contribuir para o desenvolvimento da Antropologia Educacional.

Extensão da variedade de métodos

Na Antropologia Educacional, métodos hermenêuticos têm sido amplamente utilizados até o momento. Isso se aplica a seus estudos históricos e teóricos, que frequentemente se concentram em questões sobre a importância dos fenômenos antropológicos e das inter-relações. Os materiais nos quais isso se baseia foram interpretados e utilizados para a construção de contextos e significados.[92] Também na pesquisa etnográfica, os métodos hermenêuticos têm sido utilizados em grande parte. Isso se aplica à observação participante

---

92. Rathmayr, 2013.

e observação participante realizada por vídeo, na qual a visão e a interpretação de pesquisadores que não estão diretamente envolvidos em acontecimentos sociais ou educação são também expressas. Isto também se aplica às entrevistas narrativas e discussões em grupo e sua interpretação. É bem conhecido o quão difícil é validar essas informações de qualidade variável por triangulação.[93] Há também um déficit nas contribuições históricas e etnográficas no fato de que faltam estudos quantitativos, dos quais uma contribuição para a Antropologia Educacional Histórica ou Antropologia Educacional Histórico-Cultural podem também ser esperadas.

Inter e transdisciplinaridade

Apesar da percepção da necessidade de pesquisa interdisciplinar ou transdisciplinar dentro da estrutura da Antropologia Educacional e apesar dela ter frequentemente ocorrido, é necessária uma intensificação adicional da orientação interdisciplinar da pesquisa antropológico-educacional. Atualmente, isso é alcançado principalmente pela recepção de contribuições importantes de várias disciplinas.[94] O espectro desenvolvido é grande. Abrange da Antropologia Evolucionista e da Neurociência à História e Etnologia, Sociologia e Psicologia, Literatura, Linguística e ciências visuais, Teologia e Filosofia, entre outras. No entanto, raramente é possível estabelecer cooperação a médio ou longo prazo com representantes de outras disciplinas. Eles carecem dos pré-requisitos institucionais e financeiros que existem, por exemplo, nos grupos de pesquisa financiados pelo DFG (Deutsche Forschungsgemeinschaft — Fundação Alemã de Pesquisa), centros de pesquisa colaborativa e centros de excelência.

---

93. Flick, 2004, 2006; Flick, Kardorff, Steinke, 2004; Wulf e Zirfas, 2005; Bohnsack, Przyborski, Schäffer, 2006; Friebertshäuser e Prengel, 2013; Tervooren et al., 2014.

94. Zeitschrift für Erziehungswissenschaft, 2006.

Inter ou transculturalidade

Com o avanço da globalização,[95] necessitamos expandir a pesquisa antropológico-educacional inter e transcultural[96]. Houve repetidos esforços para esse fim, que devem ser intensificados. Essa dimensão também é importante na Antropologia Educacional, na medida em que o domínio dos discursos científicos anglo-americanos implica o perigo de tornar o alemão sem sentido internacionalmente como língua científica. Especialmente nas ciências culturais, tal desenvolvimento implicaria uma perda inaceitável de diversidade e complexidade.[97] Na cooperação entre representantes de perspectivas culturalmente diferentes, a Antropologia Educacional incluindo diversidade cultural é de importância central para a formação da identidade cultural. A fim de desenvolver a cooperação intercultural ou transcultural, é necessário intensificar a cooperação com colegas de outras culturas ou com colegas da Alemanha especializados em outras culturas.[98]

Educação cultural como foco da pesquisa

Na Antropologia Educacional da virada do século XX, o "Estudo dos Rituais e Gestos de Berlim" formou uma pesquisa de longo prazo e um ponto de foco que foi de considerável importância para o desenvolvimento do potencial de pesquisa nesse campo. Na visão de sua percepção no papel central do corpo, os sentidos e a estética no contexto da pesquisa antropológico-educacional nas últimas décadas, alguns de seus representantes fizeram esforços intensos para desenvolver o campo da educação cultural e a pesquisa. Entre eles

---

95. Appadurai, 1996; Giddens, 1990.
96. Wulf, 2016, 2006a; Wulf e Merkel, 2002; Göhlich et al., 2006.
97. Trabant, 2014; Wulf, 2013a.
98. Michaels e Wulf, 2011, 2012, 2014; Wulf e Weigand, 2011.

estão Eckart Liebau, Johannes Bilstein, Jörg Zirfas, Christoph Wulf,[99] Doris Schumacher-Chilla (1995), Kristin Westphal (2004), Ursula Stenger (2002), Maike Sophia Baader (1996). Das inúmeras publicações produzidas nesse contexto, um exemplo é a *Geschichte der Ästhetischen Bildung* (História da Educação Estética), publicada desde 2011, por iniciativa de Jörg Zirfas, Leopold Klepacki e Diana Lohwasser.[100] É de se esperar que a área prioritária da educação cultural, financiada pela Unesco, se tornará, em um futuro próximo, um foco de pesquisa antropológico-educacional da Antropologia Histórico-Educacional.

Enquanto a Antropologia Educacional nas décadas de 50 e 60 do século XX, apesar de direções diferentes, era dominada pela questão *da* criança e *da* educação, a virada para a Antropologia Histórico-Educacional ganhou interesse na historicidade e cultura na importância da educação e socialização.[101] Isso levou a uma ampliação considerável do espectro dos tópicos abordados. O interesse em problemas práticos em desenvolvimento humano e educação cresceu em importância, para o qual diversas fontes linguísticas e visuais foram usadas. Usando o exemplo de bem-estar e felicidade da família no Japão e na Alemanha, ficou claro que não podemos ignorar a tensão entre conhecimento adquirido etnograficamente e sua interpretação dentro da estrutura das dimensões transculturais.[102] Por fim, essa tensão insolúvel nos leva a perceber como nós humanos somos enigmáticos, como é nossa educação, e a nos conscientizarmos de que nós, seres humanos, enquanto *homo absconditus*, não nos reconhecemos totalmente.[103]

A Antropologia Educacional não possui um campo de pesquisa claramente definido; envolve uma consideração antropológica de fenômenos e problemas educacionais. O espectro varia de pesquisa básica a investigação detalhada de práticas pedagógicas, por exemplo,

---

99. Wulf, Kamper, Gumbrecht, 1994.
100. Zirfas et al., 2016.
101. Blaschke-Nacak, Stenger, Zirfas, 2018
102. Cf. Antweiler, 2016.
103. Wimmer, 2009; Wulf, 2013b.

usando métodos etnográficos. É importante ter consciência da dupla historicidade e cultura, dada por um lado pelos objetos e, por outro, por meio dos pesquisadores. Outras características importantes são pluralismo radical, os limites dos quais são normativamente determinados pelos direitos humanos, e a consideração das perspectivas transdisciplinares e transculturais. Na atitude epistemológica da Antropologia Educacional, é necessária a autorreflexão e a autocrítica, bem como uma compreensão da insondabilidade humana que está constantemente se constituindo como nova.

PARTE II

Formas do conhecimento antropológico

Até agora, o objetivo tem sido usar exemplos selecionados da história alemã e europeia para reconstruir o desenvolvimento das dimensões antropológicas centrais do pensamento educacional desde o início da Era Moderna. Esta parte apresenta aspectos da educação e do desenvolvimento humano que ilustram a crescente importância de uma abordagem antropológica. Comenius marcou o início do pensamento pedagógico moderno, cujo objetivo consiste em proporcionar a todas as pessoas uma boa educação, que ainda é válido na sociedade mundial de hoje. O Programa de Ação da Unesco 2030 visa *garantir educação de qualidade igualitária e inclusiva e promover oportunidade de aprendizagem ao longo da vida para todos*. Esta educação e aprendizado ao longo da vida tornam-se possíveis com o desenvolvimento do discurso educacional da modernidade e o foco associado ao indivíduo como destinatário da educação. A percepção de Humboldt e de Schleiermacher sobre o caráter histórico e cultural da educação é particularmente importante. Prepara-nos para o reconhecimento da importância das dimensões antropológicas da educação, que são de relevância global em vista dos desenvolvimentos da sociedade mundial. Além disso, quatro exemplos mostram como é necessário o conhecimento antropológico para entender a socialização, a educação e o desenvolvimento humano no mundo globalizado.

O capítulo 5 examina a questão da importância da repetição, que é fundamental para a Pedagogia. É mostrado que a educação humana depende de várias formas de repetição. Para incorporar o conhecimento e torná-lo disponível, é necessário repetir. A repetição não leva à criação de uma cópia; cada repetição também é uma nova criação. Portanto, a relação entre as diferentes formas de repetição, ou seja, a diferença entre as repetições, desempenha um papel central. Repetições são ações miméticas nas quais a ação repetitiva é semelhante à ação repetida. A relação entre o ponto de referência da repetição e o ato da repetição é mimética. Na repetição, é tirada uma impressão da ação repetida. Esse processo mimético é possibilitado pela imaginação, que faz a conexão entre o ponto de referência da repetição e o ato da repetição. As repetições rituais são particularmente importantes para o aprendizado de crianças e jovens. Com a ajuda da imaginação, eles se relacionam aos arranjos rituais passados, mas reencenam-nos e, portanto, oferecem a base para novas repetições no futuro. Com a ajuda de repetições rituais, são formadas transições, surgem sentimentos de união e são formadas as comunidades.

O capítulo seguinte examina como a aquisição de algo ocorre com a ajuda da imaginação em um ato mimético de repetição. A imaginação permite ao ser humano transformar o mundo exterior no imaginário do seu mundo interior e usar ideias do seu imaginário para moldar o mundo exterior. O desenvolvimento das habilidades linguísticas na educação recebe grande atenção, mas a imaginação, que desempenha um papel igualmente importante na educação humana, é subestimada. A imaginação desempenha um papel central nos processos de percepção, na visualização de ações e acontecimentos passados e na projeção de futuros. Para a encenação e *performance* do comportamento performativo e para o desenvolvimento do imaginário individual e coletivo, a imaginação é de importância constitutiva.* Permite exceder espaços e tempos separados e reconfigurar eventos e ocorrências remotas. Não é menos performática que a linguagem e constitui o sujeito humano por meio da singularidade de suas referências. A imaginação também desempenha um papel importante no mundo digital para o processamento subjetivo e coletivo de imagens e sinais, palavras e sons. Portanto, o capítulo seguinte apresenta uma perspectiva antropológica sobre a mídia, especialmente a mídia digital, que desempenha um papel essencial na socialização dos jovens de hoje e não pode ser ignorada em suas vidas cotidianas. Crianças e adolescentes vivem como *digital natives on-line* e estão continuamente prontos eletronicamente. A mídia digital leva a uma expansão do corpo e a uma "identidade digital". Os jovens se tornam "fabricantes digitais" e, como "produtores digitais", desenvolvem espaços entre usuários e *designers* das novas mídias. É difícil avaliar os efeitos que essa situação tem nos processos educacionais, uma vez que as mídias digitais estão mudando a relação das pessoas com o mundo de uma forma profunda e fundamental.

Repetições, processos miméticos e rituais, bem como processos de imaginação, esbarram nos limites do conhecimento linguisticamente compreensível. Eles se relacionam ao conhecimento prático e semiconsciente baseado no corpo, cujo significado é subestimado devido ao seu caráter inacessível nos processos educacionais e de socialização. Eu examino isto no último capítulo desta parte. Este conhecimento também inclui elementos da apropriação da iconicidade das imagens, a performatividade da ação e a materialidade das coisas. O conceito de "conhecimento silencioso" refere-se ao corpo como um aprendiz que abre o mundo com seus sentidos. Muitos desses processos de apropriação ocorrem fora da consciência. No entanto, são de importância central para os processos formativos e educacionais e requerem uma consciência de sua dinâmica.

* Durand, 1963; Menke, 2017.

5
Repetição como parte da *conditio humana*

O mito da recorrência eterna pode ser encontrado em muitas culturas.[1] Nós encontramos esse pensamento com os pitagoreanos no século IV a.C. Os filósofos Søren Kierkegaard e Friedrich Nietzsche, no século XIX, e Gilles Deleuze, no século XX, examinaram a repetição como um tema na Filosofia. Kierkegaard refere-se ao ensino da anamnese da Antiguidade, em que o conhecimento é memória e os processos de aprendizado e reconhecimento são processos de lembrar-se ou repetir-se. Quando Kierkegaard fala de repetição, ele pensa menos no caráter cíclico da natureza ou nas repetições da vida cotidiana. Ele vê a repetição entrelaçada com a vida dos indivíduos e suas ações. A realização de uma repetição é baseada na decisão de querer repetir algo. Nossa liberdade enquanto seres humanos é expressa nesta possibilidade de ser capaz de decidir se repetirá algo ou não. Dois aspectos podem ser distinguidos aqui. No primeiro aspecto, o indivíduo traz algo do passado para o presente através da repetição. Esta forma de repetição é uma forma de memória na qual o passado é representado pela repetição. Em situações de crise, a repetição pode contribuir para a reintegração de um indivíduo dividido

---

1. Cf. Eliade, 2005, especialmente a seção 7.2, The Cosmic Cycles and History.

e dilacerado. Nesse caso, lembretes repetitivos podem acalmá-lo. Kierkegaard expressa essa experiência de apaziguamento por meio das lembranças, que ele mesmo fez depois de se separar de sua noiva, da seguinte forma: "Eu sou eu mesmo de novo". No segundo aspecto, a repetição está relacionada ao futuro; então é a realização de uma projeção de uma situação futura. Nesse caso, a repetição do projeto e sua realização através da ação humana criam uma nova realidade. Portanto, a repetição pode ser direcionada ao passado ou ao futuro de um indivíduo, ou, nas palavras de Kierkegaard: "É bem verdade o que a Filosofia diz, que a vida deve ser entendida ao contrário. Mas então esquece-se a outra frase, que ela deve ser vivida para a frente".[2]

Enquanto Kierkegaard focaliza suas reflexões sobre a importância da repetição na vida do indivíduo, Nietzsche enfatiza o lado cosmológico da repetição e as considerações éticas resultantes. Pela primeira vez, este conceito do "eterno retorno" aparece no penúltimo aforismo em Die Fröhliche Wissenschaft (*A Gaia Ciência*) de Nietzsche, que se torna o pensamento central em Also sprach Zarathustra (*Assim falou Zaratustra*). O pensamento de que tudo e todos retornam, o ser humano maior e menor, preenche Zaratustra com tédio e repugnância. Portanto, não é o próprio Zaratustra, mas seus animais que atribuem expressão ao eterno retorno: "Tudo vai, tudo volta; a roda do ser rola eternamente. Tudo morre, tudo volta a florescer, o ano do ser dura eternamente. Tudo quebra, tudo é reconstruído: a mesma casa do ser se constrói para sempre; tudo se separa, tudo se cumprimenta novamente; o anel do ser permanece fiel a si mesmo para sempre; a bola ali rola a cada aqui. O centro está em toda parte. O caminho da eternidade é tortuoso".[3] A partir do legado de Nietzsche, sabemos que ele se empenhou em combinar sua tese com o conhecimento científico natural de uma época, sem, no entanto, ter publicado essas tentativas de justificação. Esse pensamento do eterno retorno de Nietzsche foi discutido e interpretado de várias maneiras. Lou Andreas-Salomé

---

2. Kierkegaard, 1843/2000, p. 12.

3. Nietzsche, 1973, p. 218.

(1994) o interpreta como uma reversão da filosofia de Schopenhauer. Enquanto Schopenhauer e o budismo lutaram pelo *nirvana* como o fim do sofrimento humano, Nietzsche insistiu na afirmação do *samsara*, o eterno ciclo do sofrimento, como o objetivo mais alto da existência humana. As considerações de Nietzsche formam uma figura de pensamento e argumentação direcionadas contra as ideias teleológicas que determinam seu tempo, isto é, sobretudo contra a intencionalidade do cristianismo e a crença secularizada no progresso. Elas podem ser entendidas menos como expressão de um conhecimento objetivo do processo mundial. A interpretação de Karl Löwith segue uma direção semelhante quando ele vê em *Zaratustra* um "sermão anticristão no Monte" com o qual Nietzsche supera o niilismo da "morte de Deus" e propõe aceitar o ciclo sem sentido do mundo como *amor fati*.[4] Pode-se concluir, a partir disso, "que tudo já existia antes, mas coisas novas surgem a cada momento, que todo momento é novo e não consumido, inocente. Com isso, Nietzsche deseja obter uma síntese dos antigos ensinamentos pitagóricos-heraclitianos antigos e a flecha do tempo da Física Moderna.[5]

Como Kierkegaard e Nietzsche, Deleuze insiste que a repetição não leva à criação dos mesmos fatos, mas essa diferença é a característica determinante para a criação dos fatos repetidos e para a própria repetição. O repetido não é idêntico ao que repete; uma representação do repetido não é possível. O idêntico é substituído pela diferença e repetição. Nos simulacros, a identidade do sujeito sobrevive, não a da substância. "Todas as identidades são apenas simuladas e produzidas como um 'efeito' óptico através de um jogo mais profundo da diferença e da repetição".[6] No simulacro, a repetição já se baseia em repetições e a diferença nas diferenças. Não há pontos de referência a oferecer certezas; todos os pontos de referência são construções, resultado de diferença e repetição. A incerteza é a consequência e

---

4. Löwith, 1987.
5. Skirl, 2000, p. 222.
6. Deleuze, 1994, p. xvii.

a condição básica do pensamento. Fica claro em quatro ilusões, das quais o pensamento deve se tornar consciente no que diz respeito à diferença no processo de repetição. "Restaurar a diferença no pensamento significa: dissolver o primeiro nó que consiste em representar a diferença sob a identidade do conceito e do sujeito pensante. A segunda ilusão refere-se antes à subordinação da diferença à semelhança [...]. A terceira ilusão diz respeito ao negativo e à maneira como submete a diferença na forma de limitação, bem como a oposição [...]. Finalmente, a quarta ilusão diz respeito à subordinação da diferença à analogia do julgamento".[7] O que está claro a partir destas reflexões é que não há um ponto de referência fixo para o pensamento; tudo se torna fluido e pode estar relacionado a tudo.

Kierkegaard preocupava-se com a repetição como memória e a repetição como realização de uma projeção voltada para o futuro. Nietzsche enfatizou a dimensão cosmológica da repetição e uma crítica das ideias teleológicas de sua época, nas quais o desenvolvimento histórico era entendido como um desenvolvimento orientado para o progresso. Deleuze radicaliza o conceito de repetição, apontando que a repetição nunca é idêntica ao que é repetido, mas é sempre determinada pela diferença. A repetição nunca cria a mesma coisa, mas sempre coisas diferentes. Portanto, não há pontos de referência fixos. Em vez disso, surgem contingências e incertezas.

Estas três significativas interpretações do fenômeno da repetição são importantes, mas agora o foco consistirá em apresentar detalhadamente os fenômenos sociais, educacionais e culturais da repetição, que são de alguma forma diferentes. Nós veremos que a repetição é uma categoria central da vida humana, que desempenha um papel particularmente importante na educação, e como desenvolvemos por meio de nossas vidas. Três aspectos entrelaçados serão examinados. Primeiro, a vida humana é biologicamente possível apenas por meio da repetição. Em segundo lugar, o ser humano só pode tornar-se

---

7. Ibid., p. 334-338.

ser humano por meio da aprendizagem cultural, que ocorre essencialmente em processos miméticos para os quais a repetição é um elemento constitutivo. Em terceiro lugar, as repetições desempenham um papel central na criação e transformação de comunidades e na criação do social.

Repetição e ritmização do tempo

O ponto de partida aqui é a percepção de que a vida é constituída pela repetição. Isto se aplica à vida de todos os primatas e, portanto, também aos seres humanos. Respiramos, bebemos, comemos não apenas uma vez, mas repetidamente e só podemos viver por meio destas repetições. Este fato leva a uma experiência cíclica do tempo; também fazemos isso nos ritmos sazonais da natureza. A vida das pessoas também é dividida em diferentes fases: nascimento, infância, juventude, idade adulta, velhice e morte. Essas fases da vida se repetem na vida coletiva de geração em geração. O *Homo sapiens* não teria surgido se não fosse pelas repetições da vida humana em inúmeras gerações. As leis darwinianas da evolução, as leis do desenvolvimento lento e contínuo, o surgimento de uma grande variação e seleção genética se aplicam aqui.[8] Há algum tempo, essa perspectiva é complementada pela demanda de que o papel produtivo das catástrofes também seja incluído no entendimento do processo evolutivo,[9] ou seja, a evolução ocorre em fases alternadas de estagnação e mudança acelerada. Essas considerações deixam claro que a vida humana, através da repetição, está ligada aos ritmos da natureza e à história da vida na Terra. A vida humana na forma de *Homo sapiens* é o resultado de um longo processo evolutivo no decorrer do qual se desenvolve, mantendo e mudando muitas características. Com a repetição na forma de gerações, o tempo

---

8. Darwin, 2006.
9. Alvarez et al., 1980; Oeser, 2011.

cíclico se torna uma característica do surgimento da vida humana, filogenética e ontogenética.

Por um longo tempo, a origem do ser humano foi entendida como o resultado de um processo temporal linear que tem um começo e cujo clímax é dado pela existência do *Homo sapiens*. Essa visão obscureceu o caráter cíclico do tempo. Sob a influência de religiões monoteístas e o entendimento de uma cultura secularizada, o entendimento linear tornou-se dominante sobre o entendimento cíclico do tempo. Na percepção de muitas pessoas, o conceito linear de tempo na forma de *cronocracia* afastou outras formas de compreensão do tempo, como o *kairós* ou o *tempo cíclico*, empurrando assim o significado antropológico da repetição para fora da consciência das pessoas.[10] A aceleração do tempo também contribui para isso.[11] A repetição implica uma compreensão da ciclicidade do tempo, cujo significado antropológico deve ser redescoberto. A ideia de Nietzsche do "eterno retorno" enfatiza menos o caráter cíclico do que o repetitivo de tempo, movimento e vida, refere-se ao paradoxo da repetição do irrepetível e significa o questionamento de uma visão de mundo teleológica. Cada acontecimento é singular e único, mas se torna repetitivo e universal. Semelhança e diferença surgem na repetição. Refere-se à transitoriedade e, portanto, à indisponibilidade do mundo: diante da inegável experiência da impotência humana, as repetições representam uma tentativa de se afirmar contra a transitoriedade da vida.

Muitas repetições são rítmicas. Elas combinam atividades individuais e coletivas no tempo e no espaço. Ritmo é movimento e mudança. Caracteriza-se por repetição regular, variação de movimento, alternância de momentos fortes e fracos, bem como sequencialidade.[12] Não apenas as mudanças do dia para a noite, da primavera ao verão

---

10. Kamper e Wulf, 1987.
11. Rosa, 2019; *Paragrana*, 2018/1.
12. Bünner e Röthig (1983) distinguem quatro elementos de ritmo na seção "Sobre a teoria do ritmo": 1) repetição; 2) conexão, agrupamento; 3) acentuação, entonação, intensidade; 4) continuidade, regularidade, medida.

e outono ao inverno, do sol e da calmaria à chuva e tempestade, mas também, por exemplo, os batimentos cardíacos, a ingestão de alimentos e a digestão, bem como a postura de caminhar humana, ocorrem ritmicamente. Esses ritmos ou repetições variadas entram em tensão com a crescente aceleração e domínio das estruturas lineares do tempo. Usando o exemplo da história da criação, segundo a qual Deus criou o mundo em seis dias antes de estabelecer um dia para descanso e contemplação, Jean-Claude Schmitt (2016) não apenas deixa claro que nossa divisão do tempo em semanas com seis dias e um dia de descanso segue a ordem do tempo do Deus Criador. Ele também mostra quão fortemente a vida cotidiana é determinada pelos ritmos individuais e sociais e pela cultura ocidental pelos ritmos repetitivos na linguagem, poesia, música, dança e pintura. Muitas lembranças e sonhos são rítmicos, assim como muitas de nossas formas locais, regionais e globais de comunicação e trabalho. Isso mostra o grande significado antropológico das repetições rítmicas.

Aprendizagem por repetição

Visto que o ser humano é um *homo educabilis* e *homo educandus*, nossa educação requer repetição. Para sobreviver e se desenvolver como ser humano, precisamos ser formados e educados. Assim as pessoas se criam como seres humanos; elas se criam cultural e socialmente. Se este processo não der certo, elas se atrofiam, não são viáveis e morrem. O desenvolvimento humano ocorre através da aprendizagem cultural. A educação cultural não é possível sem a repetição e a ritmização da aprendizagem. Isso pode ser observado no aprendizado de movimentos e, principalmente, na postura de caminhar vertical de crianças pequenas, mas também na aquisição da linguagem e na aquisição de outras habilidades sociais e culturais. Como na história da vida e da hominização, a repetição desempenha um papel constitutivo no aprendizado cultural. Max Scheler (2009), Helmuth Plessner (1950,

1980-85) e Arnold Gehlen (1988), os representantes mais importantes da Antropologia Filosófica na Alemanha, que surgiu na primeira metade do século XX, tentaram determinar a natureza específica do ser humano.[13] Em contraste com os primatas não humanos, os seres humanos têm apenas resíduos instintivos e são caracterizados por um alto grau de plasticidade que pode ser moldada. Em contraste com os animais que são vinculados a um ambiente específico por seus instintos, os seres humanos desenvolvem uma consciência dos objetos. Portanto, eles podem também capturar ou compreender o "mundo", em oposição a perceber apenas um ambiente específico. Para tornar isso possível, a aprendizagem cultural caracterizada pela repetição é requerida. Essa situação nos leva a aprender no confronto com o mundo. Nisto, as repetições e sua incorporação desempenham um papel central.

Isso será ilustrado por dois exemplos: primeiro, o exemplo de processos miméticos no decorrer do qual a cultura é passada e modificada de uma geração para a seguinte e, segundo, o exemplo de rituais para os quais a repetição de funções é parte constitutiva.

Educação humana por meio de processos miméticos

Os processos miméticos podem ser entendidos como processos de repetição que são de importância central para o desenvolvimento humano filogenético e ontogenético. Eles combinam momentos de repetição e semelhança com aqueles da diferença[14] e apontam para os limites dos processos teleológicos no desenvolvimento humano.[15] Os processos miméticos têm duas direções. Uma visa ao mundo exterior e sua incorporação e processamento no imaginário. Nesse processo

---
13. Wulf, 2009, 2013a, capítulo 2.
14. Deleuze, 1994.
15. Nietzsche, 1973.

surge algo memorável que se faz presente no ato de lembrar. A outra direção das atividades miméticas é de dentro para o mundo exterior. Aqui, a referência mimética às ideias internas cria a possibilidade de realizá-las agora ou no futuro.[16] As ações miméticas são imitativas e, portanto, processos de repetição, nos quais a diferença entre o que é imitado e o resultado do ato de imitação é uma parte constitutiva.

Encontramos em Aristóteles a visão que o ser humano é o animal que é mais mimético e também desfruta de processos miméticos. Essa percepção é precedida pela percepção de Platão em *A República*, de que educação, *paideia* e mimésis são sinônimos. A educação ocorre predominantemente em processos miméticos. Nestes processos, por exemplo, as crianças repetem as ações dos adultos e, assim, adquirem sua capacidade de agir. Platão em *A República* e Aristóteles em sua *Poética* estão convencidos do poder irresistível do comportamento mimético. Para Platão, isso implica a necessidade de excluir a partir do Estado o que poderia colocar em risco os jovens, ou seja, grande parte da literatura nas quais as pessoas não se comportam de acordo com as normas morais de *A República*. Para Aristóteles, a percepção da irresistibilidade dos processos miméticos leva à necessidade de tentar de tudo para permitir que as pessoas resistam às restrições miméticas.

Para Platão e Aristóteles, a arte é o resultado de processos miméticos. Para Aristóteles, a música é uma imitação do *ethos*; em contraste com a pintura e a escultura, que criam linhas visíveis, a música cria um movimento interno perceptível e tem efeitos éticos que são reforçados pela repetição. No centro de sua *Poética* está a tragédia, que é a mimésis das ações das pessoas. A tragédia não apresenta nada que já tenha ocorrido. Seus temas e conceitos de ação decorrem da mitologia, que seria disparatado ver como real. O enredo da tragédia deve ser realizado de tal maneira que o espectador experimente o "terror" e o "lamento" em um processo mimético, faça uma experiência catártica e, assim, seja fortalecido em seu caráter.

---

16. Kierkegaard, 1983.

Segundo Aristóteles, as repetições miméticas não criam uma cópia da realidade, na qual desaparece a diferença entre modelo e pós-imagem. Pelo contrário, por meio da imitação, resulta uma mudança. As repetições miméticas visam ao "embelezamento" e à "melhoria", uma "imitação criativa". A representação de Aquiles de Homero é um exemplo disso. Aquiles é retratado como um homem irascível e imprudente, mas, no geral, ele aparece como um herói extraordinário. Na poesia, o processo mimético leva à formação do possível e do geral; em que se adiciona um novo elemento ao processo de imitação que não estaria contido em um mero processo de reprodução.[17]

René Girard viu a base da repetição nos processos miméticos do desejo de se tornar semelhante a outras pessoas e, assim, abordou uma dimensão central dos processos miméticos.[18] As crianças querem se tornar como seus pais e irmãos mais velhos, que por sua vez gostam quando seus irmãos mais novos ou filhos se referem a eles mimeticamente e querem se tornar como eles. Os processos miméticos conectam os membros de diferentes gerações. No seu centro está a repetição. Não é um processo de cópia simples, como é realizado por uma fotocopiadora, pela qual é produzido qualquer número de cópias idênticas. Em contraste, o processo mimético é um processo construtivo. Nele, a imitação repetitiva de uma ação produzirá resultados diferentes para cada comportamento individual mimético. Cada ser humano individual executa suas ações miméticas com base em sua constituição individual e, portanto, diferentemente de outros seres humanos. Na esfera social, não é possível fazer uma cópia como uma fotocopiadora. Cada repetição é um processo único que leva a resultados diferentes. Isso pode ser ilustrado pelo exemplo de uma assinatura. Como os grafologistas nos asseguram, cada assinatura é diferente de uma assinatura anterior ou subsequente. O falsificador pode ser reconhecido pelo fato de ele não variar a assinatura. A diferença

---

17. Aristóteles, 2013; Ricœur, 1984-88; Gebauer e Wulf, 1995, 1998, 2003; Wulf, 2005b.
18. Girard, 1977, 1986.

na repetição é um elemento constitutivo dos processos miméticos. Para Deleuze essa conexão entre repetição e diferença também é central.[19] Enquanto o ponto de vista de Deleuze é filosófico, René Girard, Michael Taussig e Christoph Wulf investigaram empiricamente essa conexão. O trabalho de Girard foi em estudos literários,[20] Taussig e Wulf o fizeram em abordagens etnográficas.[21]

As repetições também são ações novas e únicas, baseadas em um padrão adquirido em um processo mimético.[22] Também podemos ver essa interdependência entre repetição e geração de diferença na maneira como as crianças pequenas aprendem a andar na posição vertical. A postura de caminhar na posição vertical desempenha um papel importante na filogenia e na ontogenia. Isso ajuda a soltar as mãos e permite o seu desenvolvimento como um meio de trabalhar e criar cultura e comunidade. A partir de relatos de missionários na Índia, por exemplo, sabemos que crianças que crescem não com pessoas, mas em comunidade com animais, não aprendem a andar na postura vertical. Elas não têm a possibilidade de ter uma referência mimética com pessoas que andam na vertical, o que as desafia a repetir. A maioria de nós pode lembrar os esforços obstinados das crianças para aprender a andar na postura vertical: inúmeras vezes repetem seus esforços de andar na postura vertical como seus irmãos mais velhos e pais, até que tenham sucesso e pertençam à comunidade. Aqui também as crianças aprendem a andar na postura vertical em relação aos irmãos mais velhos e adultos. Todo ser humano, no entanto, desenvolve sua "própria" postura de caminhar vertical, pela qual ele já pode ser reconhecido à distância. Também é conhecido nos estudos de movimento que, apesar de um padrão básico constante, a maneira *como* cada caminhada é realizada varia de acordo com o humor e o bem-estar da pessoa.

---

19. Deleuze, 1994.
20. Girard, 1977, 1986.
21. Taussig, 1993; Wulf, 2013a, b.
22. Taussig, 1993; Wulf, 2013b.

Wittgenstein chamou a atenção para o fato de aprendermos a falar em jogos de linguagem e ação,[23] nos quais nós, quando crianças, experimentamos o entrelaçamento mimético de ação e linguagem, que incorporamos continuamente em repetições. Quando crianças, vemos nossos pais agindo e falando. Na referência mimética, incorporamos esses processos e os dominamos gradualmente com a ajuda de repetições. Esses processos culturais, caracterizados pela interação entre ação e linguagem, são multimodais; eles ocorrem de diferentes formas e em diferentes níveis. Eles transmitem sentimentos e expressam proximidade e distância entre filhos e pais, sem que os participantes se conscientizem disso. Um exemplo ilustra como ação, fala e sentimentos estão entrelaçados. Uma criança aprende a comer um mingau com uma colher e é elogiada por seus pais. Ao aprender a técnica de comer, a linguagem é ensinada; ao mesmo tempo, o carinho dos pais é expresso em suas palavras apreciativas. A repetição destas ou situações multimodais similares tornam a criança consciente da maneira como seus pais a valorizam e a amam.

Esses achados, confirmados por numerosos estudos etnográficos, sobre o significado da repetição para o desenvolvimento social e emocional humano, foram confirmados há algum tempo por pesquisas nas Neurociências[24] e na Antropologia Evolucionista.[25] A pesquisa neurocientífica confirma a importância de repetições miméticas, por exemplo, para a compreensão da ação social. No cérebro de uma pessoa que vê uma ação como o espancamento de uma pessoa por outra pessoa, os mesmos processos que ocorrem no cérebro da pessoa espancada são repetidos de forma atenuada.

Um sistema de neurônios-espelho é assumido aqui, o que constitui o pré-requisito fisiológico para percebermos quando batemos e somos atingidos por uma pessoa como tal. No entanto, o fato de também entendermos seus efeitos com base em processos fisiológicos

---

23. Wittgenstein, 1958.
24. Rizzolatti e Sinigaglia, 2008.
25. Tomasello, 1999.

só pode ser explicado neurologicamente em termos rudimentares. Aqui, a dimensão social e cultural do espancamento e seu impacto sobre o espancado são de importância central para uma compreensão adequada do que está acontecendo.

Pesquisas em Antropologia Evolucionista também mostraram que mesmo crianças pequenas podem reconhecer o significado das ações e torná-lo a base da repetição. Os primatas não humanos não são capazes de reconhecer e reagir ao significado de uma ação como as crianças podem já com oito meses de idade. Isso pode ser ilustrado pelo exemplo de gestos que permanecem praticamente sem sentido para os primatas não humanos se não estiverem vinculados à comida ou à reprodução, mas cujo significado já é compreendido por crianças muito pequenas, que lhes permitem reagir na forma de repetições.

Repetição mimética e o surgimento da violência

Por mais produtivos e criativos que sejam os elementos repetitivos nos processos miméticos, René Girard se refere aos aspectos destrutivos da repetição mimética. Eles também podem surgir do desejo de ser semelhante a outras pessoas. Isso também pode levar à violência. Quando dois homens desejam uma mulher ou duas mulheres um homem, os dois competem e aumentam seu desejo no processo mimético resultante. Em seu desejo, os dois se assemelham e, assim, intensificam sua paixão. Sua inter-relação mimética intensifica tanto seu desejo que muitas vezes não há outra saída para sua paixão além da violência.[26]

Desde o início, os processos miméticos são eficazes na constituição de sociedades. Estes processos penetram em hierarquias e estruturas sociais e, assim, revelam seus efeitos ambivalentes. Eles contribuem para a construção de estruturas sociais; ao mesmo tempo, eles as

---

26. Girard, 1977, 1986.

colocam em perigo e trabalham para a sua destruição. Por um lado, podem ser capturados e canalizados, por outro, ameaçam desencadear e tornar-se incontroláveis, como no surgimento da violência em massa.[27]

O reconhecimento do "caráter contagioso" dos processos miméticos é o ponto de partida dessa importante teoria do surgimento da violência social. A apropriação mimética de atitudes e formas de ação cria competição e rivalidade entre as pessoas imitadas e imitadoras, que podem se tornar o ponto de partida para ações violentas. Surge uma situação contraditória: a apropriação das características do imitado pelo imitador não é compatível com o desejo de ambos diferirem um do outro e afirmar sua singularidade. Essa situação paradoxal leva a um aumento do potencial de violência na sociedade.

Ações com grande intensidade emocional parecem desafiar processos miméticos em um grau particularmente alto: o caráter contagioso do riso, amor e violência é proverbial. Segundo Girard, nas culturas antigas, os atos violentos são respondidos com atos violentos. O resultado é um círculo vicioso de violência, que intensifica a extensão e a intensidade da violência. É comum comprometer a coesão das sociedades que, com a ajuda de *proibições* e *rituais*, tentam dominar a violência mimeticamente intensificada.[28]

Rituais como repetições

Até agora, o objetivo tem sido mostrar o significado da repetição nos processos miméticos para a aprendizagem cultural dos indivíduos. Os rituais, por exemplo, mostram que a repetição desempenha um papel constitutivo no surgimento do conhecimento prático e no desenvolvimento das comunidades.[29] Se não houvesse repetições, não haveria ordem social nem sociedade. A coerência das comunidades

---

27. Dieckmann, Wulf, Wimmer, 1997.
28. Gil e Wulf, 2015.
29. Kraus et al., 2017.

humanas e o sentimento de união exigem repetições. Uma das formas mais importantes de repetição é o ritual.[30]

As repetições rituais desempenham um papel central em quase todas as áreas da vida humana; são indispensáveis na religião e política, economia e ciência, família e escola. Com sua ajuda, a diferença e a alteridade são trabalhadas, comunidades e relações sociais são criadas, e as relações humanas são interpretadas e ordenadas. Os rituais conectam passado, presente e futuro. Permitem continuidade e mudança, bem como experiências de transição e transcendência.[31] Dada a sua importância em tantas áreas da sociedade, não surpreende que não exista uma teoria do ritual geralmente aceita. As posições nas ciências individuais são muito diferentes. Em vista dessa situação, existe um amplo consenso de que não faz sentido reduzir a riqueza e a diversidade de perspectivas sobre teorias rituais individuais e abordagens de pesquisa. Em vez disso, é importante abordar a diversidade de aspectos e mostrar a complexidade do campo.

Este amplo espectro de rituais corresponde a uma variedade correspondente de teorias sobre rituais. Embora os grandes rituais sociais tenham uma referência clara à transcendência, isso não é visível em muitos rituais cotidianos e interativos. Seus arranjos rituais são frequentemente entrelaçados com outras ações cotidianas. Muitas vezes, não é fácil decidir se um arranjo cênico deve ser considerado um ritual ou não. Em contraste com as sociedades com visões de mundo e autoimagens fechadas, nas quais os rituais são claramente identificáveis, identificar rituais nas sociedades modernas com visões de mundo e próprias visões relativamente abertas é bastante difícil. Entretanto, precisamente em vista do aumento da diferenciação social, é necessário expandir o conceito de ritual. Somente com a ajuda de um conceito mais amplo de ritual é possível perceber e analisar novos fenômenos rituais característicos das condições sociais contemporâneas. Essa situação torna necessário declarar em casos individuais por que um fenômeno social é considerado um ritual e interpretado de

---

30. Wulf, Althans et al., 2001, 2004, 2007, 2011.
31. Arbeitsgruppe Ritual, 2004.

acordo. O termo ritual tem um lado construtivo com o qual os processos sociais são analisados a partir de certa perspectiva. O espectro dos fenômenos rituais varia dos rituais de resistência dos jovens, com os quais eles se diferenciam e se afirmam, até os rituais cotidianos que não são facilmente distinguíveis dos hábitos. A análise dos fenômenos sociais como rituais ou arranjos rituais permite percepções perspicazes da estrutura profunda da sociedade.

Todas as abordagens para a classificação de rituais são confrontadas com o fato de que os rituais são sempre o resultado de processos multidimensionais de simbolização e construção e que os fenômenos examinados são mais complexos que os termos e teorias usados para descrevê-los. Isso também se aplica a uma tentativa de classificar o campo de estudos rituais de acordo com a ocasião e, por exemplo, diferenciar entre os seguintes rituais, todos eles também com um elemento repetitivo:[32]

- rituais de transição (nascimento e infância, iniciação e adolescência, casamento, morte);
- rituais da instituição ou posse (aceitação de novas tarefas e posições);
- rituais sazonais (Natal, aniversários, dias comemorativos, feriados nacionais);
- rituais de intensificação (comer, celebrar, amar, sexualidade),
- rituais de rebelião (paz e movimento ecológico, rituais de juventude);
- rituais de interação (saudações, despedidas, conflitos).

Outras tentativas de classificação também são concebíveis e podem nos ajudar a encontrar o nosso caminho no campo complexo de pesquisa sobre ritual. Os seguintes tipos de ação ritual podem ser distinguidos: ritualização, convenção, cerimônia, liturgia, celebração.[33]

---

32. Gebauer e Wulf, 1998, p. 130.
33. Ibid., p. 135f.; Grimes, 1985.

Estrutura e elementos estruturais

Seguindo os trabalhos de Arnold van Gennep (2019) e Victor Turner (1974, 1977, 1982), os rituais de transição são geralmente divididos em três fases. Na primeira fase, o participante do ritual ainda está em sua antiga instituição ou fase da vida; depois vem a fase de transição e, finalmente, a fase de acompanhamento da nova situação. Um casamento pode ser interpretado de acordo com este modelo. No centro do ritual está a segunda fase. Nisto ocorre a ação ritual, que liga a primeira e a terceira fase. No exemplo do casamento, é o ato do casamento, a cerimônia de casamento no sentido mais restrito, no decorrer do qual a transição para o casamento é ritualmente encenada e realizada. Frequentemente, a intensificação do acontecimento ocorre aqui por gestos como a fixação das alianças de casamento.[34] Os rituais de transição são encenados e realizados em "estágios" sociais. Com sua ajuda, as comunidades lidam com as diferenças entre seus membros e criam transições entre diferentes práticas sociais. Os rituais são padrões institucionais nos quais o conhecimento compartilhado coletivamente e as práticas compartilhadas coletivamente são encenadas e executadas e nos quais ocorrem uma autorrepresentação e autointerpretação das transições entre diferentes formas sociais. Com a ajuda de repetições rituais, as instituições se inscrevem no corpo das pessoas e geram um conhecimento prático da ação, sem o qual as pessoas não seriam capazes de se orientar e se conectar.

As ações rituais têm um começo e um fim e, portanto, uma estrutura de interação temporal. Elas ocorrem nos espaços sociais que criam. Os processos rituais encarnam e concretizam instituições e organizações. Eles têm um caráter destacado, são demonstrativos e determinados por seus enquadramentos. Os rituais criam transições entre situações e instituições sociais e lidam com diferenças entre pessoas e situações. Os rituais são físicos, expressivos, simbólicos, regulares, eficientes; eles são repetitivos, homogêneos, acolhedores, públicos e operacionais.

---

34. Wulf e Fischer-Lichte, 2010.

O arranjo ritual do espaço e do tempo

No ritual, a repetição não tem apenas uma dimensão temporal, mas também frequentemente uma dimensão espacial. Muitos rituais ocorrem no mesmo espaço e contribuem para mudar o caráter desse espaço. Assim, o ritual de consagração transforma uma igreja em um espaço sagrado. Cerimônias e celebrações também costumam estar ligadas ao mesmo espaço, que se torna um espaço especial através da repetição ritual. A visita de um chefe de Estado estrangeiro ao palácio do governo de um país que está sendo preparado para a recepção é um exemplo disso. Festivais como o Carnaval mudam os espaços urbanos no Rio de Janeiro no Brasil, em Oruro na Bolívia e em Colônia na Alemanha por meio de repetições rituais. Os desfiles rituais fazem do Rio de Janeiro uma cidade do carnaval, em que os cidadãos encenam em conformidade com o espaço urbano.

Os rituais familiares também transformam espaços cotidianos, como a sala de estar, em espaços cerimoniais.[35] Isso acontece, por exemplo, no Natal, quando a sala de estar é decorada e se torna uma sala festiva de Natal com a árvore de Natal, o cheiro de doces e o canto de canções de Natal. Essa transformação da sala ocorre todos os anos, quando a sala de estar é transformada em um espaço para a celebração do Natal. Na maioria das famílias, isso acontece através da encenação dos rituais correspondentes. A encenação é a mesma, mas o desempenho difere a cada repetição. Em um estudo etnográfico de três famílias alemãs e três japonesas, fomos capazes de mostrar como os membros da família nos dois países criam satisfação e felicidade familiar repetindo os rituais de Natal e Ano-Novo.[36]

Em uma das famílias alemãs, a repetição anual da leitura da história de Natal no dialeto de Berlim teve um papel importante. Em cada ocasião é feita uma contribuição ao caráter específico do ritual de Natal da família, e a repetição contribui para a criação do

---
35. Müller e Krinninger, 2016
36. Wulf, Suzuki, Zirfas, 2011.

bem-estar e da felicidade da família. Todos os membros da família se lembram de leituras anteriores e esperam sentimentos semelhantes de solidariedade e intimidade este ano, cujo "fluxo" cria bem-estar e um sentimento de pertencimento. O horário da leitura na tarde do Natal pode mudar. Mas a mudança de repetição não deve ser tão grande que surja uma nova situação. O arranjo ritual deve permanecer familiar, para que as emoções familiares e valorizadas possam ganhar vida. Uma sugestão espontânea de uma possível mudança, para que a história não fosse lida pelo pai, mas pela mãe, foi rejeitada por todos os membros da família. Todos queriam que a situação dos últimos anos se repetisse.

Vários fatores desempenham um papel na repetição ritual. Isso inclui o *tempo*, o *espaço*, o *caráter performativo* e o *caráter coletivo da ação*. O significado atribuído a uma repetição ritual pode variar. Com a performatividade da repetição ritual, o corpo entra em cena.[37] Isso resulta em experiências físicas e sensoriais.[38] Sua performatividade pode ser interpretada de várias maneiras diferentes. Mesmo se esse for o caso, a performatividade de uma repetição ritual pode contribuir para a integração de uma comunidade. Um exemplo: uma menina de seis anos está entusiasmada com a árvore de Natal e a atmosfera natalina; seu irmão de 17 anos, por outro lado, considera a família opressiva e contrária à sua necessidade de independência. Se, no entanto, ambos participam do arranjo ritual, isso afeta e pode criar sentimentos de pertença e comunidade; aqui o significado da performatividade das repetições rituais se torna visível.[39]

Os processos miméticos desempenham um papel importante na repetição ritual. Por um lado, centram-se em atos rituais anteriormente realizados, cuja nova *performance* é o resultado de uma referência mimética criativa na qual se produz não igualdade, mas

---

37. *Paragrana*, 2001, 2004.
38. Johnson, 1990; Lakoff, 1999; Michaels e Wulf, 2014.
39. Wulf e Zirfas, 2007; Wulf, Göhlich, Zirfas, 2001.

sim semelhança. Essa é a dimensão diacrônica orientada para o passado. Além disso, uma dimensão mimética sincrônica também é importante na repetição ritual. Nisso, os participantes se referem um ao outro em suas ações rituais. Essa referência mimética é necessária para que a realização do arranjo ritual seja bem-sucedida em aspectos funcionais e estéticos.[40]

Com a ajuda de referências miméticas *diacrônicas* e *sincrônicas*, a repetição do ritual é inscrita nos corpos dos participantes do ritual. Nesse processo, as imagens, os esquemas e os significados criados tornam-se parte do imaginário dos participantes do ritual. Ao mesmo tempo, os movimentos rituais são incorporados aos corpos dos participantes do ritual. Isso resulta em conhecimento prático. O conhecimento prático é um *conhecimento silencioso* e, como tal, difícil de explorar. É o resultado de repetições com a ajuda de que é criado em processos miméticos. É uma forma de conhecimento que Gilbert Ryle chamou de *"saber como"*, em contraste com *"saber isso"*.[41]

Esta distinção nos ajuda a entender a importância do conhecimento prático que surge nas repetições rituais para a ação social e cultural.[42] A criação desta forma de conhecimento, por meio da repetição, explica a importância da ação ritual para a incorporação dos valores, atitudes e emoções[43] de uma comunidade e o desenvolvimento do conhecimento prático.

A repetição biológica torna possível a vida humana. Para a vida humana desenvolver, é necessária a aprendizagem cultural em processos dinâmicos miméticos e repetitivos. Com a ajuda destes processos, os rituais geram o social e incorporam os valores, objetivos e estruturas de uma sociedade em seus membros. A repetição desempenha um papel constitutivo para a cultura e as pessoas.

---

40. Wulf e Zirfas, 2004a; Michaels e Wulf, 2014; Michaels, 2016.
41. Ryle, 1990.
42. KrausBudde, Hietzge e Wulf, 2017.
43. Huber e Krause, 2018.

Educação por meio da repetição

Desde o início da Era Moderna, o ser humano cada vez mais tem se entendido como um sujeito. Isto é claro no entendimento do eu de Descartes: "Penso, logo existo" ("Cogito, ergo sum"). O fato que eu penso me cria como sujeito. Com Johann Gottlieb Fichte, este pensamento torna-se mais radical. O eu se cria e, assim, também cria o não eu, o mundo fora de si. Para Edmund Husserl, a consciência do sujeito é a soma de suas experiências. O sujeito não é criado apenas pelo pensamento e pela linguagem; o sujeito é também formado pelas suas sensações e experiências pré-reflexivas, sensoriais e baseadas no corpo, bem como sua consciência, autoconsciência e sentido de si mesmo.[44] A capacidade de ter e de expressar intenções é entendida como uma característica central do sujeito.[45] No curso da modernidade, o sujeito se torna cada vez mais um ponto de referência central na autoconcepção europeia.

Teorias e pesquisas recentes também deixam claro que a lógica do especial, "o singular", está ganhando importância na modernidade tardia. Andreas Reckwitz, em seu livro, *Sociedade de singularidades*, examina a maneira como as sociedades modernas valorizam o excepcional — objetos únicos, experiências, lugares, indivíduos, acontecimentos e comunidades que estão além do comum: "Desde o último terço do século XX, ocorreu uma reconfiguração das formas de socialização. A lógica social do singular está se tornando um poder estruturante na economia, nas tecnologias e no mundo do trabalho, nos estilos de vida e nas culturas cotidianas, bem como na política".[46] Desde o *Emílio* de Rousseau, se não antes, foi observada a importância da individualização da educação. Como resultado de sua condição fisiológica e sua experiência de socialização, todo ser humano é único.

---

44. Damasio (2005) chega a transformar a proposição central de Descartes em: "Eu sinto, logo sou".

45. Cf. sobre isso e sobre questões fundamentais de uma filosofia do sujeito, Frank, 2012; Grundmann et al., 2007; Cramer et al., 1987.

46. Reckwitz, 2017, p. 429. Nossa tradução.

A subjetividade de um ser humano e a singularidade de sua maneira de aprender estão inextricavelmente entrelaçadas. Portanto, os processos de aprendizagem de todas os sujeitos diferem entre si em sua estrutura profunda.

Uma vez que não há sujeitos idênticos a outros, também não existem processos miméticos ou rituais idênticos aos processos de aprendizado de outros sujeitos. Como já mencionado, a assinatura de uma pessoa é diferente toda vez e os grafólogos reconhecem os falsificadores pelo fato de não variarem sua assinatura, mas, como uma fotocopiadora, fazerem uma cópia idêntica a cada repetição. Nos processos miméticos de aprendizagem e apropriação, nos quais um sujeito faz uma "impressão" de outra pessoa, uma situação social ou um objeto, esse processo é sempre singular e, apesar das semelhanças estruturais, leva a um resultado único em cada momento. Apesar de seu caráter repetitivo, as ações miméticas dos sujeitos são ações singulares realizadas pelos sujeitos por meio das relações sociais e culturais apropriadas. Apesar de seus arranjos coletivos, os processos de aprendizagem dos indivíduos envolvidos nos rituais também são únicos e contribuem para a formação da singularidade dos sujeitos. Os processos miméticos e rituais que ocorrem nas repetições são de importância central para a formação dos sujeitos. Ao individualizar o aprendizado, a Pedagogia tenta fazer justiça à subjetividade dos sujeitos e à singularidade de seus processos de aprendizado. A individualização do aprendizado, incluindo repetições miméticas e rituais, é experimentada pelos sujeitos como reconhecimento e apreciação.

Surge a questão de até que ponto a subjetivação das pessoas em nossa "sociedade de singularidades" na modernidade tardia leva a uma nova forma de socialização, e se a socialização muda as estruturas básicas da sociedade capitalista com sua racionalização e economização. Ou isso também é uma "grande narrativa" na qual a narrativa do progresso é substituída pela referência a muitos pequenos avanços? Essa narrativa coloca uma ênfase excessiva no presente, abandonando a ideia do progresso futuro da humanidade? O desenvolvimento do moderno para a modernidade tardia pode ser considerado um progresso? Ou é preciso avaliar o desenvolvimento de forma diferente e, antes, assumir uma crise social de reconhecimento, uma crise cultural de autorrealização e uma crise política do público?[47]

Com a polarização da sociedade em pessoas altamente qualificadas na nova economia cultural e de conhecimento, que recebem um alto grau de reconhecimento, e pessoas pouco qualificadas na indústria de serviços, existe uma lacuna entre estilos de vida e, assim também, uma crise de reconhecimento. Enquanto os primeiros têm oportunidades de autorrealização, as chances de vida dos últimos são limitadas. Polarização é o resultado. Por fim, a digitalização do mundo também leva a uma crise política, que é fragmentada, que se retira para esferas públicas parciais e, assim, perde sua função de penetrar em toda a sociedade. Esses desenvolvimentos podem levar ao declínio geral e ao surgimento de uma sociedade de singularidades. A questão é como avaliar esses desenvolvimentos complexos. Ceticamente, pode-se concluir: "Os processos de singularização envolvem qualquer coisa, exceto a 'liberação do indivíduo'. Ao contrário, é uma fabricação social altamente dinâmica de singularidade no nível de objetos, sujeitos, acontecimentos, lugares e coletivos, que podem ser analisados em detalhes na prática. A singularidade não é pré-social, pelo contrário, forma-se em torno de formas de socialização singularistas complicadas, nas quais a singularidade é produzida e observada, valorizada e apropriada".[48]

---

47. Cf. Reckwitz, 2017, p. 429-442.
48. Ibid., p. 429.

6
O poder produtivo da imaginação

No capítulo anterior, foi explicada a importância central da repetição nos processos miméticos e rituais, especialmente na educação e socialização. A seguir, examinamos o papel da imaginação e seu poder performativo para o desenvolvimento dos seres humanos e a criação de sua convivência social e cultural. A aprendizagem mimética baseada na imaginação é entendida como aprendizagem cultural. Essa perspectiva e a importância fundamental dos processos miméticos para a aprendizagem cultural são confirmadas por pesquisas recentes em Antropologia Evolucionista e Neurociência. A apropriação mimética do mundo e a formação de um imaginário individual e coletivo ocorrem em processos sensoriais. Estes são performativos, ou seja, eles são baseados no corpo e são encenados e realizados. Com o foco da imaginação em processos de apropriação mimética do mundo, a performatividade da imaginação está atraindo cada vez mais atenção.

Imaginação como parte da *conditio humana*

A imaginação desempenha um papel central no desenvolvimento filogenético e ontogenético dos seres humanos.[1] Em ambos os casos,

---
1. Wulf, 2018; ver também Wulf, 2014.

seu poder performativo é importante. Por "poder performativo", entendo o lado produtivo e criativo da imaginação e seus efeitos na encenação e *performance* do corpo. Se a imaginação traz o passado em nossas mentes como uma memória, isto é, ao presente, logo esse processo não é a criação de uma cópia do passado. Ao contrário, a imaginação reconstrói o passado. Dependendo do contexto em que algo é lembrado, mudam a encenação e a *performance* da memória. O caráter performativo da imaginação não é apenas evidente nas memórias. Mesmo que uma solução para um problema atual seja buscada e desenvolvida no presente, são necessárias a encenação e a *performance* da imaginação. O mesmo se aplica às produções e *performances* do futuro. Em contraste com a percepção do mundo no espaço e no tempo, a imaginação pode projetar suas imagens e propor soluções independentemente do mundo diretamente fornecido. Muitas vezes, refere-se a imagens e esquemas familiares, mas os encena, ou seja, combina-os e, assim, traz algo de novo. Essa possibilidade de combinação mostra o poder performativo da imaginação.

Com a ajuda da imaginação, as pessoas transformam o mundo exterior no mundo interior e o mundo interior no mundo exterior, expressando assim sua relação com o mundo, com outras pessoas e consigo mesmas. A estrutura quiástica deste processo leva ao surgimento de mundos de imagens interiores nos quais imagens individuais e coletivas se sobrepõem. A imaginação é uma força sinestésica que não é menos importante para ouvir, tocar, cheirar, provar e se mover do que para ver. A performatividade da imaginação reflete-se na performatividade dos processos miméticos e nos processos de aprendizagem cultural. Além da linguagem e intimamente entrelaçada a ela, a imaginação é a habilidade que nos caracteriza como nenhuma outra. Torna o mundo exterior parte do mundo interior na forma de imagens, preserva e lembra dele na memória e objetifica este mundo interior da imaginação e das imagens fora do ser humano. A imaginação é parte da *conditio humana*. Em grego, chamava-se fantasia, traduzida pelos romanos como imaginação, para o alemão, por Paracelso, como "Einbildungskraft" ("poder imaginativo"). É uma energia humana misteriosa que permeia o mundo dos vivos e se manifesta de várias formas. A imaginação só se torna tangível em termos concretos. Ela própria se ilude em ser fixada. Permite perceber imagens mesmo quando a imagem não está presente. Descreve a possibilidade de visão interior e o projeto de ações futuras.

Uma menção conceitual inicial da fantasia pode ser encontrada em *A República* de Platão. No décimo livro, a mimésis do pintor é definida como a imitação de algo aparente como aparece. Aristóteles definiu fantasia como "uma passagem pré-visual, como o artista da memória que seleciona certas imagens", e é "aquela segundo a qual, como dizem, uma 'aparição' (*phantasma*) que emerge em nós".[2] Aqui a fantasia é a habilidade de manifestar algo. O significado muda quando a *imaginatio* se une à *phantasia* na antiguidade romana. Agora, a ênfase não está mais em "tornar aparente", mas o *imaginatio* descreve o poder ativo de tirar imagens de si mesmo, de imaginar, que Paracelso traduziu para o alemão como "Einbildungskraft". Fantasia, imaginação e poder imaginativo ("Einbildungskraft") são três termos para a capacidade humana de transformar percepções externas em imagens internas, ou seja, transformar o mundo externo em mundo interno e criar, preservar, e mudar mundos da imagem interna que têm vários significados e moldar o mundo externo com sua ajuda.

A fantasia está ligada ao *status* do ser humano como um "ser deficiente" (Gehlen), aos nossos instintos residuais e ao hiato entre estímulo e reação. Assim, tem relação com as necessidades, impulsos e desejos de satisfação. Mas a atividade de fantasia não se esgota nessas relações. Segundo Arnold Gehlen, a fantasia está intimamente ligada à força da vida e pode ser entendida como o lado interno do vegetativo. Mas isso não é tudo. É uma condição de nossa plasticidade humana e do cosmopolitismo e refere-se à necessidade de sua formação cultural. Para a enculturação do ser humano, a fantasia desempenha um papel tão central que o ser humano "seria descrito como um ser fantasioso tão corretamente quanto um ser racional".[3]

---

2. Aristóteles, 1961, De anima, III, p. 3.

3. Gehlen, 1988.

A imaginação resiste a todo acesso pela razão. Mesmo as imagens podem apenas ser entendidas como a objetificação de energias elementares que se iludem e não podem ser objetivadas. Os três termos usados em alemão para a imaginação acentuam aspectos diferentes sem que suas distinções sejam nítidas. Deve-se cautelosamente dizer que "Phantasie" ("fantasia") salienta mais o aspecto selvagem, "Imagination" ("imaginação") o mundo das imagens, e "Einbildungskraft" ("poder imaginativo") o poder da imaginação com o qual algo novo é criado.

No que diz respeito à fantasia, podemos distinguir quatro aspectos relacionados a diferentes períodos históricos e contextos culturais. Um aspecto da fantasia refere-se à criação e participação de pessoas na arte. Um segundo visa entender a alteridade de outros mundos culturais, que só podem ser "recriados" com a ajuda da fantasia, de maneira que sejam compreendidos. Um terceiro aspecto refere-se à conexão entre o inconsciente e a fantasia; aqui a fantasia é a força que, fora da consciência, participa da formação do mundo humano de imagens e ações, que se articula em sonhos e fantasias, fluxos de desejo e forças vitais, bem como na ação. Finalmente, o quarto aspecto está relacionado ao desejo e à capacidade de realizar o que é desejado contrafatualmente.[4] Nos quatro aspectos, a fantasia visa mudar o mundo, mas de maneira mais espontânea, eventual e lúdica do que estratégica.[5]

Os termos imaginação e poder imaginativo ("Einbildungskraft") também possuem diferentes significados. John Locke vê a imaginação como o "poder da mente" na história intelectual inglesa, enquanto David Hume a vê como uma "espécie de habilidade mágica da alma [...] mas permanece inexplicável apesar dos esforços extremos da mente humana".[6] Samuel Taylor Coleridge entende a imaginação como uma habilidade ou fortuna humana e distingue duas formas. "Considero que a imaginação primária é a força viva e o motor real

---

4. Kamper, 1986.
5. Iser, 1991.
6. Hume, 1874, p. 38f.

de toda percepção humana, e uma repetição do ato eterno da criação no infinito Eu sou no espírito finito. Considero a imaginação secundária um eco da primária; ele coexiste com a vontade consciente, mas é idêntico na natureza de sua eficácia com a imaginação primária e difere apenas no grau e modalidade de seu modo de operação. Dissolve-se, dispersa-se, evapora-se para recriar; onde este processo se mostra impossível, em todos os eventos luta para idealizar e unir. É essencialmente vivo por completo, assim como todos os objetos (como objetos) são essencialmente fixos e mortos."[7]

De acordo com essa visão, a imaginação é uma parte do sujeito, na qual ela age e com a qual o sujeito anima o mundo. A imaginação também inclui a capacidade de dissolver e destruir as conexões existentes e, assim, criar novas. Enquanto a primeira forma de imaginação é análoga ao poder da natureza, ou *natura naturans*, que cria tudo, a segunda forma de imaginação está relacionada ao mundo das coisas, que destrói e reconstrói. Além disso, existe uma terceira força, a fantasia, que cria e combina coisas e relações. Esses três aspectos da capacidade imaginativa interagem ludicamente entre si. Eles criam imagens, destroem-nas, combinam seus elementos em novas imagens em um movimento oscilante de um lado para o outro.

Para Johann Gottfried Herder, a imaginação é a conexão entre corpo e mente que expulsa o ser humano de si mesmo. Para Immanuel Kant e Johann Gottlieb Fichte, é a ponte entre a razão e os sentidos. Na famosa formulação de Kant, segundo a qual visões sem conceitos são cegas e conceitos sem visões são vazios, o poder da imaginação é reconhecido como necessário para qualquer conhecimento conceitual. No entanto, o desenvolvimento cultural não aderiu a esse padrão. Os conceitos vazios e as imagens sem conceito se espalharam. Em cada vez mais áreas da sociedade, a ficção tornou-se real e a realidade tornou-se ficção. A partir da discussão francesa, "o imaginário" é outro termo que, por sua vez, coloca em jogo novas dimensões do significado. No trabalho de Jean-Paul Sartre, inspirado em Edmund

---

7. Coleridge, 2014, p. 237.

Husserl, o imaginário descreve a função "irrealizadora" da consciência, dentro da qual a consciência gera objetos ausentes, torna-os presentes e, assim, estabelece uma relação imaginária com seus objetos.[8]

Theodor Adorno traz o debate social sobre o papel da fantasia na ciência, arte e cultura quando escreve: "Valeria a pena escrever uma história intelectual da fantasia, uma vez que, na verdade, trata-se das proibições positivistas. No século XVIII, tanto no trabalho de Saint-Simon quanto no *Discours préliminaire* de d'Alembert, a fantasia, juntamente com a arte, foi considerada trabalho produtivo e parte da ideia de desencadear as forças de produção. Comte, cuja sociologia necessita de uma orientação estática e apologética, é o primeiro inimigo simultaneamente da metafísica e da fantasia. Sua difamação, ou deslocamento para um reino especial baseado na divisão do trabalho, é um fenômeno primordial da regressão do espírito burguês, mas não como seu erro evitável, mas no curso de uma fatalidade que acopla a razão instrumental de que a sociedade precisa desse tabu. O fato é que a fantasia é apenas tolerada quando é materializada e colocada abstratamente contrária à realidade, a fantasia ainda tolerada pesa menos na arte do que a ciência. A ciência e a arte legítimas procuram desesperadamente resgatar a hipoteca que as sobrecarrega".[9]

Numa perspectiva mais histórica, em seu estudo *Eine neue Einbildungskraft* (*Um novo poder da imaginação*), Vilém Flusser tentou identificar quatro fases do desenvolvimento da imaginação. "O primeiro passo do homem foi se retirar do mundo da vida para imaginá-lo. Então se afastou da imaginação para descrevê-la. Então, retirou-se da crítica linear da escrita para analisá-la. E, finalmente, devido a uma nova imaginação, o homem projetou imagens sintéticas a partir da análise [...] Em outras palavras: o desafio que nos é colocado é pular do plano linear da existência para um plano de existência completamente abstrato e de dimensão zero (para o reino do "quanta")".[10]

---

8. Sartre, 2004; Wulf, 2014.

9. Adorno, 1978, p. 62f.

10. Flusser, 1993, p. 125f. (para tradução ver https://monoskop.org/images/a/a7/Flusser_Vilem_Writings.pdf). Sobre os aspectos lúdicos da imaginação, cf. Wittig, 2018.

A performatividade da imaginação

Com a ajuda da performatividade da imaginação, indivíduos, comunidades e culturas criam o "imaginário". Isto pode ser entendido como um mundo materializado de imagens, som, toque, olfato, paladar, emoção, ação e comportamento. É o pré-requisito para as pessoas perceberem o mundo de uma maneira histórico-cultural. A imaginação lembra e cria, combina e projeta imagens. Cria realidade. Ao mesmo tempo, a realidade serve para produzir imagens. As imagens da imaginação têm uma dinâmica que estrutura a percepção, a memória e o futuro. O trabalho em rede das imagens segue os movimentos dialéticos e rítmicos da imaginação. Não apenas a vida cotidiana, mas também a literatura, a arte, a música e as artes cênicas representam um reservatório inesgotável de imagens. Algumas parecem ser relativamente estáveis e pouco mutáveis. Outras, por outro lado, estão sujeitas a rápidas mudanças históricas e culturais. A imaginação possui uma dinâmica simbólica que gera continuamente novos significados e utiliza imagens para esse fim. Com a ajuda dessas imagens criadas pela imaginação, ocorrem interpretações do mundo.[11]

A imaginação possui um forte poder performativo que encena e realiza ações sociais e culturais. Com isso, cria o imaginário que engloba imagens da memória, do presente e do futuro. Com a ajuda de movimentos miméticos, pode desdobrar o caráter icônico das imagens. Na recriação de seu caráter pictórico, as imagens são absorvidas no imaginário. Como parte do mundo mental, elas são testemunhos do mundo exterior. Quais imagens, estruturas e modelos que se tornam parte do imaginário são determinados por processos histórico-culturais. Nessas imagens, a presença e a ausência do mundo exterior estão entrelaçadas de forma indistinguível. Imagens emergentes do imaginário são trazidas para novos contextos pela imaginação. Criamos redes de imagens que abrangem o mundo e determinam nossa visão do mundo.

---

11. Wulf, 2013b, 2022; Hüppauf e Wulf, 2009; Wulf e Baitello 2014.

O caráter performativo da imaginação leva as imagens do social a constituírem uma parte central do imaginário. Elas representam as estruturas de poder das relações sociais e estruturas sociais, que ao mesmo tempo estruturam a sociedade e o social. Estes processos têm início na infância e ocorrem inconscientemente. Isto é, quando a percepção das constelações e arranjos sociais é aprendida. Essas primeiras experiências de percepção e as imagens resultantes desempenham um papel essencial em como nós compreendemos o mundo — nos níveis visual, acústico e tátil. Aprendemos a ver ações sociais e ao mesmo tempo entendemos o que elas significam devido aos esquemas histórico-culturais moldados biograficamente e imagens mentais formam os pré-requisitos para isto. Vemos ações sociais e nos relacionamos com elas em nossa percepção. Assim, essas ações ganham significados para nós. Quando essas ações são direcionadas a nós, o impulso de estabelecer uma relação vem delas e espera uma resposta nossa. De qualquer forma, é formada uma relação para a emergência da qual as imagens do nosso imaginário são um pré-requisito importante. Entramos em um jogo de ação e agimos em relação às expectativas colocadas em nós no arranjo social — respondendo a elas, modificando-as ou agindo contra elas. Na maioria dos casos, nossa própria ação é menos mimética devido à semelhança do que devido às correspondências que são geradas. Incorporados a um jogo de ação, percebemos as ações dos outros e agimos em referência mimética a eles.

Aprendizagem mimética como aprendizagem cultural

A performatividade da imaginação se reflete nos processos miméticos que surgem como resultado da imaginação. Em contrapartida, estes processos são uma consequência da capacidade humana de tornar performativas imagens internas, imaginações, acontecimentos, narrativas, sequências de acontecimentos, ou seja, para expressá-la, encená-la em representações e exibi-la de maneira cênica. Por outro lado, a mimésis descreve a capacidade de se assemelhar a esse comportamento na percepção das ações sociais e estéticas e, assim, de se apropriar dele. As diferenças nos pré-requisitos individuais para os processos de semelhança mimética com modelos de papéis também tornam os próprios processos de similarização e apropriação diferentes e levam a resultados divergentes.[12] A capacidade de agir socialmente é adquirida essencialmente em processos de aprendizado miméticos. As pessoas desenvolvem, por exemplo, suas diferentes capacidades de brincar, trocar presentes e agir ritualmente em processos miméticos. Para ser capaz de agir "corretamente" em cada caso, é necessário conhecimento prático, que é adquirido por meio de processos sensoriais de aprendizado relacionados ao corpo nos campos de ação correspondente. As características culturais de qualquer ação social são capturadas em abordagens miméticas. As ações sociais são moldadas histórica e culturalmente. Sempre que alguém age com referência a uma prática social já existente e cria uma prática social, uma relação mimética se desenvolve entre os dois. Isso se aplica, por exemplo, quando realizamos uma prática social, agimos de acordo com um modelo social, expressamos ideias sociais com nossos corpos ou adquirimos conhecimento prático. Essas ações miméticas não são meras reproduções que seguem exatamente um modelo. Nas práticas sociais miméticas, sempre encontramos que surgiu alguma coisa diferente e, assim, alguma coisa nova.[13]

Ação mimética significa "tornar-se semelhante" a uma pessoa ou coisa com a ajuda da imaginação, imitar e "apresentar" algo, "expressar" algo. É a referência a outra pessoa ou outro "mundo" com a intenção de se tornar como eles. Este processo pode se referir à nossa relação com a "realidade" que já existe e tem sido retratada. Logo, isto será uma relação de representação. Contudo, o comportamento mimético também pode descrever a "imitação", com a ajuda da imaginação, de algo que não existe e não existiu na "realidade", como a representação de um mito ou de uma pessoa literária que só

---

12. Wulf 2013b; Wulf e Baitello 2014; Wulf, 2022; Suzuki e Wulf, 2007.
13. Plessner, 1982.

está presente nessa representação e que não é baseada em um modelo conhecido fora dela. A ação mimética não precisa ser direcionada para uma "realidade"; pode também se relacionar a constelações de palavras, imagens ou ações que se tornam modelos para outras constelações de palavras, imagens ou ações.[14] A capacidade de se identificar com outras pessoas, de entendê-las como atores intencionais e de direcionar nossa atenção para algo da mesma forma como elas o fazem, está ligada ao desejo de familiarizar-se com os outros por meio de tornar-se similar a eles. Este desejo de se tornar semelhante ao Outro é o pré-requisito para entender as intenções comunicativas de outras pessoas em gestos, símbolos e construções, e para entendê-las em termos da maneira como elas são percebidas, de modo que possamos compreender como estas intenções formam categorias de objetos e esquemas de acontecimentos, e criam relações causais entre os objetos do mundo.[15]

Em contraste com os processos de mimetismo, nos quais ocorrem uma mera adaptação a determinadas condições, os processos miméticos geram simultaneamente semelhança e diferença com outras pessoas ou situações a que se referem. Elementos lúdicos baseados na imaginação também desempenham um papel. Ao "tornar-se similar" a situações previamente vividas e aos mundos que foram moldados por uma cultura específica, os sujeitos adquirem a capacidade de se orientar em um campo social. Ao participar da prática de vida de outras pessoas, eles expandem seu mundo e criam novas oportunidades de ação e experiência. Nesse processo, o mundo dado se confunde com a individualidade daqueles que a ele se referem mimeticamente. Receptividade e atividade se sobrepõem. Nós recriamos a situação que anteriormente experimentamos ou o mundo fora dela e o fazemos como nosso próprio mundo por meio da repetição. Somente no confronto com a situação anterior ou com o mundo exterior adquirimos nossa individualidade e subjetividade. Somente nesse processo o impulso

---
14. Wulf, 2005b, 2014.
15. Gebauer e Wulf, 1995, 1998, 2003; Taussig, 1993; Tarde, 1962; Tavani, 2012.

generalizado excessivo dos seres humanos se transforma em desejos e necessidades individuais. O confronto com o exterior e a formação do eu surgem no mesmo contexto. O mundo exterior e o interior tornam-se o mesmo e só podem ser experimentados nesta inter-relação. Semelhanças e correspondências surgem entre o nosso mundo interior e o exterior. As pessoas se tornam semelhantes ao mundo exterior e mudam nesse processo; nessa transformação uma mudança ocorre em ambos a partir de sua percepção do mundo exterior e de sua autopercepção.[16]

Nos processos de aprendizado mimético, ações sociais anteriores são repetidas. A referência não é feita pelo pensamento teórico, mas *esteticamente*, ou seja, por meio dos sentidos. Comparada à primeira ação social, a segunda ação se afasta dela, na medida em que não lida diretamente com ela, não a altera, mas faz de novo; a ação mimética tem caráter demonstrativo e descritivo; sua *performance*, por sua vez, gera suas próprias qualidades sensoriais. Os processos miméticos são direcionados aos mundos sociais já existentes, e são também reais ou imaginários. O caráter dinâmico das ações sociais está relacionado ao fato de que o conhecimento necessário para sua realização é um conhecimento prático. Como tal, está menos sujeito ao controle racional do que o conhecimento teórico.[17] Este é o caso pelo qual o conhecimento prático não é um conhecimento reflexivo e autoconsciente. Somente se torna isso quando há conflitos e crises, nos quais as ações resultantes a partir desse conhecimento requerem justificativa. Se a prática social não é posta em causa, o conhecimento prático permanece semiconsciente, por assim dizer. Como o conhecimento do *habitus*, engloba imagens, esquemas, formas de ação que são usadas para a *performance* física cênica das ações sociais, sem que suas apropriações sejam consideradas. Eles são "simplesmente" conhecidos e usados para encenar a prática social.[18] Nos processos miméticos, ocorre uma imitação de

---

16. Ricoeur, 1984-88.
17. Loenhoff, 2012.
18. Schatzki, Knorr-Cetina, Savigny, 2001; Schmidt, Stock, Volbers, 2011; Nicolini, 2013.

mudanças e modelagem dos mundos anteriores. Este é o momento inovador dos atos miméticos. Eles são, portanto, práticas sociais que se referem a outras ações e podem ser entendidos como arranjos sociais que representam práticas sociais independentes e têm relação com outras ações. As ações sociais são possibilitadas pelo surgimento de conhecimentos práticos no curso de processos miméticos. O conhecimento prático relevante para a ação social é físico e sensorial, bem como histórico e cultural; é semanticamente ambíguo, não pode ser reduzido à intencionalidade, contém um excesso de significado e se manifesta nas encenações e *performances* sociais da religião, política, educação e vida cotidiana.

As ações sociais e estéticas são miméticas se, em primeiro lugar, enquanto movimentos, fazem referência a outros movimentos; em segundo lugar, elas são *performances* ou encenações físicas; e, em terceiro, são ações independentes que podem ser entendidas em seus próprios termos e se referem a outras ações ou mundos. Assim, ações como decisões, comportamento reflexivo ou rotineiro não são miméticas, nem são ações pontuais ou ações que violam as regras.[19] Resumindo, há cinco aspectos que nos ajudam a compreender o significado histórico e cultural dos processos miméticos.

- Primeiro, as origens histórico-linguísticas e o contexto inicial do uso do termo mimésis já apontam para o papel que os processos miméticos desempenham na encenação de práticas culturais e na cultura do performativo.[20]
- Segundo, a mimésis não deve ser entendida como mera produção de cópias. Em vez disso, mimésis é um termo antropológico e descreve uma habilidade humana criativa com elementos *estéticos*, com a ajuda da qual algo novo é criado na réplica.[21]
- Terceiro, imagens internas, imaginações, acontecimentos, narrativas, sequências de ações são expressas, encenadas e realizadas

---

19. Gebauer e Wulf, 1998.
20. Gebauer e Wulf, 1995; Wulf, 2005a.
21. Wulf, 2013a, b; Gebauer e Wulf, 2003.

em processos miméticos;[22] isso os torna performativos. Além disso, os processos miméticos levam à percepção e reprodução da performatividade de ações sociais e estéticas para se assemelhar a esse comportamento e, assim, se apropriar dele.[23]

- Quarto, processos miméticos podem contribuir para o surgimento da violência. Este é particularmente o caso em situações de crise em que rituais e proibições são suspensos.[24]
- Quinto, o conhecimento prático que é tão importante para a coexistência humana é formado em processos miméticos, que é um conhecimento silencioso baseado no corpo e que só pode ser apreendido inadequadamente em termos teóricos.[25]

Aprendizagem mimética e pesquisa evolucionista

Trabalhos recentes em pesquisas com primatas mostraram que, embora também existam formas elementares de aprendizado mimético em outros primatas, os seres humanos são particularmente capazes desse tipo de aprendizado. Com base em pesquisas comparativas sobre o comportamento social dos primatas, representantes da Psicologia do Desenvolvimento e da Psicologia Cognitiva conseguiram nos últimos anos identificar algumas das características específicas da aprendizagem humana em idade precoce e confirmar o caráter especial da aprendizagem mimética em bebês e crianças. Resumindo, Michael Tomasello descreve essas capacidades das crianças: "Elas se identificam com outras pessoas; percebem os outros como agentes intencionais como elas próprias; participam de atividades de atenção compartilhada com outras pessoas; compreendem muitas das relações causais que outras pessoas expressam em gestos, símbolos linguísticos

---

22. Wulf, 2014.
23. Wulf e Zirfas, 2007, 2005.
24. Girard, 1977, 1986; *Paragrana*, 2011 (1).
25. Wulf, 2009, 2013a; Nicolini, 2013; Kraus et al., 2017.

e construções linguísticas; aprendem a produzir os mesmos gestos, símbolos e construções por meio da imitação e inversão de papéis com os outros; e formam categorias de objetos com base linguística e esquemas de acontecimentos".[26] Essas habilidades já permitem que crianças participem de processos culturais. Elas podem participar da encenação das práticas e habilidades do grupo social em que vivem e, assim, adquirir seus conhecimentos culturais. As habilidades descritas aqui apontam para a importância central da aprendizagem em relação aos modelos. No entanto, esses processos podem ser mais bem compreendidos como processos miméticos. A capacidade de se identificar com outras pessoas, de entendê-las como agentes intencionais e de concentrar a atenção em algo com elas está ligada ao desejo mimético da criança de imitar adultos, de se aproximar deles ou de se tornar como eles. Esse desejo de se tornar semelhante aos adultos é a motivação para entender as relações causais entre os objetos do mundo e para entender as intenções comunicativas de outras pessoas em gestos, símbolos e construções, e como desenvolver essas categorias de objetos e esquemas de acontecimentos. Mesmo com oito meses de idade, as crianças pequenas alcançam essas capacidades que estão dentro das possibilidades miméticas dos seres humanos e que os primatas não humanos não possuem em nenhum momento de suas vidas.

Aprendizagem mimética e descobertas neurocientíficas

Na década de 1990, essas descobertas são confirmadas por pesquisas neurocientíficas possibilitando provar que os seres humanos diferem dos primatas não humanos, pois são particularmente capazes de abrir-se ao mundo em processos miméticos.[27] Uma razão para isso

---

26. Tomasello, 1999, p. 161.
27. Rizzollati e Sinigaglia, 2008; Jacoboni, 2008.

é o sistema de neurônios-espelho. A análise do funcionamento dos neurônios-espelho mostra que o reconhecimento de outras pessoas, suas ações e suas intenções depende de nossa capacidade de nos mover. O sistema de neurônios-espelho permite que nosso cérebro relacione os movimentos observados com nossas próprias possibilidades de movimento e reconheça seu significado. Sem esse mecanismo, perceberíamos outros movimentos e comportamentos de outras pessoas, mas não saberíamos o que o comportamento delas significa e o que elas realmente fazem. O sistema de neurônios-espelho é considerado por muitos pesquisadores como o correlato fisiológico pelo fato de que podemos agir não apenas como indivíduos, mas também como pessoas sociais. Contribui para o comportamento mimético e o aprendizado, a comunicação gestual e verbal e a compreensão das reações emocionais de outras pessoas. A percepção da dor de uma pessoa parece ativar as mesmas áreas do cérebro que seriam ativadas se experimentássemos diretamente esses sentimentos. Embora existam neurônios-espelho em primatas não humanos (por exemplo, macacos), seu sistema é muito mais complexo em humanos. Em contraste com os primatas não humanos, os humanos são capazes de distinguir entre ações de movimento transitivas e intransitivas, escolher tipos de ação e a sequência de ações que constituem esses tipos e tornar-se ativo em ações que não são realmente executadas, mas apenas imitadas. O sistema de neurônios-espelho contribui para a compreensão do significado das ações de outras pessoas, não apenas ações individuais, mas também sequências de ações. Quando vemos alguém realizar uma ação, seus movimentos têm um significado imediato para nós. O mesmo parece se aplicar às nossas ações e à maneira como elas são compreendidas por outras pessoas. Estudos experimentais mostram que a qualidade do sistema de movimento e do sistema de neurônios-espelho são condições necessárias para a habilidade mimética, mas elas não explicam tudo. São necessários processos neuronais adicionais para criar processos que vão além da mera reprodução e nos quais ocorre uma semelhança mimética com o mundo e com outros seres humanos.

Tais capacidades miméticas permitem que crianças participem dos produtos e processos culturais de sua sociedade. Essas capacidades lhes permitem incorporar os produtos materiais e simbólicos de sua comunidade cultural, preservá-los e depois repassá-los para a próxima geração. Os processos miméticos inicialmente se concentram em outras pessoas. Neles, bebês e crianças pequenas se referem às pessoas com quem vivem: pais, irmãos mais velhos, outros parentes e conhecidos. Eles tentam se tornar semelhantes, por exemplo, respondendo a um sorriso com um sorriso. Contudo, por usar habilidades que já adquiriram, as crianças também iniciam as reações correspondentes dos adultos. As condições sociais e culturais deste início de vida se inscrevem no cérebro e no corpo das crianças. Qualquer pessoa que não tenha aprendido a ver, ouvir ou falar em tenra idade não poderá aprendê-lo posteriormente, ou aprenderá apenas insuficientemente.

Sobre a gênese do conceito de performatividade

Como vimos, os processos de imaginação e aprendizado mimético são performativos. Houve extensas pesquisas sobre as dimensões diferentes do performativo, que deixam claro o quanto essas dimensões de ação e comportamento cultural e social são importantes para a educação e a socialização. Cinco pontos de referência são particularmente importantes para o significado cultural e educacional do conceito de performatividade.

1) A teoria do ato de fala performativo de John Austin: uma expressão é considerada performativa se for uma ação, por exemplo, o "sim" em uma cerimônia de casamento, que é uma ação que muda toda a vida da pessoa afetada. Tais ações geralmente ocorrem em conexão com rituais. Eles não estão preocupados com a veracidade do enunciado, mas com seu efeito. "Performativo" denota uma declaração autorreferencial, geralmente pré-estruturada

por uma instituição para uma cerimônia como o "sim" esperado no casamento.[28]

2) A gramática transformacional de Noam Chomsky com a distinção entre *performance* e competência: a *performance* linguística de Chomsky é o resultado da competência linguística, ou seja, a capacidade linguística comum a todas as pessoas. Entende-se por *performance* o uso observado atual da linguagem, o mecanismo falante correspondente, o domínio da gramática e o uso da linguagem.[29] Aqui, a *performance* pode ser caracterizada por um desvio considerável da correção gramatical sem perder sua função. O sentido prático de quando, por exemplo, uma quebra de sentença ou um enunciado incompleto é apropriado, caracteriza a *performance*.

3) Teorias estéticas da *performance art*: a arte performática refere-se à encenação e *performance* de ações artísticas que não são baseadas em um roteiro fixo. Esta é uma representação estética do corpo e uma expressão de emoções, muitas vezes combinadas com críticas às formas tradicionais de teatro. O foco está no surgimento de emoções,[30] no caráter do acontecimento, na materialidade dos processos físicos, geralmente sem significado, e no caráter experimental das ações estéticas.

4) A contribuição de Judith Butler para a discussão de gênero:[31] quando ela fala de "performatividade de gênero", não se refere apenas à *performance* física de gênero, mas também à construção discursiva do gênero por meio da invocação de "menino" ou "menina". Nestes processos performativos, a realidade de *gênero* é construída. Assim, ocorre uma crítica ao essencialismo de gênero (a crença de que uma pessoa, coisa, ou tratado específico é inerente e permanentemente macho e masculino ou fêmea e

---

28. Austin, 1962.
29. Chomsky, 1968.
30. *Paragrana*, 2013.
31. Butler, 1990, 1997.

feminino), afirmando, ao invés disso, a importância dos processos performativos na construção de gênero. O termo "menino" ou "menina" e a atribuição de gênero estão associados a processos de definição e poder que são de importância central para o desenvolvimento da individualidade e subjetividade.

5) O Centro de Pesquisa Colaborativa "Culturas do Performativo" na Universidade Livre de Berlim (1999-2010): aqui foi elaborado que a ação cultural deve ser entendida menos como um texto do que em seu caráter institucional e encenado.[32] Nessa perspectiva, a dinâmica dos rituais, seu excesso performativo, sua expressividade cênico-mimética, seu caráter de encenação e *performance*, por exemplo, tornam-se objeto de pesquisa. Processos performativos e seus significados culturais são examinados em conexão com *performances* físicas, com enquadramento temporal e espacial, com processos multimodais. Como o conhecimento prático acontece em processos miméticos e rituais está sendo pesquisado. Quando falamos de performatividade, concentramo-nos no processo criativo que cria realidades sociais. Percepção, mídia e gênero são examinados. O interesse é focado na incorporação (*Verkörperung*), processualidade e relacionalidade.

Em resumo, pode-se dizer que se a performatividade é "a realização de um ato (linguístico)" (Austin), "a atividade (ostensiva) de um indivíduo" (Goffman), " o gênero materializado", "a prática citada", "o poder do discurso" (Butler), ou "a linguagem incorporada" (Sibylle Krämer), isto salienta, antes de mais nada, a ordem prática, social e cultural dos fenômenos, seu contexto, seu desenvolvimento, suas sínteses e diferenças, seus momentos ativos e passivos, em resumo, seus processos, modalidades, lógicas e funções. "Os termos 'performativo', *'performance'* e 'performatividade', que lidam com estes contextos, esclarecem o significado da forma e a dimensão estética

---

32. *Paragrana*, 2001, 2004; Wulf e Zirfas, 2004a.

para o sucesso dos arranjos sociais. Quando falamos sobre a *performance* da ação, queremos dizer um acontecimento único, limitado no tempo e no espaço".[33]

Performatividade como um foco da educação

A virada performativa nas ciências culturais e sociais também está afetando as ciências da educação. As mudanças descritas pelo termo performativo não são inteiramente novas, mas seu significado para educação e socialização é cada vez mais reconhecido. Os termos *performance*, performativo, performatividade nos conscientizam da relevância da dimensão estética da ação humana e do caráter orientador das representações e modelos sociais. Eles deixam claro a importância das formas de ação para o seu sucesso. Seu desenho é um elemento constitutivo de todo ato social, no decurso do qual o agente encena suas ações e a si mesmo. Ele se mostra em suas ações. Ele cria imagens de suas ações e de si mesmo na forma de representações físicas e sensoriais para o mundo da memória e da imaginação de seus semelhantes. A performatividade dos processos educacionais tornou-se uma importante área de pesquisa educacional qualitativa, com o resultado de que a realidade da educação não é mais considerada exclusivamente como alguma coisa que pode ser lida como texto, ainda é percebida como um objeto de interpretação hermenêutica. Isso torna possível entender a história e a cultura do campo da educação, entender as interações pedagógicas e refletir criticamente sobre elas. Essa abordagem à prática educacional, inspirada por Friedrich Schleiermacher, Wilhelm Dilthey, Hermann Nohl e a "pedagogia da ciência humana" (*Geisteswissenschaftlichen Pädagogik*), continua sendo importante.[34] Com a sua ajuda, o contexto da educação com as suas

---
33. Wulf e Zirfas, 2007, p. 16f.
34. Wulf, 2003; Matthes, 2011.

numerosas referências específicas do contexto pode ser compreendido e tornado a base da ação educativa. Se se lê a realidade educacional como um texto, assume-se uma completude e coerência dos contextos que não são efetivamente dados e pressupõe-se que se pode chegar a um acordo sobre a interpretação da prática educacional. No entanto, da perspectiva da performatividade, a interação real torna-se objeto de pesquisa.[35]

A pesquisa etnográfica se baseou nessa compreensão. A cultura é entendida ali como uma "montagem de textos".[36] Da perspectiva do performativo, isso parece ser inadequado. Os processos educacionais não podem ser reduzidos à sua dimensão semântica. Sua realidade está baseada em processos complexos que estão mais no domínio do conhecimento prático.[37] Uma vez que esse conhecimento pode, em grande parte, ser classificado no campo da habilidade e do conhecimento silencioso,[38] ele só é acessível a uma abordagem teórica em uma medida limitada,[39] mas vai além disso e pode tornar necessário que a teoria seja revisada. A "crise da representação" já havia deixado claro[40] que são demasiado simples aquelas ideias que pressupõem que se pode finalmente entender um sentido dado num texto ou na realidade da educação com a ajuda dos métodos da interpretação. A perspectiva performativa não visa abolir a perspectiva hermenêutica. Em vez disso, preocupa-se em expandir essa perspectiva, que não se concentra na relação entre representação e o que é representado, mas concentra a atenção em como as práticas de representação são tratadas. O foco está nos processos de ação, interações, fisicalidade e materialidade das comunidades e processos educacionais. A performatividade denota os fenômenos sociais observáveis, mais do que

---

35. Schelle, Rabenstein, Reh, 2010.
36. Geertz, 1973.
37. Schatzki, Knorr-Cetina, Savigny, 2001.
38. Ryle, 1990; Kraus, Budde, Hietzge e Wulf, 2017.
39. Nicolini, 2013; Loenhoff, 2012.
40. Berg e Fuchs, 1993.

está sujeita a eles, menos a estrutura que o processo, menos o texto que o corpo é usado para criar realidade. O foco está na encenação e na *performance* da ação pedagógica, usando processos físicos, linguísticos e imaginativos.[41] Um interesse nos aspectos performativos envolve um foco nas técnicas de encenação e nos processos miméticos cíclicos, no poder das imagens[42] e nas coisas concretas.[43] Há áreas de atividade social e educacional que não podem ser definidas linguisticamente com clareza e que indicam conhecimento silencioso e não conhecimento.[44]

Quatro desenvolvimentos sociais e culturais são importantes para a contextualização histórico-cultural da performatividade, hoje, e seu significado no campo da ciência educacional.[45]

1) A cultura do presente é em grande parte uma cultura de encenação.[46] As dimensões estéticas da encenação de indivíduos e comunidades na política, nos negócios e na cultura desempenham um papel importante aqui. Isso é particularmente evidente nas redes sociais (Facebook, Twitter etc.), onde milhões de pessoas encenam e se apresentam todos os dias. Nessas redes, os jovens desempenham um papel importante encenando e se apresentando de maneira semelhante e diferente em diferentes culturas ao mesmo tempo.[47] Para a ciência educacional, esta tendência em direção a pessoas encenando e se apresentando esteticamente é uma área importante de pesquisa.

2) Com o interesse na performatividade da prática educacional, o foco de suas pesquisas também muda. O foco está no processo e com ele o *modi operandi* performativo, o *como* dos processos

---

41. Wulf, Göhlich, Zirfas, 2001.
42. Wulf, 2014.
43. Nohl e Wulf, 2013.
44. Polanyi, 1985.
45. Wulf e Zirfas, 2007.
46. Willems e Jurga, 1998.
47. Kontopodis, Varvantakis, Wulf, 2017.

pedagógicos. Isto significa que a pesquisa etnográfica está ganhando importância. São examinados microprocessos que constituem a realidade educacional e que precisam ser reconstruídos na pesquisa.[48]

3) Ao focar no corpo e nos sentidos, nos rituais, nos gestos e na natureza habitual da ação social na pesquisa em performatividade, fica claro que a Pedagogia é uma ciência da ação dentro da estrutura da qual a pesquisa sobre interações pedagógicas é de importância central. Com esta mudança de foco, novos campos de pesquisa são descobertos, como rituais e gestos,[49] processos miméticos como processos de aprendizado cultural,[50] imagens e imaginação,[51] alteridades no mundo global,[52] educação dos sentimentos,[53] espaço e tempo,[54] significado de objetos e coisas materiais para educação e aprendizado.[55] Com estas pesquisas, são fortalecidos o interesse no conhecimento prático,[56] no conhecimento silencioso,[57] na importância do não conhecimento para os processos educacionais,[58] bem como em uma visão crítica da cientificidade de todas as áreas da vida e do cientificismo.[59]

4) Ao colocar ênfase na performatividade, encontramos o desenvolvimento de uma compreensão, complexa e fundamentada antropologicamente, do corpo e da educação, do conhecimento

---

48. Bohnsack, 1999; Flick, 2004, 2006; Flick, Kardorff, Steinke, 2004; Friebertshäuser, Prengel, 2013; Tervooren et al., 2014.
49. WulfAlthans e outros 2001, 2004, 2007, 2011; Wulf e Zirfas, 2004a.
50. Wulf, 2013a, 2005a; Gebauer e Wulf, 1995, 1998, 2003.
51. Wulf, 2022; Hüppauf e Wulf, 2009; Schäfer e Wulf, 1999; Mollenhauer e Wulf, 1996.
52. Wulf, 2016, 2006a; Wulf e Weigand, 2011; Wulf e Merkel, 2002.
53. Wulf e Kamper, 2002; *Zeitschrift für Erziehungswissenschaft*, 2012; Michaels e Wulf, 2012, 2014.
54. Liebau, Miller-Kipp, Wulf, 1999; Bilstein, Miller-Kipp, Wulf, 1999.
55. *Zeitschrift für Erziehungswissenschaft*, 2013.
56. Wulf, 2006b.
57. KrausBudde, Hietzge e Wulf, 2017.
58. Wulf, 2013b.
59. Michaels e Wulf, 2020.

pedagógico e do significado do não conhecimento.[60] A educação é entendida como um processo que leva a uma mudança que nós nos relacionamos ao eu, à sociedade e ao mundo.

Em resumo, podemos identificar as seguintes áreas da educação em que a performatividade é de considerável importância: "1. capacidades específicas, procedimentos, habilidades, qualificações-chave (educação formal), 2. conhecimento específico (educação material), 3. dialética de habilidade e conhecimento, eu e mundo, apropriação e crítica (educação categórica; Klafki, 1957), 4. processo de aprendizagem biográfica ou pessoal ao longo da vida que nunca acaba (educação biográfica) e, finalmente, 5. ideia de uma sociedade humana em que vale a pena viver para todos (educação utópica). Uma teoria educacional performativa não enfatiza os perfis de qualificação restritos a certas áreas e as funcionalizações (econômicas) a elas associadas, mas os processos e resultados concretos da prática performativa e a reflexão da relação entre subjetividade e cultura".[61]

Pedagogia performativa e educação

A perspectiva performativa é multimodal e focaliza na prática educacional ou no que na verdade ocorre, de maneira semelhante à Fenomenologia; também examina a historicidade e a culturalidade da realidade ou prática. No contexto do projeto "Estudo dos Rituais e Gestos de Berlim", os rituais de educação e socialização nas quatro áreas de socialização — "família", "escola", "mídia" e "cultura jovem" — foram examinados com foco em sua performatividade. A partir desta perspectiva, emerge uma nova avaliação de rituais[62] e

---

60. Wulf, 2013a, b; Wulf e Zirfas, 2014a, b; *Zeitschrift für Erziehungswissenschaft*, 2015.
61. Wulf e Zirfas, 2007, p. 11f.
62. Wulf e Zirfas, 2004a.

gestos[63], na qual fica claro o quanto eles são importantes para a constituição do social. A ênfase em seu caráter performativo também leva a uma percepção no significado dos arranjos rituais da encenação e da *performance*. Estas investigações também contribuem para a investigação das dimensões sincrônica e diacrônica dos processos miméticos para a encenação e *performance* de rituais. Na família, fica claro o quão importante é a performatividade dos processos sociais para a coesão de seus membros e a coerência da família. Ao se concentrar na performatividade, a importância da fisicalidade e sensorialidade das crianças é explorada na escola.[64] Também no campo da mídia está surgindo uma nova abordagem de pesquisa, na qual as próprias crianças produzem filmes e, assim, concentram-se na performatividade de seu comportamento na mídia. No campo da cultura infantil e juvenil, um foco da pesquisa é o caráter do processo de brincar e o conhecimento prático necessário para isso, bem como os processos que levam ao desenvolvimento do comportamento de gênero, que se desenvolve de maneira diferente dependendo do contexto cultural.[65]

Com o foco na performatividade do comportamento social e educacional, o desenvolvimento da etnografia educacional e da pesquisa qualitativa anda de mãos dadas com os métodos correspondentes.[66] Eles incluem observação participante e observação participante assistida por vídeo e fotografia; em todos estes métodos, a ênfase está na perspectiva de terceira pessoa. Além disso, há entrevistas, discussões em grupo e anotações do diário das pessoas examinadas nas quais a perspectiva de primeira pessoa é expressa. O foco está na pesquisa do *modus operandi* no campo educacional. Além da reconstrução etnográfica dos estilos de ação, interação e comunicação performativos, as encenações nos campos da socialização são um foco importante da pesquisa performativa. As dimensões estética e multimodal dos

---

63. Wulf e Fischer-Lichte, 2010.
64. Wulf, 2008.
65. Wulf, Althans et al., 2001, 2004, 2007, 2011.
66. Wulf e Zirfas, 2005.

processos de aprendizagem, ação e mudança desempenham um papel importante aqui.

Concentrar-se no caráter performativo da educação e socialização acompanha o trabalho de um conceito educacional que se esforça para fazer justiça à complexidade dos processos educacionais. Processos performativos levam a momentos criativos e realistas. Eles estendem o conceito de educação, mantendo o potencial reflexivo da definição tradicional do conceito, mas o complementam, incluindo não apenas os processos cognitivos, mas também os físicos, sociais, situacionais e encenados. "A performatividade educacional acentua a interatividade das ações, a compreensão físico-mimética, o cenário e a estrutura dos processos educacionais, as situações liminares nas quais as transições ocorrem e a natureza do acontecimento das *performances*. A performatividade educacional é menos sobre o que significa uma ação (educacional) e quais intenções, esperanças ou medos a acompanham, ou sobre o que uma ação realmente é, do que sobre o que mostra, como ocorre, como intervém na realidade e a modifica, e quais traços e consequências ela deixa para trás".[67]

Perspectiva

Como vimos, a capacidade das pessoas de transformar o mundo em imagens no processo de percepção e de incorporá-las é parte da *conditio humana*. É o pré-requisito para lembranças e projeções do futuro e, portanto, para tradição e história, bem como para mudanças históricas e culturais. A imaginação não é apenas a capacidade de tornar o presente ausente; também permite transformações, geração de diferenças e invenções do novo. Nos processos miméticos, as pessoas transformam o mundo exterior no mundo interior e o mundo interior no mundo exterior, expressando assim sua relação com o mundo. A

---

67. Wulf e Zirfas, 2007, p. 31.

estrutura quiástica do processo de mimésis leva ao surgimento de mundos internos de imagens,[68] nos quais o imaginário individual e o coletivo se sobrepõem. Permite processos sinestésicos que não são menos importantes para ouvir, tocar, cheirar e provar do que para ver. Para os processos miméticos da aprendizagem social e cultural, o caráter performativo da imaginação, da ação social e dos processos educacionais e de socialização é de importância central. Como pode ser demonstrado no "Estudo dos Rituais e Gestos de Berlim", possibilita uma compreensão complexa da ação pedagógica que vai além da perspectiva hermenêutica.

---

68. Merleau-Ponty, 2012.

7
A digitalização do mundo da vida

No mundo globalizado do Antropoceno, a mídia, e especialmente a mídia digital, são de grande importância em todas as áreas da sociedade. Elas moldam essencialmente a Era dos Humanos. Elas desempenham um papel central em todos os contextos políticos, econômicos, técnicos, culturais e sociais. Elas são componentes integrais dessas áreas e desenvolvem dinâmicas policêntricas com as quais atuam. Diversos processos miméticos, performativos e rituais podem ser identificados aqui, com os quais as mídias formam o imaginário dos seres humanos. Como nosso estudo etnográfico sobre o uso de mídia digital por jovens em muitas partes do mundo mostrou, a importância do mundo digital para a educação e socialização da próxima geração é extraordinária.[1] Dificilmente existe qualquer área da vida em que as mídias digitais não desempenhem nenhum papel. Em todas as áreas, elas estão integradas ao cotidiano e são usadas pelos "nativos digitais". Os jovens da Índia, Rússia, Brasil e Alemanha diferem um pouco um do outro no manuseio da mídia digital. Qual o significado da mídia para os (jovens) e qual o significado da dimensão antropológica para a compreensão e pesquisa das mídias? Estas questões abrem

---

1. Kontopodis, Varvantakis, Wulf, 2017.

um amplo campo de pesquisa inter e transdisciplinar, bem como inter e transcultural na socialização e educação dos jovens. Visto que os efeitos das mídias digitais atingem a estrutura profunda dos jovens e muitas vezes iludem sua consciência e reflexão, eles são difíceis de avaliar. O que é certo, no entanto, é que hoje os jovens passam várias horas por dia com as mídias digitais, para que façam parte de suas vidas e levem a mudanças profundas em suas vidas cotidianas. Além da mídia digital, outras mídias também desempenham um papel importante nos processos de socialização e educação.

Há três perguntas centrais. Qual o significado da mídia para o desenvolvimento social e cultural das pessoas, especialmente as gerações mais jovens?[2] Que papel social elas desempenham e como são usadas?[3] Até que ponto as mídias são a base de nossa relação social e cultural com o mundo e nossa própria autoconcepção?[4] Se considerarmos as mídias a partir da perspectiva antropológica, a questão é determinada pelo nosso entendimento subjacente da Antropologia. As perspectivas de uma Antropologia Histórica, Cultural ou Etnológica e uma "antropologia simétrica" (Latour) são de particular interesse no contexto de uma educação em ciências culturais e sociais.[5]

Atualmente, a mídia tem muitos significados. Inicialmente, enfatizou-se que as mídias são a "substância" por meio das quais a informação é transmitida. A transmissão do som requer ar como um meio. Posteriormente, a mídia foi frequentemente associada à totalidade de todos os meios de comunicação. É útil a diferenciação de Harry Pross em quatro grupos sobre a mídia de acordo com suas condições de produção e recepção: 1) mídia primária como meio de contato humano direto sem qualquer tipo de dispositivo técnico; 2) mídia secundária, que precisa de dispositivos para sua produção, mas não para sua recepção; 3) mídia terciária, que necessita de dispositivos

---

2. Boellstorff, 2008.
3. Couldry, 2012.
4. Fuchs e Sandoval, 2014.
5. Wulf, 2009, 2013a.

técnicos tanto para sua produção como para a recepção; 4) mídia quaternária, dependente do uso de dispositivos técnicos, para os quais, no entanto, não é necessário acordo local ou temporal.[6] Existem outros meios de comunicação nos quais, como a internet, produtores e consumidores precisam de dispositivos técnicos que não são usados exclusivamente para a comunicação de mídia de massa. Com a internet, o consumidor deve decidir ativamente como usá-la. Uma vez que o usuário também pode se tornar um produtor, uma distinção clara entre fornecedor e usuário, produtor e consumidor não é mais possível; consequentemente o termo "produtor/consumidor" é usado.

Inúmeros autores contribuíram para a teoria e antropologia das novas mídias. Alguns fizeram sua contribuição antes do surgimento do termo "Antropologia da Mídia", outros mais tarde usaram esse termo. Alguns usaram termos tais como filosofia da mídia ou cultura da mídia quando escreveram sobre Antropologia da Mídia. Entre os muitos autores, devemos mencionar aqui em uma consideração exemplar: Günther Anders, Marshall McLuhan, Jean Baudrillard, Paul Virilio, Vilém Flusser, Donna Haraway, Régis Debray, Friedrich Kittler, Sybille Krämer, Dieter Mersch, Christiane Voss e Lorenz Engell, e Christian Rittelmeyer.[7]

Performatividade: mídia e uso

Nos últimos anos, o termo "mídia" passou por muitas diferenciações. O importante é a mudança de perspectiva, na qual a questão "o que é uma mídia" torna-se menos importante do que "como algo é usado como uma mídia". Como é usado, ou seja, a prática cultural e sua performatividade, determina se algo se torna um meio ou não.

---

6. Pross, 1970, p. 129.
7. Anders, 1956, 1980; McLuhan, 1964, 1968; Baudrillard, 1994a, 1994b; Virilio, 1988, 2006, 2009; Flusser, 2013; Haraway, 1991; Debray, 1991; Kittler, 2000, 2013; Krämer, 2008; Mersch, 2006; Engell, 2000, 2013; Voss e Engell, 2015; Rittelmeyer, 2018; Wulf 2013b, 2022; Wulf e Baitello, 2014.

Basicamente, tudo pode se tornar uma mídia. Quando algo é usado como uma mídia, ele se torna uma mídia. Assim, as mídias surgem nas práticas sociais e culturais. Em sua execução, há repetições e mudanças. "'Usar' algo significa interagir com algo que nós não criamos, de tal maneira que é simultanemamente mudado. Quando usamos algo, repetição e mudança andam de mãos dadas. As práticas seguem programas, padrões, regras, *scripts*, modificando-os simultaneamente em ação. Durante a execução, há sempre um 'excedente' em relação ao que é executado".[8] Em nossa vida cotidiana, não temos consciência da mídia. Se elas estão funcionando bem, elas recuam atrás das mensagens que transmitem. Somente nas artes a própria mídia se torna um tópico.

No uso da mídia, duas posições podem ser distinguidas, e cada uma delas constitui um lado do espectro da discussão da mídia. Uma posição é baseada no pressuposto de que a mídia é caracterizada pelo fato de transmitir algo que não é ela mesma, mas para a qual serve como mídia. A outra posição radical enfatiza a natureza apriorística da mídia e enfatiza que sem ela o mundo humano e a autogeração não são possíveis, que o uso da mídia é parte da *conditio humana*. Se enfatizarmos o caráter performativo da mídia e seu uso,[9] a questão principal se torna "como 'transmissão através da mídia', pode ao mesmo tempo ser entendida como 'transformação ou subversão do que é transmitido'".[10] Essa questão implica a percepção antropológica de que repetições nas esferas sociais e culturais não são meros processos de cópia, mas processos miméticos produtivos.[11]

A cultura é criada nas práticas humanas; incorpora o que é imperceptível ou ausente. O invisível e o indisponível tornam-se acessíveis nas incorporações. Incorporações podem ser repetições do conhecido, produções do novo ou formas mistas entre os dois. As mídias transmitem algo e o tornam perceptível em seu uso, na performatividade

---

8. Arbeitsgruppe Medien, 2004, p. 130f.
9. Wulf e Zirfas, 2007.
10. Ibid., p. 131.
11. Wulf, 2005b; Gebauer e Wulf, 1995, 1998.

da ação cotidiana, elas estetizam. Em termos antropológicos, incorporação significa "que estar à distância de algo constitui uma dimensão existencial de nosso 'estar no mundo humano'. [...] Divisão, diferença e distância são atributos de nosso mundo e autorrelacionamento, e é a mídia que possibilita culturas de distância no sentido de distanciar e fazer a ponte entre distâncias".[12] Por meio da incorporação e da estética, a mídia transmite algo que está longe. Assim, elas fazem algo aparecer que é estranho e heterogêneo. Elas podem ser comparadas ao mensageiro, que não fala com sua própria voz, mas com a voz da pessoa que o envia.[13] Nas mídias, uma conexão se desenvolve entre o meio e o estranho que ela transmite. Ambos se fundem para formar um novo terceiro híbrido. Intermedialidade também pode ser entendida de tal maneira que um meio se funde com outro para formar a intermedialidade de um novo meio.

Antropologia Histórica da Mídia: um exemplo

Para podermos compreender a complexidade da mídia, é necessária uma Antropologia Histórica da Mídia. Isto começa com uma dupla historicidade. Uma é a historicidade da mídia e os fenômenos da mídia em si, a segunda é a historicidade da pesquisa da mídia. O desenvolvimento da mídia não é linear, nem a mera consequência de convulsões radicais. Ocorre mais por meio da interferência midiática entre a velha e a nova mídia, por meio da qual as possibilidades das diversas mídias são ampliadas e alteradas. As mídias transmitem informações e constituem novas realidades. Vamos ilustrar isso com um exemplo.

Com o estabelecimento do 'experimento' como um meio para gerar novas formas de conhecimento no início dos tempos modernos,

---
12. Arbeitsgruppe Medien, 2004, p. 132.
13. Krämer, 2008.

uma nova compreensão da natureza se desenvolveu. A natureza agora é encenada e controlada de uma maneira concebida pelo ser humano. Isso é acompanhado por uma nova compreensão da verdade que prevalecerá nos próximos séculos, forçando outras formas de verdade no contexto. Neste processo, a relação do ser humano com o mundo mudou. A partir de agora nos confrontou acima de tudo como um mundo objetivo e, portanto, mudou a autocompreensão humana.

Um experimento conduzido por Robert Boyle, em 1660, pretende servir como um exemplo do poder da mídia em gerar uma nova compreensão da realidade e de si mesmo, com a qual ele examinou a produção e o efeito do vácuo. Desde Francis Bacon, o experimento é considerado o novo meio de obter conhecimento científico. No século XVII, costumava ser encenado como um espetáculo, com uma clara referência à *performance* e ao teatro. Robert Boyle convidou representantes da sociedade inglesa para participar de seu experimento. Na frente dessas pessoas, uma cotovia, que estava em um recipiente de vidro, foi privada de respirar bombeando-se o ar do recipiente, de modo que não podia respirar e morreu diante dos olhos dos espectadores. O seguinte aconteceu: a cotovia tornou-se um sinal do vácuo; os representantes da sociedade serviram como testemunhas da credibilidade do experimento; e Robert Boyle assumiu o papel de porta-voz da natureza, dando expressão científica à produção e aos efeitos do vácuo. Através da interação de tais fatores, o experimento se tornou um novo meio de conhecimento científico e autoentendimento humano.[14]

Antropologia da Cultura Digital e inteligência artificial

A abordagem da pesquisa ilustrada por este estudo histórico da mídia tornou possível os numerosos desenvolvimentos em pesquisa científica e tecnológica, sem os quais a cultura digital e a pesquisa em

---

14. Arbeitsgruppe Medien, 2004.

inteligência artificial também não seriam possíveis. Como parte de uma Antropologia da Cultura Digital, a importância da digitalização e inteligência artificial para os seres humanos e a importância da Antropologia para entender e explorar a cultura digital precisam ser examinadas. A Antropologia da Cultura Digital forma um campo de pesquisa interdisciplinar e transdisciplinar, que é de considerável importância para muitas ciências culturais e sociais. As sete perguntas a seguir são centrais e devem ser exploradas como parte de uma pesquisa sistemática sobre os efeitos pretendidos e indesejados da inteligência artificial nos próximos anos.

- Qual o papel que a digitalização e a inteligência artificial desempenham no desenvolvimento cultural e social humano?[15]
- Qual o significado social que a digitalização e a inteligência artificial possuem e como eles são usados?[16]
- Em que medida a digitalização e a inteligência artificial estão modificando os fundamentos de nossas condições mundiais sociais e culturais e determinando nosso entendimento de mundo e o nosso eu?[17]
- Como os jovens lidam com a digitalização e a importância crescente da inteligência artificial em seu mundo da vida?
- Que espaço a inteligência artificial ou o aprendizado de máquina ocupam na cultura digital?
- Que contribuição a digitalização e a inteligência artificial podem fazer à correção do desenvolvimento indesejado do Antropoceno?
- Quais são os objetivos éticos de tal mudança no uso da inteligência artificial na área da educação no futuro?

Se examinarmos a digitalização e a inteligência artificial a partir da perspectiva da Antropologia, as respostas a essas questões são

---

15. Boellstorff, 2008.
16. Couldry, 2012.
17. Fuchs e Sandoval, 2014.

determinadas pelo entendimento subjacente da Antropologia. As perspectivas a partir de uma Antropologia Histórica e uma Antropologia Cultural, bem como uma Filosófica são, em minha opinião, importantes na estrutura da pesquisa científica cultural e social sobre inteligência artificial.[18] Em muitos anos de pesquisa neste campo, contribuí para a compreensão do ser humano no mundo globalizado, desenvolvendo uma Antropologia Histórico-Cultural e uma Antropologia Educacional correspondente. Dado o papel central desempenhado pela digitalização e inteligência artificial em nossas sociedades, a educação das gerações futuras nesta área é de considerável importância. Os jovens precisam aprender uma abordagem consciente, reflexiva e crítica das práticas da cultura digital e da inteligência artificial. Em vista dos muitos resultados da inteligência artificial ou do aprendizado de máquina, é necessário um amplo conhecimento para lidar de maneira independente e reflexiva com sua complexidade.

A digitalização e o aprendizado de máquina fornecem conhecimento interdisciplinar indispensável em muitos campos sociais e culturais da atualidade. Em grande medida, a digitalização e a inteligência artificial transmitem algo que não é, mas para o qual serve como meio. Sem a digitalização e a inteligência artificial, uma vida criativa satisfatória na sociedade de hoje não é mais possível. Se enfatizarmos o caráter performativo da mídia digital e seu uso, então a questão principal é se e até que ponto a transmissão pela mídia digital pode ao mesmo tempo ser entendida como uma "transformação ou subversão do que tem sido transposto".[19] A cultura digital e a inteligência artificial são geradas nas práticas digitais; elas criam o que de outra forma não existe. A digitalização e a inteligência artificial permitem reproduções quase ilimitadas de familiaridade e a criação completa de algo novo. Digitalização e estetização são os meios pelos quais a mídia digital e, em particular, o aprendizado de máquina transmitem o que é inicialmente remoto.

---

18. Wulf, 2013, 2013b, 2018, 2022.
19. Wulf e Zirfas, 2007, p.131f.

Cultura digital: inteligência artificial e robótica

Atualmente, já existem desenvolvimentos surpreendentes na cultura digital. Em muitos casos, computadores e *smartphones* já ultrapassaram um limite para se tornarem aprendizado de máquina e, portanto, formas de inteligência artificial "fraca". Desde a famosa Conferência de Dartmouth de 1956, na qual o programa de desenvolvimento da inteligência artificial foi discutido, muita coisa aconteceu após dificuldades e atrasos iniciais. Devo mencionar aqui os seguintes eventos que despertaram grande interesse porque um computador em uma competição era superior a alguém de destaque em seu campo:

- em 1997, o computador IBM *Deep Blue* venceu o atual campeão mundial Garry Kasparov com 200 milhões de posições de xadrez por segundo;
- em 2011, o computador IBM Watson venceu os melhores testes dos últimos anos no programa de TV cult *Jeopardy*;
- em 2016, o sistema do Google conseguiu derrotar o melhor *Go player* do mundo;
- então, o supercomputador Libratus da Universidade Carnegie Mellon derrotou os melhores jogadores de pôquer; os computadores são caracterizados pela capacidade de pensamento estratégico, avaliação de situações e comportamento de outras pessoas e tomada de riscos no momento certo.

A inteligência artificial e a robótica alcançaram grande sucesso após longos atrasos e rotas tortuosas. Em 2012, o Google anunciou que seus veículos robóticos já cobriram mais de 100.000 quilômetros sem acidentes na estrada. Até os motoristas da Tesla já dirigiram milhões de quilômetros no piloto automático. Condução autônoma, no entanto, está longe de ser perfeita. Ainda existem situações difíceis em que os motoristas assumem o volante. Mas eles são avisados a tempo pelo piloto automático. Sob condições normais, pilotos automáticos pousam aviões melhor do que muitos comandantes. Os pilotos automáticos reconhecem padrões nos dados, processam esses padrões, possibilitam o desenvolvimento de estatísticas e algoritmos, e traduzem esses achados em decisões por meio de rotinas técnicas. Por três décadas, os programas de computador foram capazes de reconhecer rostos humanos de maneira mais confiável do que a maioria das pessoas. O sistema IBM Watson verifica solicitações de reembolso do segurado junto à seguradora japonesa Fukoku Mutual. Com inteligência artificial, as máquinas hoje tomam decisões complexas que somente os humanos já foram capazes de tomar. Atualmente, as máquinas estão aprendendo com uma intensidade que nunca imaginamos ser possível.

No entanto, o conceito de inteligência artificial ainda é controverso. É aconselhável chamar de aprendizado de máquina em *loops* de *feedback* inteligente ou é melhor falar de aprendizado de máquina ou ciência da computação do futuro? Atualmente, essa forma de inteligência artificial já apoia as ações das pessoas em muitas áreas da sociedade. Muitas vezes, as máquinas já fornecem serviços que as pessoas não podem fornecer no mesmo tempo e com a mesma precisão. O aprendizado de máquina mudará significativamente nossas vidas, a economia e o mundo do trabalho nas próximas duas décadas. Os sistemas de aprendizado de dados são uma tecnologia transversal que pode ser usada em muitas áreas, de modo que falar sobre uma cultura digital é apropriado. Quase não existem áreas da sociedade nas quais a digitalização e a inteligência artificial não tenham efeitos. É compreensível que muitas pessoas se sintam ameaçadas por esse poder das máquinas e seus programas. Sem dúvida, as mudanças que acompanham o mundo do trabalho levarão a períodos de desemprego em massa. Contudo, com as qualificações adequadas, muitos novos empregos serão criados.

Os processos de aprendizado destas máquinas podem gerar muitos milhões de *links* em um segundo. Isto leva ao fato de que não é mais claro e compreensível como esses processos de aprendizagem ocorrem e como eles chegam aos seus resultados. Essas máquinas têm um conhecimento maior do que o que elas podem explicar para seus usuários. Com o *big data* e suas máquinas digitais, os processos de processamento de dados agora são tão complexos que o processo de tomada de decisão não é mais transparente. Esta situação nos deixa perplexos e exige novas formas de controle. Nos processos de processamento gráfico ou aprendizado profundo *(deep learning)*, os sistemas de computador simulam células nervosas com os chamados nós, dispostos em várias camadas, um atrás do outro ou um sobre o outro. Normalmente, um nó está conectado a um subconjunto de nós da camada subjacente. A estratificação cria uma rede hierárquica "profunda". Essas redes neurais artificiais aprendem como as pessoas aprendem por meio do *feedback*. Por exemplo, um computador cria um modelo preditivo, como a forma de um objeto, por exemplo, com o nome "cavalo". Ele deve procurar e depois decide se essas condições estão nos dados. É assim que os rostos são reconhecidos. Isso resulta em uma correspondência entre o padrão incluído no programa e a imagem do rosto tirada com uma câmera. Decisivo aqui é o *feedback* como o núcleo técnico do controle automático de máquinas. O princípio do *feedback* permitiu ao sistema automático de defesa antimísseis do Exército dos EUA destruir mísseis V2 durante a Segunda Guerra Mundial. Quanto mais dados de *feedback* são entregues, mais rápido e melhor os processos de aprendizado do computador. Isso se aplica a sistemas de direção autônomos, programas de tradução e reconhecimento de imagens da mesma maneira. Para esclarecer o escopo das tarefas de inteligência artificial ou aprendizado de máquina, gostaria de descrever as cinco seguintes: 1. interação linguística homem-máquina, 2. máquina de venda automática, 3. robô advogado, 4. assistência médica, 5. resposta a desastres.

1. *Interação linguística homem-máquina*: a inteligência artificial serve para apoiar os processos da vida cotidiana. Os programas de aprendizado podem pesquisar informações e tomar decisões de acordo com as especificações. Eles permitem a delegação de decisões cotidianas irritantes, como pedir óleo para um aquecedor de óleo. Os computadores não se comunicam mais apenas com os computadores. Cada vez mais pessoas recebem conselhos de computadores, como o caminho que devem seguir nas estradas etc.

2. *Máquina de venda automática*: a Amazon investiu centenas de milhões de dólares na Echo, que acompanha as necessidades dos clientes desde 1996 ao processar dados. O objetivo é adequar as recomendações. Cerca de um terço de todas as vendas são feitas através deste sistema de referência personalizado. Está em andamento uma cooperação entre Amazon, Microsoft e Google para melhorar estas ofertas de vendas individualizadas.
3. *Robô advogado*: o "movimento Não Pague" conseguiu evitar 375.000 multas em pouco tempo. Este programa gratuito, desenvolvido por um estudante de Stanford, incluía muitos dados e justificativas que o programa do computador montava e aplicava caso a caso. Pedidos de indenização a companhias aéreas e ferrovias também foram formulados em um procedimento de rotina. Devido às suas regras precisas e à sua linguagem formalizada, o sistema jurídico é particularmente adequado para o desenvolvimento de tais programas de defesa, tanto para leigos quanto para advogados profissionais, que podem reunir argumentos extraordinariamente diversos que se encaixam perfeitamente na situação. Nos EUA, as vendas do setor jurídico ultrapassam 200 bilhões de dólares por ano.
4. *Assistência médica*: aqui também o aprendizado de máquina oferece possibilidades inovadoras. Elas nos permitem reconhecer padrões em amostras de células. É possível um aprendizado profundo (*deep learning*) com imagens de tomografia computadorizada. Relógios e marcapassos coletam, armazenam e processam dados e possibilitam previsões. Registros complexos de pacientes, estudos científicos, pesquisas, diagnósticos e terapias podem ser levados a um novo nível com esses programas. A questão é se deve confiar em um médico experiente ou em um programa de computador complexo composto por inúmeros dados. A conexão entre esses programas e as avaliações dos médicos é apropriada. Depois, nos referimos a uma "decisão aumentada".
5. *Resposta a desastres:* a importância dos robôs em situações catastróficas é ilustrada pelo exemplo de Fukushima. Aqui, o colapso

poderia ter sido evitado se houvesse um robô que pudesse executar as medidas de emergência na área contaminada em que os humanos não poderiam mais entrar e, ao contrário dos humanos, não sofreriam efeitos adversos.

Robôs ou aprendizado de máquina funcionam em muitas áreas da sociedade e da vida cotidiana, como plantas e armazéns industriais, minas de carvão, canteiros de obras, pomares, tratores e colheitadeiras, alimentadores e robôs de ordenha, controle de automação residencial, casas de repouso para idosos. O objetivo é intensificar a colaboração com robôs em que eles se tornarão *cobots* (robôs colaborativos). Na Feira de Hanôver, o braço robótico LEG LBR, que pesa apenas 25 quilos, de um fabricante chinês-alemão, entregou cerveja de trigo aos visitantes. Os robôs podem aprender gestos; eles tendem a ser humanizados. Isso aumenta sua aceitação. Pepper, por exemplo, é um humanoide de 1,20 m sobre rodas com olhos grandes, cinco dedos e um *tablet* no peito, que pode analisar as expressões faciais, gestos e tonalidade de um interlocutor humano e calcular como se sente; ele pode aprender a se comportar com empatia; ele está constantemente conectado à internet. Em algumas casas de repouso para idosos, ele pode participar do exercício da manhã e servir como parceiro de ginástica e dança. Onde está o limite ao delegar tarefas a máquinas? Existem limites éticos? Devido a diferenças culturais, diferentes respostas são certamente possíveis aqui.

Antropologia Cultural da Mídia: "nativos digitais" hoje

Na visão desses desenvolvimentos impressionantes, a questão de como os jovens lidam com a digitalização em seus cotidianos está se tornando cada vez mais importante. Nosso estudo transcultural *Global Youth in Digital Trajectories* fornece um exemplo ao mostrar que é urgentemente necessário um melhor conhecimento antropológico-educacional. Examina como jovens de diferentes países e culturas lidam com a mídia digital.[20] A fim de investigar até que ponto os mundos da vida dos jovens são dominados pela mídia e transformados digitalmente, é necessária uma pesquisa etnográfica. Com a ajuda de métodos etnográficos, é possível explorar como os jovens lidam com a mídia digital em suas vidas cotidianas. Com métodos etnográficos, é possível explorar a diversidade e variedade cultural. Dessa maneira, aprendemos muito sobre questões e problemas, sentimentos e atitudes, estilos de vida e dinâmicas dos jovens. Nesse contexto, também foi examinado o encontro de jovens com fenômenos da mídia híbrida, cujas origens culturais não são claras, mas que estão se tornando cada vez mais importantes na parte virtual do mundo da juventude. Vários métodos etnográficos foram utilizados: entrevistas e discussões em grupo nas quais a perspectiva em primeira pessoa dos jovens e sua experiência e entendimento na mídia são expressos. Ao mesmo tempo, foram utilizados métodos que se concentram na perspectiva da terceira pessoa. Isso incluía, por exemplo, procedimentos dos participantes e observação dos participantes com base em vídeo. Os métodos *tecnográficos*, que são etnografia voltada para a mídia, foram desenvolvidos para pesquisar *videogames*. Na produção de um produto digital, como texto ou filme, várias práticas e habilidades de mídia foram reunidas. A investigação deste processo e a identificação de seu caráter performativo são uma área importante onde métodos etnográficos ou procedimentos antropológicos culturais podem ser aplicados.[21]

Nos estudos de caso de jovens de três continentes, ficou claro que a distinção entre *mundo off-line* e *mundo on-line* não é muito significativa no que diz respeito às vidas da maioria dos jovens atualmente. O caráter especial do *mundo on-line*, enfatizado por alguns estudos, não corresponde mais à experiência da maioria dos jovens. O *mundo on-line* tornou-se parte integrante da vida cotidiana dos jovens na

---

20. Kontopodis, Varvantakis, Wulf, 2017.
21. Wulf e Zirfas 2007; Kraus et al., 2017.

sociedade urbana. Assim como esportes, jogos ou atividades artísticas são partes da vida dos jovens, também as atividades *on-line* e *off-line* são apenas formas ou modos diferentes da vida cotidiana. Os jovens usam a comunicação *on-line* como uma maneira de lidar com as tarefas e os problemas do dia a dia. Os *links* entre *on-line* e *off-line* fazem parte da vida dos jovens e permitem uma comunicação rápida e descomplicada. Eles possibilitam, por exemplo, marcar compromissos espontâneos e de curto prazo, além de comunicar e desenvolver novas formas de interação social por meio da troca de sentimentos e pensamentos, bem como da discussão de perguntas e problemas. Para muitos jovens, recuar para um mundo sem essa comunicação é impensável. Eles estão constantemente prontos para se comunicar (*prontamente*). A maioria dos jovens quer pessoas capazes de se comunicar imediatamente. Sua própria disponibilidade e a disponibilidade dos outros, bem como a flexibilidade necessária, são desejáveis.

As mídias digitais estão criando novas condições antropológicas, sociais e culturais e mudanças na vida da "juventude virtual". Elas são tão fundamentais quanto o novo uso das Escrituras na Grécia Antiga, que levou a profundas mudanças nas estruturas mentais. Nos diálogos de Platão, nos quais a filosofia ocorre em diálogo comum, é anunciada essa transição da palavra falada para o texto escrito. Como já foi demonstrado várias vezes, o surgimento da escrita leva a novas formas de formação racional e argumentativa da fala.[22] Agora, por exemplo, pessoas foram ensinadas a evitar repetições que ainda são de importância central hoje para o projeto estético dos épicos homéricos devido à clareza do processo de pensamento. Dois mil anos depois, a invenção e a propagação da impressão tiveram um efeito igualmente drástico.[23] Nossos estudos de caso etnográficos mostram citações de entrevistas, discussões em grupo e gravações dos jovens, bem como de extensas observações participantes e vídeos: fotos, textos e a linguagem falada entram em novas conexões que antes não eram

---

22. Havelock, 1986; Ong, 2002; Gebauer e Wulf, 1995.
23. Giesecke, 1998.

possíveis. Isso tem repercussões na cultura visual, escrita e linguística dos jovens. O que chama a atenção é que as imagens se tornam meios de comunicação entre os jovens. O espectro varia de *selfies* a *screenshots*. Cada vez mais os jovens comunicam sua situação, suas preocupações, suas emoções com a ajuda de imagens. Neste processo, eles se tornam *produtores*, ou seja, pessoas que são produtivas através da produção ou seleção direcionada de imagens. Esses jovens usam seus produtos e, assim, minam a distinção entre produtor e consumidor. As imagens comunicam informações icônicas, algumas das quais são inadequadamente expressas na linguagem, desenvolvendo novas sensibilidades e competências entre os jovens. As imagens compõem uma parte cada vez maior do imaginário entre os jovens.[24] Elas dão origem a novas formas de criatividade que são centrais para o desenvolvimento e a educação dos jovens.

A mídia digital se tornou parte integrante da vida dos jovens e tem um grande potencial para a educação e a maneira que eles se desenvolvem. Por meio da produção de textos e vídeos, a mídia digital oferece aos jovens a oportunidade de aprender de maneira autodeterminada e criativa. Quando eles usam mídias digitais, os jovens são totalmente engajados física e emocionalmente, usando práticas digitais para criar formas de expressão e experiências sociais anteriormente desconhecidas. Eles geram novas formas de reconhecimento e apreço, mas também desprezo e ódio. A mídia digital permite o manuseio de novas ferramentas (*tools*) e promove o desenvolvimento de novas habilidades (*skills*). Ela apoia processos de descentralização e individualização na educação e contribui para o desenvolvimento da alfabetização digital (*digital literacy*) e da multialfabetização (*multiliteracy*) e, portanto, para o desenvolvimento humano. A mídia digital também fascina muitos estudantes por meio de suas conexões com outras formas e meios de educação. Isso oferece a oportunidade de adicionar as muitas formas comprovadas ou tradicionais de aprendizado com maneiras digitais de aprendizado.

---

24. Wulf, 2013b, 2022.

A cultura digital tem um alto potencial político. A construção e a disseminação de fatos políticos, ideias e convicções ocorrem no âmbito do público digital.[25] Uma investigação e análise etnográfica podem fornecer *insights* sobre situações de crise social, nas quais, como na Grécia, a esperança de muitos jovens por um futuro realizado diminuiu e um jovem precário surgiu. Com a produção de vídeos, os jovens tentam expressar sua situação política, econômica, social e emocional. No epigrama de um filme digital, aparece: "Não espero por tudo, não tenho medo de nada, sou livre". Nos processos de comunicação contínua, os jovens desenvolvem imagens, esquemas e interpretações da situação política e os colocam em discussão no público digital. Está surgindo um processo *bottom-up* (de baixo para cima) de participação política, no qual a atitude em relação à vida de muitos jovens é expressa. Com a ajuda da internet, surge uma politização horizontal. Qualquer pessoa pode participar a qualquer momento e tentar obter reconhecimento em um público selecionado da rede digital. Nessas comunidades digitais, geralmente há uma forte pressão social para concordar e não expressar opiniões divergentes. *Fake news* e populismo são disseminados pelas mídias e estão aumentando cada vez mais, de modo que muitos jovens não conseguem mais resistir a elas.[26]

Mídia digital e Teoria Ator-Rede

Uma importante abordagem antropológica para compreender e pesquisar a relação entre mídia digital e humanos é a Teoria Ator-Rede (TAR) de Bruno Latour. Também pressupõe que as mídias, especialmente a mídia digital, emergem em uso, ou seja, são performativas e, assim, dissolvem a ambiguidade da distinção entre sujeito e objeto.[27]

---

25. Stalder, 2016.
26. Akbaba e Jeffrey, 2017.
27. Latour, 1999.

De acordo com essa visão, as ações não são realizadas apenas pelos sujeitos, como sugeriu erroneamente a teoria do agenciamento (*Paragrana*, 2009b). Em vez disso, as ações sociais também surgem por meio de *"actantes"* não humanos. O objetivo da Teoria Ator-Rede é suspender, editar e reduzir a dicotomia assumida entre humano e não humano, natureza e humano, sujeito e objeto. As conexões midiais entre o ser humano e o mundo são examinadas. A mídia digital é concebida como resultado da prática humana e como uma condensação dos desenvolvimentos culturais.

De particular importância é a interação mútua entre pessoas e mídia digital, isto é, o computador, o *tablet* e o celular. Esses dispositivos e seus programas digitais estão fazendo parte de seres humanos cuja vida cotidiana não é mais possível sem eles. Na geração de "nativos digitais", esses dispositivos e seus programas são incorporados desde a infância e passam a fazer parte do seu dia a dia. Eles servem para expandir o contato com o mundo e pré-estruturá-lo na mídia. A mídia digital alivia nossa confiança na memória e permite armazenar e disponibilizar grandes quantidades de dados. Os *apps* facilitam a orientação no mundo e lidam com os problemas da vida cotidiana. O sistema de navegação de satélite nos alivia a tensão da busca, sugerindo segurança e orientação. Sem eles, cada vez mais pessoas ficam desamparadas e desorientadas. Nos carros automotores, a simbiose entre máquina, mídia e pessoas atinge um novo clímax. Isso leva ao alívio e ao mesmo tempo aumenta a dependência. Máquinas e mídia se tornam parte de nossas ações, nossos corpos, nossa imaginação e pensamentos. Eles não são externos; fazem parte do corpo humano, de modo que dificilmente é possível uma demarcação entre eles e os sujeitos humanos.

Bruno Latour ressalta que "cada coisa que modifique uma determinada situação, enquanto faz uma diferença, pode ser um 'ator' ou um 'actante'".[28] Isso significa que onde agentes humanos se conectam

---

28. Ibid.

a agentes não humanos, "programas de ação" originais são modificados.[29] Dessa maneira, novas práticas sociais estão surgindo, como jovens marcando encontros de curto prazo por meio do telefone celular. Muitos programas de ação são transferidos de atores humanos para programas de mídia como o *WhatsApp*.[30] E agora dificilmente alguém está consciente desta forma de delegação e o caráter composto desses atores híbridos. Portanto, mais pesquisas são necessárias sobre essas interligações entre seres humanos e a mídia. A fusão do ser humano, máquina e mídia digital no campo da robótica e inteligência artificial vai um passo além.[31] O objetivo é reproduzir uma inteligência que se assemelha à inteligência humana e construir e programar uma máquina ou um computador de modo que ele possa trabalhar com problemas de forma independente, ou seja, tornar-se performativo. Se tal recriação da inteligência humana e da ação humana, que é intensamente trabalhada em muitos lugares do mundo, for bem-sucedida, surgem novas perspectivas sobre o ser humano e surgem novas questões da Antropologia.[32]

Perspectivas

Em contraste com a inteligência artificial orientada para objetivos e baseada em regras, a inteligência humana ou racionalidade humana é caracterizada por emoções, intuição e imaginação. Baseia-se em valores e está consciente do que sabe. É social e, ao mesmo tempo, única em cada ser humano e faz parte da sua identidade individual. Assim, a inteligência humana é capaz de fazer julgamentos éticos. É, portanto, muito mais complexa do que a inteligência artificial, que

---

29. Ibid.
30. Gardner e Davis, 2013.
31. Ramge, 2018.
32. Neste contexto, pode-se também falar de um ser humano trans e pós-humano, cf., por exemplo, Irrgang, 2005; Loh, 2018.

se limita ao que pode ser medido objetivamente.[33] Um perigo é que a inteligência artificial, sendo mais administrável, está se tornando cada vez mais um modelo no qual os humanos estão baseando sua educação. Esses processos de adaptação às máquinas e inteligência artificial já estão acontecendo. Como eles são sutis, é fácil ignorar quanto são poderosos. É importante refletir sobre esses processos enquanto olhamos para o desenvolvimento da competência digital. Eles já são muito mais poderosos em seus efeitos do que as ideias de ficção científica de uma superinteligência artificial que irá aprimorar a humanidade/superar as limitações humanas.[34]

Entre as conquistas da inteligência artificial estão o enorme armazenamento, "memória" e capacidades de rede de máquinas eletrônicas. Alguns pesquisadores celebram a inteligência que está se tornando aparente no "aprendizado profundo". Outros apontam que isso não é inteligência "real", mas apenas inteligência "falsa". Isso ocorre porque os algoritmos simplesmente copiam os padrões de comportamento humano desenvolvidos por humanos, sem serem capazes de projetá-los eles próprios. Muitas pesquisas hoje se concentram na inteligência cognitiva, sensório-motora, emocional e social. Elas deixam claro onde estão os limites da inteligência artificial em termos de consciência, autoconsciência, senso de identidade e mente. Os computadores e a inteligência artificial não compreendem o sentido e o significado dos processos digitais; eles não são capazes de compreensão ou empatia. Eles encontram grandes dificuldades em atos da vida diária que se baseiam na inteligência prática. Quando se trata de pensamento reflexivo e invenções artísticas, as limitações da inteligência artificial tornam-se ainda mais aparentes. A avaliação geral dos desenvolvimentos em inteligência artificial depende de assumir uma inteligência "fraca" que apoia os humanos em muitas áreas da vida ou de enfatizar as possibilidades de uma inteligência artificial forte que usa redes neurais.

---

33. Precht, 2020.
34. Bostrom, 2018; Bridle, 2019.

Enormes quantidades de dados estão sendo criadas na colaboração entre Google, Apple, Facebook e Amazon (GAFA). Tencent, Baidu e Alibaba estão criando quantidades semelhantes de dados na China com a ajuda do governo. Isso está dando origem a várias áreas problemáticas nas quais mais pesquisas e reflexões são necessárias para que a cultura digital seja impedida de conduzir os atuais desenvolvimentos no Antropoceno ao longo do mesmo curso inexorável que tem seguido até agora. O objetivo é, portanto, usar o potencial criativo que a transformação digital possui para corrigir desenvolvimentos indesejáveis e moldar as metas de desenvolvimento sustentável.

Por fim, gostaria de esboçar brevemente as quatro áreas a seguir, importantes para o desenvolvimento futuro da inteligência artificial e que requerem mais pesquisas antropológicas:[35]

- monopolização de dados;
- manipulação do indivíduo;
- abuso por governos;
- formação de uma consciência ética.

1) O aprendizado de máquina com dados de *feedback* contribui cada vez mais para o aumento do capital e, ao mesmo tempo, a inteligência artificial está acionando as rodas da monopolização, porque os produtos e serviços que integram a inteligência artificial usam os dados de *feedback* para melhorar a si mesmos. Quanto mais frequentemente essas redes são usadas, mais poderosas elas se tornam. Por causa de seu poder superior, é quase impossível quebrar essas estruturas de domínio, e esses dados são a matéria-prima da inteligência artificial.

2) Surge a pergunta sobre em quais interesses esses conjuntos de dados são usados pela inteligência artificial. De quem é o interesse do assistente virtual? Os usuários devem aprender a entender o

---

35. Ramge, 2018, p. 87f.

funcionamento da inteligência artificial e suas estratégias e ver as limitações da tutela da máquina.

3) Na interface entre Estado e cidadão, existe o perigo de abuso estatal de inteligência artificial para vigilância, manipulação em massa e opressão dos cidadãos. Sob o pretexto de garantir a segurança, as câmeras de vigilância e as ferramentas automáticas de reconhecimento facial fornecem vigilância total e armazenamento de grandes quantidades de dados sobre o indivíduo, e ele está desamparado. Isso ameaça uma ditadura digital, na qual as regras da lei são destruídas. Exemplos disso já estão começando a acontecer hoje. "As agências de vigilância da China estão construindo um modelo de pontuação social que recompensará o bom comportamento das pessoas com pontos. Em caso de má conduta, os pontos são deduzidos; em particular no sinal vermelho ou no trabalho na mesa de alguém ou politicamente em um *smartphone* com uma publicação errada no WeChat".[36]

4) O que é necessário é uma nova ética no uso de máquinas. O abuso de inteligência artificial deve ser evitado. Para fazer isso, as pessoas precisam aprender como a inteligência artificial funciona e como integrar princípios éticos em seu comportamento.

---

36. Ramge, 2018, p. 92.

8
Conhecimento silencioso: iconicidade, performatividade e materialidade

Após a "virada linguística" no último quarto do século XX, vários pontos focais complementares de pesquisa surgiram nas ciências culturais e nas ciências educacionais de orientação antropológica. Uma característica comum desses estudos é o reconhecimento de que o "conhecimento silencioso" desempenha um papel importante na educação e socialização. Isto não pode ser adequadamente investigado com os métodos conhecidos de pesquisa, mas é de importância central para lidar com a vida cotidiana e prática educacional. Em vista da complexidade da maneira como vivemos no Antropoceno, o conhecimento silencioso desempenha um papel central em muitas abordagens e paradigmas de pesquisa.

Aqui, primeiramente, eu apresento esses desenvolvimentos que são chamados de *virada icônica, performativa e material*. A seguir, eu mostrarei que estas abordagens do conhecimento silencioso representam importantes campos de pesquisa em estudos culturais e ciências da educação.[1] Finalmente, fica claro que partes importantes do conhecimento silencioso são adquiridas em processos miméticos baseados no corpo.

Imagens e o caráter das imagens do mundo

Marshall McLuhan, Jean Baudrillard e Paul Virilio[2] estiveram entre os primeiros a investigar as mídias e o caráter da imagem das novas mídias e enfatizaram sua velocidade, ubiquidade e caráter de simulação. Desde os anos 90, então, houve inúmeros estudos sobre a teoria da imagem e da imaginação.[3] Esses estudos abrangentes deixaram claro que o aumento de imagens como resultado das novas mídias está levando a profundas mudanças na sociedade e na cultura. Além disso, existem numerosos estudos que destacaram a importância do computador e da internet para o surgimento de novas formas de comunicação e estética no mundo globalizado.[4]

Antropólogos distinguiram entre as imagens de percepção, memória e aquelas relacionadas ao futuro. Eles veem uma distinção entre imagens mentais (sonhos, memórias, ideias), imagens imóveis manuais (pinturas em painel, esculturas) e imagens em movimento manuais (cenários), bem como entre imagens tecnicamente imóveis (espelhos, fotografias) e imagens em movimento (filme, televisão, vídeo, simulação em computador).[5] Foram examinados o poder das imagens e sua posição especial entre o visível e o invisível, entre performatividade e linguagem. Segundo a opinião popular, o aumento

---

1. Kraus et al., 2017.
2. McLuhan, 1964, 1968; Baudrillard, 1994a, 1994b; Virilio, 2006, 2009.
3. Boehm, 1994; Mitchell, 1994; Kamper, 1986, 1995; Belting, 2001; Mollenhauer e Wulf, 1996; Schäfer e Wulf, 1999; Hüppauf e Wulf, 2009; Wiesing, 2008; Waldenfels, 2010, 2007; Wulf, 2013b, 2022; Bredekamp, Dünkel, Schneider, 2015.
4. Cf. Jörissen, 2007; Hörl, 2011.
5. Großklaus, 2004, p. 9.

do significado das imagens resultou do fato de os humanos terem se libertado da natureza ou da criação de Deus. O mundo agora confrontou o ser humano como um objeto que, dessa forma, se tornou uma imagem para ele.[6] No decorrer desse desenvolvimento, ficou claro até que ponto as imagens trazem à luz um conhecimento icônico que só pode ser capturado inadequadamente com a ajuda da linguagem. Já na interpretação de Lessing do Grupo de Laocoonte, o personagem icônico vem à tona, o que fundamentalmente distingue imagens e estátuas da linguagem e da narração. Na imagem, há uma condensação em um *momento fértil*. Em contraste com isso, uma narração descreve um processo de ação. A gênese de um evento ou ação não se mostra no caso de uma imagem. O enredo está condensado em uma imagem; é implícito e não explícito como apresentado em uma narrativa. A imagem refere-se a um acontecimento que representa apenas iconicamente e não em forma de narrativa. O acontecimento fica implícito e não se torna explícito. Sua interpretação só é possível com o auxílio da linguagem. A imagem não "revela" o que pode parecer, e para a percepção sensorial e incorporação no imaginário, a interpretação oferece apenas suporte limitado.

    Um exemplo do fato de que as imagens podem iniciar ações, isto é, performativas, e representam um conhecimento implícito de uma ação representada, é mostrado no desenho esquemático de um manual do usuário para a montagem de um armário. Embora represente apenas um momento de montagem, o desenho é mais útil do que uma descrição linguística que explica como conectar as paredes de um armário. A representação esquemática contém, de forma condensada, um conhecimento linguístico que não pode facilmente ser explicado linguisticamente e é, portanto, mais adequado como instrução para ação do que um texto elaborado linguisticamente. O caráter icônico da imagem demonstra um conhecimento implícito que é útil para a montagem do armário.

---

6. Wulf, 2014.

Se o mundo se torna cada vez mais uma imagem e as mídias produtoras de imagens estão começando a moldar a imaginação das crianças e dos jovens desde cedo, então a imagem é uma condição vital de nossas vidas. Já conhecemos muitas coisas como imagens antes de encontrá-las, e, quando as vemos, de maneira alguma é certo até que ponto a imagem vista anteriormente não determina nosso encontro com estas coisas. Comenius falava da sede dos jovens por imagens e percepção, mas o problema hoje é saber mais como podemos nos proteger do fluxo de imagens e como podemos desenvolver a capacidade de perceber conscientemente as imagens como imagens e absorvê-las e processá-las em seu caráter icônico e silencioso.

Performatividade: encenação e *performance*

Embora inicialmente muitas abordagens para pesquisar o icônico fossem orientadas hermeneuticamente, o interesse na performatividade de imagens e mídias aumentou nos últimos anos. Isso ocorreu sob a influência do desenvolvimento da perspectiva performativa nos estudos culturais. Em contraste com a abordagem hermenêutica, na qual as práticas sociais são lidas como textos e a interpretação de seu significado está no centro, o foco agora está em considerar e investigar *como* a vida cultural e o social são encenados e realizados. Dessa maneira, a abordagem hermenêutica deve ser complementada por uma perspectiva que estava presente nela como conhecimento implícito, mas que não desempenhou nenhum papel na interpretação (hermenêutica) tradicional do social. Agora, uma perspectiva deve ser descoberta e desenvolvida, que até então estava implícita nessa abordagem e, portanto, pertencia ao conhecimento silencioso. Segundo Gilbert Ryle, não se trata principalmente de explorar *qual* é o significado e o significado das ações sociais e educacionais, mas de investigar *como* essas práticas ocorrem. Fica claro que esta perspectiva é um conhecimento prático, focado no manejo da prática, nas habilidades físicas e sociais.

Isso se torna particularmente claro na pesquisa do "Estudo dos Rituais e Gestos de Berlim" ao qual eu já me referi.[7] Aqui é examinado *como* as pessoas realizam rituais, *como* os encenam e *como* a ação ritual difere em várias *performances* da mesma encenação. Em contraste com Geertz, que entende a cultura como uma "montagem de textos",[8] o foco aqui é a ação real, sua encenação e desempenho físico, bem como sua modelagem produtiva da realidade.

Essa perspectiva do performativo não visa substituir a interpretação hermenêutica do social, mas complementá-la, deslocando a perspectiva. É menos uma questão de interpretar o significado das práticas do que encenar e executar a ação, sua corporalidade e suas interações. O foco não está na interpretação geral das práticas sociais, mas na discussão das condições concretas de ação em situações específicas. É "menos sobre as coisas mais profundas ou subjacentes do que sobre o acontecimento, como um fenômeno, menos sobre a estrutura e as funções do que sobre o processo, menos sobre texto ou símbolo do que sobre a produção da realidade".[9] O foco está nos processos de interação e a dinâmica da linguagem e ação, bem como na fisicalidade e materialidade do social.

O objetivo é explorar o *modus operandi*, ou seja, *como* as práticas sociais são realizadas. Suas condições de estrutura institucional e histórico-social desempenham um papel importante aqui. Para explorar essas inter-relações de maneira metódica e convincente, é necessária sua análise etnográfica. O objetivo é examinar a situação social ou educacional, por um lado, da perspectiva de um ou mais observadores não envolvidos na observação participante ou na observação baseada em vídeo, por outro lado, da perspectiva subjetiva dos atores usando entrevistas e discussões em grupo. Então as duas perspectivas devem estar relacionadas entre si e, se possível, entrelaçadas.

---

7. Wulf et al., 2001, 2004, 2007, 2010, 2011.
8. Geertz, 1973.
9. Wulf e Zirfas, 2007, p. 8.

Humanos e coisas: a materialidade dos processos educacionais

A mudança icônica levou à pesquisa sobre o significado das imagens, do imaterial e das novas mídias para a sociedade e a cultura. Surgiu um interesse antropológico na diversidade de imagens, na complexidade da imaginação e no poder social e cultural do imaginário. Ao mesmo tempo, ficou claro o quão central é essa área para a ação individual e social e qual o papel que as imagens desempenham no desejo, nos sentimentos e na ação. No interesse em pesquisar a performatividade, destacou-se a importância do corpo, que está no centro da Antropologia desde os anos 80.[10] A dinâmica física da ação social, há muito negligenciada, foi investigada. Houve um novo interesse na encenação e na performatividade dos sentidos e do corpo, a performatividade das práticas sociais.[11] A performatividade das imagens e da mídia foi descoberta; surgiu um novo interesse na materialidade das interações humanas e também nas coisas com seu efeito sobre o processo de socialização. Dois desenvolvimentos apoiaram esse foco no material. Um deles levou à descoberta do significado de aparelhos e próteses técnicas para o entendimento corporal e humano.[12] A ideia de Donna Haraway de um "ciborgue", um "híbrido de máquina e organismo"[13], se tornou uma expressão dessa fusão, que produziu inúmeras figuras e narrativas no campo da ficção científica. O outro desenvolvimento foi a *Teoria Ator-Rede*,[14] que deixou claro que a ação social não envolve apenas sujeitos,[15] como o discurso do agenciamento sugeria há um tempo, mas a ação social é causada por vários fatores, entre os quais a materialidade das coisas

---

10. Kamper e Wulf, 1982, 1984; Wulf e Kamper, 2002; Benthien e Wulf, 2001; Wulf, 2010, 2013a.
11. Gugutzer, Klein, Meuser, 2017; Lang, 2017; Potthast, Herrmann, Müller, 2010.
12. Rammert, 2007.
13. Haraway, 1991; Gray, 1995.
14. Latour, 1993, 1999, 2018; White, 2008; Clemens, 2015.
15. *Paragrana*, 2009b.

desempenha um papel importante. O objetivo dessa teoria é trabalhar a dicotomia entre ser humano e coisa, natureza e ser humano, sujeito e objeto e, se possível, reduzi-la. A justaposição do ser humano e coisa não parecia mais contemporânea; foi minada e novas perspectivas para o relacionamento entre ser humano e mundo foram exploradas. A "antropologia simétrica" de Bruno Latour tenta superar a estrita distinção entre homem e coisa. São examinados os vínculos entre pessoas e coisas. As coisas são concebidas como resultado da prática humana e entendidas como uma condensação do desenvolvimento cultural. Se nós as examinarmos, experimentaremos processos históricos complexos de forma condensada.

A história da cadeira, por exemplo, pode mostrar como esse objeto evoluiu ao longo dos séculos de um trono para uma cadeira que leva os trabalhadores ao mesmo nível e, portanto, ajuda a reduzir as hierarquias sociais. Uma análise mostra que os efeitos civilizadores e socializantes da cadeira e a forma como nós sentamos são extremamente importantes para a gênese do ser humano hoje.[16] De importância semelhante é a interação recíproca entre o ser humano e o computador, o *tablet* e o celular. Estes dispositivos se tornam parte das pessoas cuja vida cotidiana não é mais possível sem eles. Precisamos de estudos históricos e empíricos da materialidade dos artefatos e como estes artefatos são tratados a fim de investigar estas interconexões.

Na ciência educacional, há muita discussão não apenas sobre a materialidade dos corpos humanos e práticas sociais, mas também sobre a materialidade das coisas.[17] Os processos miméticos desempenham um papel importante nessas formas de aprendizado cultural. O exemplo da autobiografia de Walter Benjamin, onde ele faz a reconstrução da vida de uma criança, fica claro como ele, quando criança, abriu o mundo da casa de seus pais por meio de processos miméticos. Nesses processos, ele incorpora a materialidade de praças, espaços,

---

16. Eickhoff, 1993.
17. Priem, König, Casale, 2012; *Zeitschrift für Erziehungswissenschaft*, 2013.

ruas, casas e coisas. Ele mostra como espaços e coisas iniciam sentimentos, como seu mundo é magicamente constituído quando criança. Em ângulos, esconderijos, cavernas, marquises, armários, cômodas, soleiras, Benjamin sente o mundo das coisas, tem experiências táteis e percebe cheiros incorporados em movimentos miméticos.[18] No ato de recordar, uma referência às coisas, ao material, ocorre a memória. A capacidade mimética da criança de se relacionar com objetos do mundo, de se assemelhar a eles, de lê-los, vai para a linguagem e para a escrita na visão de Benjamin. O "talento mimético", que costumava ser o "fundamento da clarividência", cria na linguagem e na escrita o "arquivo mais perfeito de semelhança sem sentido". Ser e tornar-se semelhante criam constelações centrais através das quais o relacionamento com as coisas e consigo mesmo é gradualmente formado.[19]

A materialidade das coisas tem um caráter provocativo. Muitos produtos sociais e culturais são produzidos e organizados de tal forma que incentivam as crianças a se envolver e lidar com eles de certa maneira. A maneira como esses produtos aparecem geralmente é baseada em uma etapa social ou econômica. A encenação das coisas como mercadorias é um exemplo disso. As coisas também são encenadas no campo da Pedagogia. Rousseau já fala de uma pedagogia das coisas em *Emílio*.[20] São as coisas que levam as crianças a lidar com elas de certa maneira. A maneira como elas falam conosco nos sugerem como devemos nos comportar diante delas. E ainda as coisas não exercem qualquer pressão sobre nós para tratá-las de certa maneira.[21] Muitas contribuições da primeira infância e da pesquisa mostram como os objetos iniciam e controlam os processos de aprendizagem. Exemplos impressionantes são os instrumentos musicais,[22] os espaços em que vivemos,[23] bem como as coisas usadas

---

18. Gebauer e Wulf, 1995, 1998; Wulf, 2005a.
19. Cf. Wulf, 2009, 2013a.
20. Stieve, 2008; Sørensen, 2009; Nohl, 2011.
21. Stieve, 2013, p. 192.
22. Montandon, 2013.
23. Stieve, 2013.

no dia a dia em creches.[24] Nos processos de aprendizagem escolar, essa orientação constitui um contrapeso importante ao uso excessivo da mídia eletrônica, em que o encontro com as coisas é substituído pelo encontro com suas imagens.

Conhecimento silencioso

As três "viradas" (icônica, performativa e material) mencionadas e as perspectivas associadas a elas levam ao desenvolvimento de novos campos de pesquisa com novos objetivos, métodos e resultados. No quadro de cada perspectiva, identificam-se áreas que foram excluídas pelo respectivo enfoque e que, embora intimamente relacionadas com as questões examinadas, não foram tratadas. Com o foco nas imagens, o icônico, a mídia na primeira corrente aqui descrita, a materialidade do corpo humano, suas encenações, *performances* e movimentos, bem como a materialidade da tecnologia e das novas mídias, ficaram de fora. Isso é surpreendente, uma vez que a performatividade também faz parte das condições das imagens, da mídia e das novas formas de imaginação. Isso foi diferente na virada performativa, quando essas perspectivas, que foram negligenciadas na virada icônica, chegaram ao centro das atenções. Embora o corpo, seus movimentos, suas encenações e *performances* agora atraíssem muita atenção, o implícito, o conhecimento silencioso no trabalho do corpo foi pouco abordado nas pesquisas.[25] Mesmo onde se falava em conhecimento prático, a incorporação do conhecimento não era examinada. Apenas onde a performatividade foi abordada em conexão com processos miméticos, veio à tona o significado do conhecimento incorporado implicitamente para a ação social.[26] Na virada material, a importância se concentrava na materialidade da mídia, nas novas tecnologias no corpo e nas coisas,

---

24. Neumann, 2013.
25. Brandstetter, 2007; Gehm, Husemann, Wilcke, 2007; Huschka, 2009.
26. Wulf, 2005b, 2013a, b.

portanto temos que questionar se sua inter-relação com a subjetividade humana não recebeu pouca atenção e se a pluralidade de sujeitos e o efeito dessa perspectiva sobre a compreensão da materialidade não foi empurrada para o domínio do implícito ou conhecimento silencioso.

Desde a década de 1940, Gilbert Ryle tinha chamado a atenção para a distinção entre "knowing how and knowing that" ("saber como e saber que"), que existem diferentes formas de conhecimento, das quais é difícil pesquisar os procedimentos práticos descritos com um "knowing how" ("saber como").[27] Essas práticas não se concentram no ganho de conhecimento factual que pode ser expresso linguisticamente. Em vez disso, "knowing how" (saber como) se refere a uma habilidade que permite a alguém agir. Um exemplo para esta área são os rituais que não são sobre declarações, justificativas e explicações, mas que são encenados e realizados. O conhecimento necessário para isso é conhecimento performativo da prática e da ação. Isso difere do conhecimento necessário para a descrição, interpretação e análise de rituais. "Knowing how" (saber como) é, portanto, um conhecimento prático — uma habilidade incorporada que se torna visível em seu desempenho. Outros exemplos desse conhecimento, que são expressos como habilidade, são jogos e práticas de esportes (por exemplo, futebol), dança, música, pintura, teatro ou *performance*. Para práticas cotidianas, como dirigir, cozinhar, usar um telefone celular ou um sistema de navegação, a "habilidade" é necessária como uma forma central de conhecimento.

Nesses casos, uma prática, como dirigir, só é aprendida se a explicação de como aprendê-la for entendida. Mas não é necessário ter em mente essa explicação ao realizar a prática. Enquanto isso for necessário, ainda não será possível realizar essa prática "habilmente". Somente se incorporado, tem-se a capacidade de exercitá-lo, por exemplo, dirigir um carro. Assim, vemos que a capacidade prática é uma forma importante de conhecimento que precisa receber mais atenção e mais reconhecimento social.

---

27. Ryle, 1990.

Formas de conhecimento prático são constitutivas para muitas ciências, como Medicina, Direito e Educação. Nas palavras de Gilbert Ryle, "A prática bem-sucedida precede sua própria teoria". Sabine Huschka ressalta, com razão, que Ryle "não faz distinção entre conhecimento prático e teórico. "Knowing how" descreve uma capacidade baseada igualmente na teoria e na prática, que pode ser demonstrada e divulgada em vários campos de aplicação".[28]

Michael Polanyi compreende o conhecimento como um processo de consciência e pensamento, um "saber em ação": "Considero o conhecimento como uma compreensão ativa das coisas conhecidas, uma ação que requer habilidade. O saber e o fazer hábeis são realizados subordinando um conjunto de detalhes, como pistas ou ferramentas, à formação de uma realização hábil, prática ou teórica".[29] Polanyi ressalta que, quando você aponta o dedo para uma parede e pede que alguém olhe, a pessoa solicitada olha para a parede e não para o dedo e conclui: "Uma maneira é olhar para uma coisa. É assim que você olha para a parede. Mas como descrever a maneira como você vê meu dedo apontando para a parede? Você não está olhando para o meu dedo, mas para longe dele. Devo dizer que você não o vê como um mero objeto a ser examinado como tal, mas como um objeto que tem uma função — a função de direcionar sua atenção para longe de si e de outra coisa. Mas isso não quer dizer que meu dedo indicador estava tentando fazer você se desconsiderar. Longe disso. Queria ser visto, mas apenas para ser seguido e não para ser examinado".[30] Aqui temos o conhecimento implícito de que não é o dedo real, mas a parede para a qual aponta, esse é o objetivo da indicação da percepção e, portanto, é necessário focar a percepção no movimento em direção à parede. Polanyi se refere repetidamente a exemplos que ilustram o que ele entende por conhecimento silencioso, como um pianista que ficaria paralisado se se concentrasse nos

---

28. Huschka, 2017, p. 636.
29. Polanyi, 1974, p. VII.
30. Polanyi, 1969, p. 313.

movimentos individuais de seus dedos e que posteriormente perderia sua habilidade de executar a peça musical. Usando uma bicicleta e o equilíbrio que ela requer, Polanyi explica como as práticas de conhecimento são complexas quando se trata de habilidades físicas: "Não podemos aprender a manter o equilíbrio em uma bicicleta levando isso a sério para compensar um determinado ângulo de inclinação a, temos que dirigir uma curva do lado do desequilíbrio, cujo raio (r) deve ser proporcional ao quadrado da velocidade (v) durante o desequilíbrio: [...] Esse conhecimento é inútil se não for conhecido implicitamente."[31]. A partir dessa consideração, pode-se concluir que "um conhecimento físico sobre os campos de força dos movimentos obviamente não pode contribuir em nada para o manuseio do jogo somático-cinestésico das forças de equilíbrio".[32]

Os processos miméticos formam uma possibilidade de apropriação e incorporação do conhecimento silencioso. Eles não se limitam a contextos linguísticos e discursividade. Nos processos miméticos, pode ocorrer uma imitação criativa de imagens, movimentos e comportamento performativo, assim como uma apropriação de coisas materiais, com as quais estas são absorvidas e incorporadas ao imaginário. A seguir, esses processos serão brevemente descritos.

A apropriação mimética das imagens

Com a apropriação mimética das imagens, pode-se registrar o imaginário (iconicidade) das imagens, a performatividade do comportamento e da ação social e a materialidade das coisas. Na apropriação da imagem, o espectador tem "a experiência de uma impotência insuperável" para controlar a imagem e aprende que a "identidade da própria imagem como imagem não pode ser representada por outra

---
31. Polanyi, 1966, p. 144.
32. Huschka, 2017, p. 636.

coisa senão a imagem."³³ As imagens têm uma qualidade irredutível que reside em sua pictorialidade e que o espectador pode usar repetidamente ao se referir à pictorialidade das imagens. Na experiência estética, experimentamos o Outro, que Rimbaud capturou de forma tão convincente no seu: "Je est un autre" ("Eu é um outro").³⁴ O que René Char disse sobre poemas também se aplica analogamente à arte "visual" — as imagens sabem algo sobre nós que não sabemos. Elas contêm um elemento-surpresa que não pode ser previsto e, muitas vezes, ilude a racionalidade cotidiana, e isso nos é dado antes que o significado das imagens se torne aparente para nós. Os processos miméticos visam à "recriação" das imagens com o auxílio da visão e sua incorporação no mundo "interior" de imagens por meio da imaginação. A recriação de imagens é um processo de apropriação mimética, que leva as imagens em sua pictorialidade ao mundo da imaginação e da memória.

Processamos as imagens mimeticamente de modo que podemos nos apropriar de sua qualidade pictorial inerente antes, durante, depois e fora de qualquer interpretação. Quando as imagens são incluídas no mundo "interior" das imagens, elas constituem pontos de referência para interpretações que também podem mudar no curso da vida. Independentemente das respectivas interpretações, o manuseio mimético repetido de imagens é um ato de apropriação, mesmo de conhecimento. Inclui concentração e determinação em recriar as imagens imaginárias e pede repetidamente um "avivamento" através do encontro visual com as imagens reais ou suas reproduções. No encontro mimético com as imagens, a disponibilidade é perdida. A compreensão visual de suas formas e cores requer uma supressão das imagens e pensamentos que surgem "dentro" do observador; ele exige agarrar-se à imagem em vista, abrir-se a ela e entregar-se a ela. O processo mimético consiste no fato de o espectador se assemelhar à imagem por meio de sua visão, absorve-a e, por meio dela, expande seu mundo "interior" de imagens.

---

33. Imdahl, 1994, p. 319.
34. Rimbaud, 1885.

A visão mimética é ativa e passiva; ela se concentra no mundo e o recebe ao mesmo tempo. Como essa relação entre atividade e passividade deve ser entendida foi avaliada de maneira diferente na história do ver. Desde os últimos trabalhos de Merleau-Ponty, pode-se supor que o mundo e também as imagens criadas pelos seres humanos nos olhem. Ver é quiástico;[35] nele, o mundo e o ser humano se cruzam. A visão mimética desempenha um papel importante no manuseio de imagens. Nela, o espectador se abre para o mundo. Ao torná-las similares a ela, expandimos nosso mundo de experiência. Tiramos uma imagem do mundo e a incorporamos ao nosso mundo de imagem mental. Por meio de ver e reproduzir as formas e cores, o material e suas estruturas, estes são transformados em nosso mundo interior e se tornam parte do nosso imaginário. Em tal processo, a singularidade do mundo em sua forma histórica e cultural é absorvida.[36]

O importante é proteger o mundo e a imagem de interpretações rápidas que, por exemplo, capturam e interpretam a imagem linguisticamente, mas não esgotam seu caráter icônico como uma "imagem". Pelo contrário, é uma questão de aceitar a incerteza, a ambiguidade e a complexidade das imagens sem querer produzir alguma coisa ambígua. Quando reproduzimos algo mimeticamente, nos expomos à ambivalência do mundo e das imagens. Neste processo, é necessário aprender a parte do mundo ou a imagem "de cor". Em termos de imagens, isto significa fechar nossos olhos e criar mimeticamente as imagens vistas em nosso olho da mente e direcionar nossa atenção à imagem, protegê-la de outras imagens que são despejadas por meio da nossa mente e "capturá-la" por meio de nossos poderes de concentração e de pensamento. O primeiro passo é recriar uma imagem como nós a percebemos; agarrar-se a ela, trabalhar nela, desdobrar-se por meio de uma referência repetida com o auxílio da imaginação são outras etapas em um processamento mimético das imagens. A reprodução de uma imagem como nós a percebemos e atentamente permanecemos com ela não são menos uma conquista do que uma

---

35. Merleau-Ponty, 2012, 1968.
36. Ibid.

interpretação dela. Nos processos educacionais, é necessária a interligação desses dois aspectos ao explorar as imagens.

A aquisição mimética de conhecimento prático e performativo

Em uma primeira aproximação, as ações sociais são consideradas miméticas se se referem a outros movimentos como movimentos, se podem ser entendidas como *performances* físicas ou encenações e se são ações independentes que podem ser entendidas de dentro e de outras ações ou mundos de referência.[37] Onde alguém faz referência a uma prática cultural já existente e cria uma própria prática cultural, uma relação mimética surge entre os dois; por exemplo, quando se realiza uma prática cultural, quando se age de acordo com um modelo social, quando se expressa fisicamente uma ideia social. Ações miméticas não são meras reproduções que seguem um modelo exato; práticas culturais mimeticamente executadas, algo próprio é criado.

As pessoas desenvolvem as capacidades performativas de brincar, trocar presentes e ações rituais em processos miméticos, que variam de cultura para cultura. Para ser capaz de agir "corretamente" em cada caso, é necessário conhecimento prático, que é adquirido pelo sensorial, por processo de aprendizado mimético relacionado ao corpo em diferentes campos de ação da vida. Mesmo as características culturais da ação social só podem ser apreendidas em aproximações miméticas. O conhecimento prático e as ações sociais são fortemente modelados histórica e culturalmente.[38] Isso é particularmente evidente nos rituais e nos conhecimentos práticos aprendidos neles, para o desenvolvimento dos quais encenação e *performance*, repetição e a aprendizagem mimética associada são de particular importância.[39]

---

37. Gebauer e Wulf, 1998, 2003.
38. Wulf, 2005, 2013b.
39. Wulf et al., 2001, 2004, 2007, 2011.

A aquisição de conhecimento prático em processos miméticos não precisa se basear em similaridade. Se o conhecimento mimético é adquirido em referência a um mundo anterior de ações sociais ou *performances* performativas, ele só pode ser determinado em uma comparação dos dois mundos em que podemos estabelecer o ponto de vista da referência mimética. No entanto, a semelhança é uma razão frequente para o impulso mimético. Estabelecer um contato mágico pode se tornar o ponto de partida da ação mimética. Mesmo para distinguir ação das práticas sociais existentes, é necessária uma referência mimética. Cria a possibilidade de aceitação, diferença ou rejeição de ações sociais anteriores.

Os processos miméticos envolvem mudança e formação de mundos anteriores por meio de suas cópias. É aí que reside o momento inovador dos atos miméticos. As práticas culturais são miméticas se fazem referência a outras ações e podem ser entendidas como arranjos sociais que representam práticas culturais independentes e têm relação com outras ações. As ações culturais são possibilitadas pelo surgimento de conhecimentos práticos no curso dos processos miméticos. O conhecimento prático relevante para as ações culturais é físico e lúdico e, ao mesmo tempo, histórico e cultural; é formado em situações face a face e é semanticamente ambíguo; possui componentes imaginários e não pode ser reduzido à intencionalidade, contém um excesso de significado e pode ser visto nas encenações e *performances* culturais da religião, política e vida cotidiana.[40]

A apropriação mimética da materialidade das coisas

Walter Benjamin em suas recordações[41], enquanto uma criança, apropriou-se de lugares, espaços, ruas, casas, coisas e acontecimentos em processos miméticos. Como um mágico, ele cria correspondência

---

40. Kraus et al., 2017; Kraus e Wulf, 2022.
41. Benjamin, 2006.

com sua infância e cria semelhanças entre ele e o mundo. Em alguns casos, a criança lê no mundo da vida e estabelece relações mesmo quando não há semelhança sensorial. Em outros casos, ela faz uma semelhança e se assemelha a coisas. Ao transformar seus braços em asas giratórias de moinho e emitir sons de vento com a boca, o corpo da criança se torna um moinho de vento. Na memória, a criança faz seu corpo se assemelhar à máquina e — pelo menos na brincadeira — possui uma experiência de poder sobre a natureza e as coisas. Ao mesmo tempo, descobre a possibilidade de usar seu corpo para representar alguma coisa e de ser capaz de expressar emoções em sua performatividade e encontrar atenção e reconhecimento por ela.[42]

Nessa lembrança da infância, as coisas não estão sem vida; elas olham para trás; elas soam, cheiram e transmitem experiências táteis. É assim que ele descreve a caça às borboletas, por exemplo: "O antigo estatuto de caça começou a prevalecer entre nós: quanto mais eu me aninhava no animal em todas as minhas fibras, mais como uma borboleta me tornava por dentro, mais esta borboleta assumia a cor da resolução humana em fazer e não fazer, e finalmente foi, como se sua captura fosse o preço pelo qual só eu poderia recuperar minha existência humana."[43] Nesta cena, o caráter mimético das experiências da criança fica claro, levando a um enriquecimento delas. A criança se torna uma borboleta em si mesma; ao mesmo tempo, a borboleta se torna humana. Sua captura torna possível alcançar novamente o limite e garantir a humanidade infantil. Claramente, é somente dominando o objeto que a criança pode recuperar sua autoconsciência.

Através de processos miméticos, imagens e ruídos da primeira infância são fixados no "eu mais profundo", do qual podem ser recuperados na consciência com o auxílio de impulsos ópticos ou acústicos. Às vezes, essas experiências acontecem mimeticamente de novo. No ato de lembrar, ocorre uma referência mimética ao material lembrado, que o apresenta de uma maneira específica, embora a situação

---

42. *Zeitschrift für Erziehungswissenschaft*, 2012.
43. Benjamin, 2006, p. 51.

seja diferente. As memórias diferem em intensidade e significado no momento da lembrança. A diferença entre diferentes atos de lembrar o mesmo acontecimento pode ser entendida como uma diferença na construção e representação mimética da memória.

Ser similar e tornar-se similar são elementos centrais por meio dos quais nossa relação com o mundo, com a linguagem e conosco mesmo é gradualmente formada. Com o auxílio desses processos, nos tornamos parte das relações de poder cultural e social contra as quais só mais tarde podemos desenvolver uma atitude crítica. Com a ajuda de sua faculdade mimética, a criança absorve o significado dos objetos, formas de representação e ação. Por comportar-se mimeticamente, a criança constrói uma ponte para o exterior. No centro da atividade mimética está a referência ao outro, ao qual é necessário se conformar. Nesta atividade, há uma pausa, um momento de passividade, que preserva os objetos do mundo e que é característico do "impulso mimético".

Perspectiva

O foco no conhecimento silencioso e as possibilidades de sua apropriação parcial em processos miméticos sugerem que necessita haver um campo de pesquisa para a ciência cultural e educacional em que possam ser reunidos importantes resultados das linhas de pesquisa de anos recentes. Em conexão com isso, são necessários uma expansão e aprimoramento de perspectivas relacionadas à prática e à performatividade e a vontade de desenvolver novas abordagens, formas de experiência e reflexão para lidar com a prática e a formação profissional nos campos do trabalho prático. Esta orientação ainda é mais importante porque, sob o domínio da pesquisa educacional empírica, pouca atenção tem sido dada nos últimos anos aos problemas da prática pedagógica. Explorar ainda mais as práticas pedagógicas e seu conhecimento silencioso implícito a partir das perspectivas da Teoria Ator-Rede, novas mídias, imaginação, performatividade e materialidade é um desafio conceitual e metodológico.

PARTE III

Educação no mundo globalizado

A primeira parte deste livro descreve como as ideias de educação e desenvolvimento humano e seus pré-requisitos antropológicos se desenvolveram na Alemanha e na Europa desde o início da Era Moderna. Quais eram os sonhos e as utopias da educação moderna? Quais discursos surgiram no contexto de que tipo de desenvolvimentos culturais e sociais e como foi concebida e abordada a perfeição do indivíduo? Depois, examinei o desenvolvimento da Antropologia na ciência educacional no século XX mostrando sua importância como base da educação. Além disso, a segunda parte do livro examinou questões centrais da educação. Isso inclui as múltiplas formas de repetição, a apropriação mimética do mundo, a importância subestimada da imaginação, a performatividade do aprendizado e a criação ritual da vida social. Eu também observei a Antropologia da Mídia e a digitalização do mundo, em que os jovens vivem. Ficou claro aqui o quão importantes são a aquisição e o processamento do "conhecimento silencioso" na educação e socialização e qual significado este conhecimento tem ao lidar com imagens, performatividade e coisas.

Até aqui, o ponto de referência foi o desenvolvimento no mundo ocidental; eu agora amplio a perspectiva para abraçar as duas maiores culturas asiáticas, da China e da Índia. Em ambos os casos, encontramos desenvolvimentos que exercem uma influência importante na educação e na formação, embora na ausência de estudos empíricos não seja possível mostrar como esta influência é de longo alcance. No caso da China, apresentarei as perspectivas centrais educacionais e antropológicas do confucionismo no contexto da busca de um caminho chinês de modernização. Isso gera reflexões importantes sobre o conceito do que significa ser humano e sobre a valorização da educação moral, que está se tornando cada vez mais importante. No caso da Índia, apresentarei perspectivas importantes antropológicas e educacionais das décadas anteriores e posteriores à independência. Aqui o foco está na não violência e na espiritualidade. Em muitos aspectos, hoje, as duas sociedades adotam as ideias de desenvolvimento das sociedades ocidentais e, assim, encaixam-se na dinâmica do Antropoceno. Esse desenvolvimento teve seu ponto de partida na industrialização. Desde a descoberta e uso da energia atômica, sua intensidade aumentou. China e Índia aderiram a esse desenvolvimento e estão acelerando o crescimento. A Era dos Humanos, o Antropoceno, está aumentando em intensidade. Suas estruturas, objetivos, valores e modos de vida afetam o mundo em que as pessoas vivem e têm uma influência de longo alcance na educação e socialização das gerações futuras.

Eu também examinarei a ambivalência deste desenvolvimento, que vem determinando os discursos sobre o Antropoceno há algum tempo. Embora tenha havido progresso nas últimas décadas na melhoria das condições de vida de muitas pessoas, especialmente na Ásia, África e América Latina, ainda há muito espaço para melhorias, mas crescem as dúvidas sobre a sustentabilidade da sociedade mundial, cujo caráter destrutivo tornou-se aparente. Aquecimento global, degradação ambiental, consumo de matérias-primas e energia não renováveis, armas nucleares. A lista de aspectos negativos da "Era dos Humanos" continua. Se não for possível alcançar mudanças brevemente, muitos desenvolvimentos destrutivos não poderão mais ser corrigidos. São necessários maiores esforços para reduzir a violência, gerenciar melhor a alteridade e desenvolver a sustentabilidade. Educação e socialização são de considerável importância.

9
Ser um "bom humano": educação no confucionismo

Por algumas décadas, a China tem testemunhado um interesse crescente na questão de uma identidade chinesa. Durante muito tempo, isso não teve participação nos discursos públicos. Desde a fundação da República Popular da China, o marxismo e o socialismo foram dominantes e contribuíram para o estabelecimento de uma identidade da China como República Popular Socialista. Com o seu auxílio, uma rápida modernização do país também foi alcançada. Após o fim da Revolução Cultural de dez anos, o país se abriu para as influências ocidentais a partir de 1976, incluindo o neoliberalismo e sua forma específica de capitalismo. Na visão da forte recepção dos desenvolvimentos ocidentais nos campos da economia, tecnologia e ciência e com a crescente importância econômica e política da China, a questão de como a China pode lidar produtivamente com essas visões de mundo e imagens contraditórias do ser humano e que possibilidades existem para seu próprio caminho político, econômico e cultural, isto é, para uma modernização chinesa da sociedade, adquiriu importância. Nesse contexto, surgiu a questão de qual papel a história e a cultura chinesas poderiam desempenhar no processo dessa transformação. Institutos foram fundados em muitas universidades do país para estudar Filosofia e Antropologia, história e cultura da China. A China não está apenas procurando seu papel na economia global, tecnologia e ciência, mas também seu papel nos campos da cultura e organização social. Também houve conflitos com o confucionismo, o taoísmo e o budismo. O confucionismo desempenha um papel especial aqui.

Tu Weiming, que lecionou na Universidade de Harvard e Pequim, documenta estas questões. O ponto de partida de suas obras é uma crítica ao modelo ocidental do Iluminismo e da modernidade e, portanto, às ideias ocidentais de educação. Ele aprova os desenvolvimentos no mundo ocidental de terem atingido um alto padrão em questões morais e éticas, um padrão que ele acredita que outras sociedades possam também aspirar. Contudo, em alguns aspectos, o autor observa que os países ocidentais estão ficando atrasados em relação aos seus próprios padrões e aos desenvolvidos na cultura chinesa.[1] Segundo Tu, o humanismo secular do Iluminismo é acompanhado por um individualismo ganancioso e uma razão instrumental com lados fortemente destrutivos, cujos efeitos são também evidentes no caráter competitivo do sistema educacional. Esses desenvolvimentos levam à perda da natureza como um ambiente compartilhado, à destruição da coesão social e à percepção dos processos educacionais puramente em termos do que pode ser medido. Precisamos de um projeto espiritual comum, para corrigir esse desenvolvimento. As realizações positivas do mundo ocidental, como o desenvolvimento da democracia, dos direitos humanos e da liberdade individual, devem ser reconhecidas. No entanto, não apenas uma forma (ocidental) de modernidade é possível, mas também diferentes formas de modernização e modernidade. Ao retornar ao confucionismo, a China poderia encontrar e desenvolver sua própria forma de modernidade, cujo poder espiritual seria capaz de contrabalançar o racionalismo do Iluminismo e o reducionismo inerente na complexidade da educação.

---

1. Tu Weiming, 1996.

Essa crítica da modernidade contém alguns aspectos importantes. Alguns foram formulados de forma semelhante por Horkheimer e Adorno (1971) na *Dialektik der Aufklärung* (*Dialética do esclarecimento*). Outros foram articulados algumas décadas depois. Passou-se a falar de "pós-modernismo",[2] da "modernidade reflexiva",[3] do "fim da história"[4] e do "modernismo tardio".[5]

No que diz respeito às considerações de Tu, surge a questão de saber se a sociedade chinesa, com seus excessivos desenvolvimentos econômicos e políticos, pode ter sucesso em corrigir esses processos destrutivos com referência à história chinesa e suas próprias tradições educacionais. As ideias de Tu de uma modernidade diferente, confucionista e uma educação que leva isto em consideração são interessantes. Entre as inúmeras formas e possibilidades de modernidade, uma modernidade do Leste Asiático é particularmente caracterizada por "capitalismo em rede", "autoritarismo brando", "espírito de grupo", "política de consenso" e uma "visão social coerente" e apresenta as seguintes características:

- *um governo forte* que intervém na sociedade além da manutenção de estruturas sociais, regulando-a e controlando os processos de distribuição;
- *solidariedade orgânica* entre os membros da sociedade, acima de interesses conflitantes de classes e meios; desenvolvimento de valores correspondentes e comportamentos morais com a ajuda de ritos, em vez da integração social imposta por leis;
- *a família* como unidade fundamental da sociedade, como mediadora de valores básicos e como ambiente natural para aprender o caminho para "ser humano" ou ser um ser humano companheiro;
- *sociedade civil como uma interação dinâmica entre família e sociedade* em vez de um lugar social de conflito de ambos;

---

2. Lyotard, 1986; Poulain, 2012.
3. Beck, Giddens, Lash, 1996.
4. Fukuyama,1992, 2018.
5. Reckwitz, 2017.

- *a educação como uma "religião civil"* social com o objetivo de formação de caráter;
- *autoeducação* como raiz comum de todos os outros aspectos.[6]

As realizações do Iluminismo como "liberdade", "privacidade", "justiça processual" devem ser preservadas. No entanto, elas devem ser apoiadas por "valores asiáticos", como "simpatia", "justiça distributiva", "dever", "ritual", "senso de comunidade", "orientação de grupo". Percebemos aqui os esforços para o desenvolvimento de uma "modernidade confucionista" e um sistema educacional correspondente que ajudará a alcançar isto. Eles formam um programa visionário que é contrafactual às atuais condições políticas, econômicas e culturais. Resta ver se o atual desenvolvimento político da China e do Leste Asiático, com foco na utilidade, funcionalismo e consumismo, pode ser colocado em termos confucionistas. Os desenvolvimentos na China até agora deram origem a dúvidas consideráveis. O rápido desenvolvimento econômico do país deveu-se principalmente aos seguintes fatores:

- investimentos internacionais em boas condições;
- a exploração de milhões de trabalhadores migrantes sob severas restrições sociais e legais;
- o desenvolvimento de um "individualismo ganancioso" excessivo e uma "racionalidade instrumental" associada;
- o casamento anterior e agora amplamente "relaxado" de um filho, com suas restrições consideráveis;
- uma agressividade econômica e social descontrolada, sem orientação para a ética confucionista.

Até o momento, a modernidade chinesa tem sido "uma mistura híbrida de liberalismo econômico extremo, iliberalismo político,

---

6. Tu Weiming, 1985, 1996, 2008; Roetz, 2008.

hábitos tradicionais e estilos de vida importados, que hoje são de fato acompanhados pela retórica confucionista".[7]

Nesta visão, "modernidade" é um desenvolvimento histórico e cultural que não está necessariamente vinculado às sociedades ocidentais, de modo que hoje "múltiplas modernidades" podem ser identificadas. Em vista de uma "recuperação da modernidade", poderia haver bem uma redescoberta do confucionismo em transformações de longo alcance da sociedade chinesa e, especialmente, de seu sistema educacional. O fim da política radical de filho único da família certamente levará a um novo significado da educação familiar e, portanto, possivelmente também a um recurso aos valores confucionistas e às ideias educacionais. Nesse processo, apesar dos desenvolvimentos contrários, a subjetividade e a liberdade pessoal também podem ganhar mais peso.[8]

Confucionismo

O termo "confucionismo" remonta ao missionário Matteo Ricci (1552-1610), que descreveu numerosas correntes diferentes, parcialmente contraditórias, que têm sua origem no pensamento de Kong Fuzi ou Confúcio (551-479) no século V a.C. Ainda não há um termo genérico na língua chinesa que possa ser usado para descrever a totalidade desses diversos desenvolvimentos. O confucionismo teve efeitos duradouros não apenas na China, mas também na Coreia, Japão, Vietnã e outros países do Leste Asiático. Em sua longa história, também absorveu influências do taoísmo e do budismo. O "confucionismo" refere-se a um movimento de dois mil e quinhentos anos que produziu diferentes professores, escolas e escritos. Não possui centro espacial nem espiritual com um representante que

---

7. Roetz, 2008, p. 172.
8. Ver Roselius e Meyer, 2018; Peng, Gu, Meyer, 2018.

personifique a identidade de seu desenvolvimento histórico e cultural. O testemunho mais importante de Confúcio e sobre ele é o livro *Lun yu (Analectos de Confúcio)*, que contém doze mil caracteres ditos e episódios. Embora este trabalho não seja apenas de Confúcio, mas também de seus alunos, é considerado uma das coleções centrais de textos do pensamento confucionista.

O *Lun yu* também contém informações sobre a vida de Confúcio. Sua família pertencia à nobreza mais baixa. Seu pai morreu quando ele tinha três anos e sua mãe, quando tinha 16 anos. Aos 30 anos, ele deixou o serviço público e fundou uma escola aberta a participantes de todas as esferas da vida. As lições cobriram seis áreas: arco e flecha e direção de carruagem, rituais e música, escrita e aritmética. A formação prática nessas áreas visava educar os alunos e desenvolver seu caráter. Nesse processo de formação, não era importante ser melhor que os outros. O objetivo era desenvolver suas habilidades da melhor maneira possível. Não era a competição que importava, mas o desenvolvimento de capacidades individuais. Ao dirigir um carro, o objetivo era dirigir o carro em grande estilo. O carro era visto como uma imagem da jornada do homem entre o céu e a terra. Dirigir carruagem tornou-se um símbolo de perfeição pessoal e da capacidade de liderança estatal competente. Os ritos e instruções serviram como um meio (*Dao*) para a ação e o comportamento corretos. Eles apoiaram o indivíduo e a comunidade na condução de uma existência harmoniosa. O mesmo objetivo serviu à música, com a ajuda da qual a harmonia deveria se espalhar dentro dos seres humanos. A leitura e a escrita eram necessárias para ler as escrituras antigas, educar-se na leitura e ser capaz de realizar atividades respeitadas.

Todos devem aprender a fazer a coisa certa em seu lugar certo. A pedagogia confucionista, que afirma que a educação do nobre é o esclarecimento, deve ajudá-lo nisto. O nobre educador lidera os alunos, mas não os leva adiante. Ele os fortalece, mas não os força. Ele se abre para eles, mas não conta tudo a eles. Através da condução, sem arrastar, surge a harmonia; através de forças, sem forçar, surge a leveza; através da abertura, sem dizer tudo, surge a reflexão. Harmonia e facilidade na reflexão levam ao entendimento.[9] Confúcio deixou seu cargo de ministro da Justiça em Lu e acompanhou 13 estudantes pelo país. Ele morreu aos 72 anos. Após sua morte, houve diferentes interpretações, idealizações, mas também críticas depreciativas ao seu trabalho.

As seis obras canônicas

No século III a.C., é relatado que Confúcio havia estudado minuciosamente seis escritos clássicos, nos quais o confucionismo se baseia:
- o *Livro dos cânticos* (*Shi jing*),
- o *Livro de documentos históricos* (*Shujing/Shangshu*),
- o *Livro dos ritos* (*Liji*),
- o *Livro da música* (*Yuejing*),
- o *Livro das mudanças* (*Yi Jing*),
- os *Anais de primavera e outono* (*Chunqiu*).

Por muitos séculos, presumiu-se que Confúcio havia coletado testemunhos importantes da tradição chinesa nesses livros, examinando-os criticamente e usando-os para ensinar em sua escola. A maioria desses livros, entretanto, não remonta diretamente a Confúcio. A questão da autoria dos escritos básicos não é da mesma importância para o confucionismo como nas religiões dos livros monoteístas. Esses escritos não são revelações terrenas de um ser transcendente, mas o resultado de tradições milenares nas obras de grandes estudiosos. Diz-se que Confúcio compilou as canções populares e cortesãs do período entre os séculos XI e VII a.C. no *Livro dos cânticos*. Elas se originam da época da mudança da dinastia Shang para a Zhou, que

---

9. *Liji* (*Livro dos ritos*).

Confúcio considerou como a "Era de Ouro". O conteúdo e o canto dessas canções devem servir para educar as pessoas, desenvolver a gentileza e a tolerância.

O *Livro de documentos históricos* contém textos históricos, como discursos de governantes e atas de deliberações políticas, cujo estudo pode contribuir para o discernimento e a previsão e a solução de problemas contemporâneos. O *Livro dos ritos* é particularmente importante, também conhecido como *Liji*, que em sua forma tradicional é o resultado do período Han. Aqui é enfatizada a importância dos ritos para a educação do ser humano e a coesão da família e da sociedade. É necessário para todos fazer o que sua posição social requer deles. Existem cinco caminhos na terra que são sempre transitáveis e três tipos de forças espirituais terrenas. Os primeiros são chamados de príncipe e servo, pai e filho, marido e mulher, irmão mais velho e irmão mais novo e as relações de amigos: eles são as cinco formas sempre acessíveis na terra. Sabedoria, humanidade e coragem são as três forças espirituais sempre eficazes na terra.[10]

O *Livro dos ritos* discute muitas questões práticas relacionadas à *performance* de situações rituais, como morte, enterro e culto aos antepassados. Além disso, nós encontramos *insights* fundamentais sobre o aprendizado ritual como aprendizado cultural, por exemplo, que o amor pela aprendizagem leva à sabedoria, a ação forte leva à humanidade, a vergonha leva à coragem. A pessoa que conhece essas três coisas sabe como formar sua própria pessoa. A pessoa que sabe essas três coisas sabe como formar o mundo, o Estado, a casa.[11]

O texto "Grande Aprendizado" (*Daxue*), que trata do grande significado antropológico e cultural da aprendizagem para a ordem da sociedade, constitui uma parte particularmente importante do *Livro dos ritos* para a educação. Afirma que os sábios primeiro criaram a ordem em sua família. Para criar ordem em sua família, eles primeiro

---
10. *Liji*.
11. Ibid.

desenvolveram sua própria qualidade moral. Para desenvolver sua própria qualidade moral, eles primeiro alinharam corretamente seus corações. Para alinhar adequadamente seus corações, suas intenções, em primeiro lugar, tinham que ser genuínas e puras. Para alcançar intenções reais e puras, eles primeiro tiveram que obter entendimento. Obter entendimento é chegar ao fundo das coisas.[12] O objetivo da educação é a percepção que traga descanso e paz ao indivíduo, à família e ao Estado através de costumes perfeitos.

A *música* é outro elemento central do confucionismo. As pessoas são educadas e aperfeiçoadas com a ajuda do cantar e fazer música. A música penetra em nosso interior mais profundo e o molda. De acordo com Liji, quando o coração é movido pela dor, o som se torna agudo e moribundo. Quando o coração é movido pela serenidade, o som se torna lento e suave. Quando o coração é movido pela alegria, o som se torna forte e disperso. Quando o coração é movido pela raiva, o som se torna grosseiro e cruel, e quando o coração é movido pela reverência, o som se torna reto e humilde.[13] Tons harmoniosos criam sentimentos harmoniosos. Música desarmoniosa cria desarmonia nas pessoas. A música pode transmitir um ritmo interno às pessoas e, com isso, trazer o mundo exterior para o seu mundo interno. A música desdobra efeitos educacionais. Captura o ser humano por dentro e o forma. "Se você deixa a música trabalhar para ordenar a mente, uma mente calma, direta, honesta e sincera se torna exuberante. Quando surge uma disposição calma, direta, honesta e sincera, a pessoa fica feliz. Através da felicidade vem a paz, através da paz existe permanência, através da permanência existe o ser celestial, através do ser celestial existe a divindade."[14]

O *Livro das mudanças* está ligado ao oráculo. Ele mostra como ler o oráculo e oferece auxílio para sua interpretação. O *Livro das mudanças*

---

12. Citado por Zotz, 2015, p. 68.
13. *Liji.*
14. Ibid.

fornece orientação sobre como lidar com os mistérios da vida e do cosmo, entendendo a polaridade de *yin* e *yang* e entendendo as constantes mudanças do mundo. Este livro se refere às dimensões da vida e da natureza humanas que não são, ou apenas inadequadamente, acessíveis à consciência, nas quais trabalham forças positivas ou negativas, nas quais se deseja obter influência com a ajuda do oráculo. Confúcio assume que em muitos casos (nem todos) o oráculo pode contribuir para a aquisição de conhecimento relevante para as próximas decisões humanas iminentes. O objetivo é expandir as possibilidades de consciência e racionalidade, por meio do "conhecimento intuitivo". O *Livro das mudanças* lida com as formas iniciais de conhecimento mágico, com as quais os seres humanos obtêm influência sobre a natureza e seus ritmos. Frases como "pode-se mudar a cidade, mas não se pode mudar o poço" encapsulam as fronteiras do conhecimento e ação humana que determinam a ação humana. Muitas vezes, a mensagem do oráculo é intrigante, mas deve ser aceita, para que as pessoas aprendam a viver com o mistério.

Os *Anais de primavera e outono* contêm os anais do estado de Lu. São registros curtos de no máximo 47 caracteres, relatando acontecimentos importantes, incluindo acontecimentos políticos, rituais, casamentos, mortes e sacrifícios rituais. São registros de eventos que se destinam menos às pessoas do que aos espíritos dos ancestrais. Como crônicas, eles registram acontecimentos históricos, contendo registros que nos ajudam a lembrar de acontecimentos.

Ser humano ou ser um ser humano (*ren*) companheiro moral como objetivo de aprendizagem e educação

O objetivo da vida humana é ser humano (*ren*). Existem várias sugestões para a tradução da palavra chinesa *ren*. Richard Wilhelm costuma escolher "moralidade", outros tradutores escolhem "bondade", "benevolência", "amor". Volker Zotz ressalta que o caractere chinês para *ren* é representado como uma combinação de "humano" e o número "2" e vê nele a indicação de que o significado de *ren* só pode ser realizado em cooperação. Ele, portanto, sugere ser humano como uma tradução.[15]

O objetivo maior do humano é, portanto, "ser humano", que é entendido como ser humano companheiro moral. Isso pressupõe a superação do egocentrismo e do egoísmo. Ser humano é uma tarefa que toda pessoa deve enfrentar durante toda a sua vida e que, apesar de todos os esforços, nenhuma pessoa pode cumprir plenamente. Isto fica claro no seguinte trecho dos Analectos de Confúcio *(Lun yu)*: "Existe uma palavra segundo a qual alguém possa agir ao longo da vida? O mestre falou: Amor ao próximo. O que você não deseja para você mesmo, não faça para os outros".[16]

Ser humano como um co-ser humano é, antes de tudo, uma tarefa ética que nos lembra objetivos semelhantes no cristianismo[17] e o famoso ditado de Kant. O desenvolvimento da qualidade de ser humano, nesse sentido, não requer principalmente leis formuladas que regulem o comportamento humano. Mais importantes são as "leis não escritas" do comportamento moral que são encenadas e executadas em contextos sociais e práticas sociais tradicionais. Enquanto as leis consistem em regulamentos formais que controlam o comportamento humano através da percepção e da razão, Confúcio enfatiza que o ser humano é aprendido muito mais fundamentalmente nas práticas de coexistência social que continuamente o colocam em teste.

Os rituais desempenham um papel importante nesses processos de aprendizagem. Por um lado, eles formam uma conexão com o passado. Neste mundo passado, as pessoas desenvolveram formas de vida e mundos nos quais valores e normas éticas encontraram forma e formato que ainda hoje são significativos. Nos rituais, as pessoas

---

15. Zotz, 2015, p. 86.
16. *Analectos de Confúcio*, XV, 23.
17. Lucas, 6:31; Mateus, 7:12.

estabelecem sua conexão com seus ancestrais e com o passado. Com a ajuda de rituais, os membros das gerações futuras se "enraízam". Os rituais não são apenas expressões linguísticas. Seu significado, poder e efeito são criados por sua encenação e realização, por sua performatividade. Como encenações e *performances* culturais, eles se inscrevem na fisicalidade e sensorialidade das pessoas. Rituais e costumes culturais, bem como gestos e outras ações sociais, são portadores dos valores, formas e práticas de ser humano; eles são incorporados aos processos cotidianos de convivência e geram sentimentos de união e pertença.

No *Livro dos ritos*, são desenvolvidas considerações com o auxílio das quais deve-se verificar se as ações sociais correspondem aos valores e normas dos ritos:

"Primeiramente, verificamos se há um amplo apoio para um problema, ou seja, se é possível um consenso social.

"Em segundo lugar, pesquisamos como o assunto foi tratado durante dinastias anteriores. É aqui que a dimensão histórica entra em jogo.

"Terceiro, observamos se o assunto se encaixa nos ritmos do céu e da terra. Assim, o fator do que é natural é considerado.

"Quarto, o assunto é apresentado aos deuses e espíritos no oráculo, levando-se em consideração o que vai além do que é perceptível".[18]

Para avaliar a adequação de um assunto, nós devemos estabelecer o nível de concordância com ele e em que medida ele teria sido aceito no passado. Então devemos ver se o assunto está em harmonia com a natureza, seus movimentos e ritmos. Finalmente, devemos ver se está em harmonia com as forças sobrenaturais. Este termo é usado para descrever poderes que estão além do controle humano. Eles deixam claro onde estão os limites do controle humano e da autodeterminação. Percebemos nossa inadequação humana ao considerarmos esta dimensão. É isso que causa insegurança e medo e que deixa claro que

---

18. Zotz, 2015, p. 92.

os humanos não são os mestres de suas vidas, mas estão à mercê dos ritmos e forças, dinâmicas e poderes da vida. Para julgar se e como uma ação é correta, deve ser estabelecida uma relação consciente entre passado e presente, e todos os critérios tangíveis, bem como aqueles que podem apenas ser intuitivos, devem ser considerados. Se isso acontecer, levará ao desenvolvimento de centralização, equilíbrio e harmonia. De acordo com Confúcio, o que o céu determinou para o homem é sua essência. O que guia este ser a fazer a coisa certa é o caminho. O que forma o caminho é a educação. O estado em que a esperança e a raiva, a tristeza e a alegria ainda não se movem é chamado de centro. O estado em que estas coisas se expressam e encontram o ritmo certo em tudo é chamado harmonia. O centro é a grande raiz de todos os seres na Terra; a harmonia é o caminho que leva ao objetivo na Terra. Uma vez que a harmonia do centro é criada, o céu e a terra chegarão ao lugar certo, e todas as coisas prosperam.[19] Somente aqueles que alcançam harmonia interior e o centro podem alcançar o estado de ser um bom co-ser humano e formam corretamente o mundo ao seu redor. As virtudes necessárias para isto: "moralidade", "sabedoria", "veracidade", "retidão", "coragem" e "firmeza", que podem ser aprendidas em processos estéticos e sociais ao longo da vida. Elas permitem a conclusão do eu e a interação com os outros e, assim, o desenvolvimento de uma vida harmoniosa centrada. Essas virtudes são adquiridas em processos de aprendizagem estética que envolvem as pessoas, nos quais os professores e as relações pessoais com eles desempenham um papel importante.

Autoconhecimento e autoaprimoração

Ser humano requer a *autoaprimoração* (*xiuji*). Sem isto, não é possível agir de uma maneira que seja benéfica para a sociedade. "O

---

19. *Liji*.

homem nobre exige de si mesmo, o homem inferior exige de (outros) homens".[20] Desenvolver um senso de dever é uma tarefa importante da educação. O cumprimento do dever mostra a superação do egoísmo e a prontidão moral para cuidar da comunidade: "O homem nobre coloca o dever em primeiro lugar. Se um nobre possui coragem sem um senso de dever, ele se torna rebelde. Se um homem inferior tem coragem, mas não tem senso de dever, ele se torna um ladrão".[21] A pessoa educada sabe que os humanos não são "instrumentos" ou "ferramentas" que podem ser usadas para alcançar objetivos. "O homem nobre não é um dispositivo".[22] O ser humano é um fim em si mesmo. Seu uso como ferramenta viola a dignidade humana.

A *autoaprimoração* requer um aprendizado contínuo e um processo educacional. As instruções podem ser encontradas no livro "O Grande Aprendizado", que é um capítulo do *Livro dos ritos* que Zhu Xi declarou ser uma obra fundamental do confucionismo na Dinastia Zhong. O desenvolvimento de capacidades de liderança (governo), autoaprimoração e exploração do mundo são tarefas entrelaçadas. Cada pessoa também deve buscar objetivos mais elevados, como a paz mundial. Para isso, ela precisa seguir o caminho do aprendizado, o *Tao*, que trata da interpenetração recíproca entre o espiritual e o prático. Se alguém segue o "caminho do grande aprendizado", torna-se humano e desenvolve a humanidade. Esta educação ocorre com a ajuda dos bens culturais do passado. Eles são adquiridos, processados, aplicados e desenvolvidos em processos de aprendizado contínuo. "Um nobre que não pede satisfação ao comer, não pede conforto ao viver, é ávido e cauteloso no falar, aproxima-se de quem tem princípios para melhorar: pode ser chamado de pessoa que adora aprender."[23]

No confucionismo, nós encontramos frequentemente a menção da relação entre aprendizado e pensamento. "Aprender e não pensar

---

20. *Analectos*, XV, 20.
21. *Analectos*, XVII, 12.
22. *Analectos*, II, 12.
23. *Analectos*, I, 14.

é sem significado. Pensar e não aprender é cansativo."[24] "Pensar" significa o processamento independente do que foi aprendido em um processo existencial que abrange a totalidade da pessoa. "Aprenda como se você não o tivesse alcançado, mas com medo de perdê-lo."[25] Aprender a ser humano é o *Tao*, é o caminho que o homem deve seguir, mesmo que nós não possamos alcançar a meta e que as experiências de fracasso no esforço de alcançar o estado do ser humano sejam inevitáveis. No caminho do *Tao*, é importante chegar o mais próximo possível da meta.

Ao contrário do individualismo e da educação humana no Ocidente, cujo foco no sujeito tenta desenvolver suas capacidades, a educação inspirada no confucionismo visa trabalhar sobre o sujeito a fim de realizar sua humanidade. O foco da educação não é principalmente o próprio indivíduo, mas sua capacidade de desenvolver e melhorar a maneira de convivência na família e na comunidade. A educação do indivíduo ocorre em referência mútua ao seu ambiente. Sua tarefa é melhorar a qualidade de vida em conjunto na família e na comunidade. A educação do indivíduo vai além também da educação da família e da comunidade. É igualmente importante desenvolver uma abordagem sustentável da natureza. Ocorre em um processo que envolve emoção e mente da mesma forma, no qual também é experimentada a transcendência como "potencialidade imanente".

Para desenvolver a qualidade de ser humano, objetos ou coisas também desempenham um papel importante na educação das pessoas. É feita uma distinção entre coisas que existem independentemente das pessoas e coisas que têm um significado no mundo e na cultura das pessoas. De acordo com a visão confucionista, as pessoas devem aprender a não lidar com os objetos do mundo de maneira exploradora, mas benéfica. Se for bem-sucedido, faz bem ao mundo dos objetos e às próprias pessoas. Se os objetos são tratados dessa maneira, é bom para os objetos e eles revelam seu significado para as pessoas. As

---

24. *Analectos*, II, 15.
25. *Analectos*, VIII, 17.

pessoas amadurecem por meio de uma abordagem cuidadosa das coisas do mundo e contribuem para preservar e mudar o mundo. Os objetos são originais; eles são eles mesmos e têm sua qualidade em si mesmos. Eles adquirem um novo significado em sua conexão com o ser humano. Eles se tornam parte da prática humana e revelam novos significados. As coisas fazem parte do *Tao* e podem levar a ele por meio de sua interação com pessoas. Este processo leva ao amadurecimento, formação e realização do eu e faz parte do "grande aprendizado".[26]

O objetivo da aprendizagem e da educação é o autoconhecimento, por meio do qual o ser humano se desenvolve mais. É a maneira confucionista de se aperfeiçoar. O processo de aprendizagem cultiva o *Tao*, que segue a natureza. "O conhecimento é o começo da ação e a ação é a conclusão do conhecimento. Aprender a ser sábio envolve apenas um esforço. Conhecimento e ação não devem ser separados".[27] O autoconhecimento não pode ser adquirido através de debates e teorias como nas culturas ocidentais, mas apenas através de uma prática de autotransformação. O autoconhecimento no sentido confucionista não é, portanto, nem "saber que" ("knowing that"), nem "saber como" ("knowing how") no sentido de Gilbert Ryle (1990). Em vez disso, o autoconhecimento é uma consciência objetiva, uma percepção. É a compreensão da possibilidade humana de "intuição espiritual". O autoconhecimento é um terceiro tipo de conhecimento, um tipo de experiência interior que é provocado por meio da "intuição espiritual", ou seja, é obtido através da prática e da autoaprimoração. É "essencialmente a compreensão do próprio estado de espírito e o reconhecimento do próprio mundo emocional".[28] O autoconhecimento não corresponde à "sabedoria prática" individual no sentido aristotélico. Pelo contrário, como uma experiência interior, abrange a ressonância de outras pessoas, sociedade e cultura. O autoconhecimento não é possível sem a inclusão de outras pessoas. A partir disso, conclui-se:

---

26. Contag, 1964.
27. Chan, 1963, p. 674.
28. Tu Weiming, 1985, p. 191.

"Entre as três doutrinas [confucionismo, taoísmo, budismo], apenas o confucionismo garante inequivocamente que a sociedade é necessária e de valor essencial para a autorrealização".[29] O autoconhecimento é uma forma de "experiência interior" e "intuição mental"; é semelhante à ideia budista de que todo julgamento bem-sucedido se baseia em "sabedoria intuitiva" e "conhecimento não dual". Para o desenvolvimento da humanidade através do autoconhecimento, da natureza humana, o caminho da vida (*Tao*) e o cultivo desse caminho por meio da educação estão indissoluvelmente entrelaçados: "O que o Céu (Titã) transmite ao homem é chamado natureza humana. Seguir nossa natureza é chamado de caminho (*Tao*). Cultivar o caminho é o que chamo de educação".[30] O que é descrito aqui também foi descrito em outros contextos como a transformação do conhecimento em sabedoria, um termo que, apesar de seu grande significado histórico, desapareceu em grande parte do uso linguístico na China e no Ocidente.[31]

Humanismo confucionista

Uma questão controversa que ainda hoje é discutida é se o confucionismo é uma filosofia ético-social ou uma religião. Ricci, que cunhou o termo "confucionismo", não via nele religião, mas costumes mundanos com forte ênfase nos aspectos éticos e rituais. Outros contradiziam essa visão e rejeitavam os ritos como formas de superstição. Na segunda metade do século XVII e na primeira metade do século XVIII, os missionários católicos foram proibidos de participar dos ritos confucionistas. Até os dias de hoje é controverso se o confucionismo deve ser entendido como uma religião. A posição que se toma aqui depende de qual entendimento do que é religião. De qualquer

---

29. Ibid., p. 26.
30. Chan, 1963, p. 98.
31. Feng Qi, 2005.

forma, o confucionismo difere das religiões monoteístas: islamismo, cristianismo e judaísmo.

De acordo com Wilfred C. Smith, "fé" e não religião é a *conditio humana*. A fé "é uma orientação da personalidade, para si mesmo, para o próximo, para o universo; uma resposta total; uma maneira de ver o que se vê e de lidar com o que se lida; capacidade de viver em um nível mais que mundano; ver, sentir, agir em termos de uma dimensão transcendente".[32] A fé é um despertar para a transcendência e é acompanhada por devoção reverente e intensa participação. "A fé é uma característica humana global, em representantes mais ou menos perfeitos daquilo que, como fato empírico, caracterizou toda a história humana desde os seus primórdios; inclui a capacidade humana de perceber, simbolizar e viver leal e ricamente em relação a uma dimensão transcendente de sua vida."[33] A característica que define a fé é a "dimensão transcendente", que é também parte intrínseca do confucionismo. Não está vinculada a uma esfera que não é parte de nossa vida cotidiana secular como é o caso, por exemplo, no cristianismo ou no islamismo. No confucionismo, a dimensão característica da fé faz parte da vida cotidiana. Isso é claramente demonstrado na luta pelo autoconhecimento e pela humanidade, que não são possíveis sem as experiências da dimensão transcendente. Além disso, *Dao* como condição, caminho e objetivo da vida humana não é possível sem a fé e a experiência da dimensão transcendente. "Não conheço o seu nome e isso é o motivo pelo qual o chamo de *Dao*."[34]

Tu Weiming, um dos representantes mais importantes da terceira geração do neoconfucionismo, também argumenta nessa direção em seu esforço para desenvolver um humanismo confucionista. Na sua visão, o "humanismo inclusivo" confucionista é determinado pelo fato de que aqui o ser humano é entendido como um ser sensível,

---

32. Smith, 1979, p. 12.
33. Ibid., p. 141.
34. A partir do capítulo 25 de *Dàodéjīng*.

social, político, histórico e metafísico. "A reciprocidade entre o eu e a comunidade, a harmonia entre a espécie humana e a natureza e a comunicação contínua com o Céu são características definidoras e valores supremos no projeto humano."[35] Portanto, abrange uma integração sustentável do corpo e da mente, uma interação frutífera entre o eu e a comunidade, uma relação harmoniosa entre a espécie humana e a natureza e a capacidade de resposta entre os seres humanos e o *Dao*. O eu, a comunidade, a natureza e a transcendência são, portanto, os elementos definidores do humanismo antropocósmico confucionista. Aprender a ser humano é um processo ao longo da vida de autorrealização. Nas palavras atribuídas a Confúcio: "Eu tinha quinze anos e minha vontade era aprender; aos trinta, eu tinha certeza; aos quarenta, não tinha dúvidas; aos cinquenta, eu conhecia a lei do céu; aos sessenta, meus ouvidos estavam abertos; aos setenta, eu poderia seguir os desejos do meu coração sem transgredir princípios morais".[36]

Sete elementos são característicos desse humanismo antropológico e cosmológico:[37]

- primeiro, um elemento com o termo antropocósmico refere-se à interdependência entre os humanos, a natureza e o cosmos;
- segundo, fica claro que todas as pessoas vivas são centros de conexões diversas, determinadas pela dignidade, independência e autonomia de cada indivíduo, cuja identidade pessoal é determinada por suas relações sociais;
- terceiro, a ideia confucionista da pessoa está enraizada em seu corpo e em sua casa e, ao mesmo tempo, conectada à comunidade, ao mundo e ao cosmos; do mesmo modo, o ser humano deve aprender a transcender o egoísmo, o nepotismo, o provincialismo, o racismo e o antropocentrismo;

---

35. Tu Weiming, 1996, p. 14.
36. *Analectos*, II, p. 4.
37. Tu Weiming, 2013, p. 336f.

- quarto, o mundo secular é percebido como sagrado, superando as dicotomias entre corpo/mente, espírito/matéria, criador e criação, sagrado e profano;
- quinto, o modo confucionista envolve o eu, a comunidade, a natureza e o céu em uma ética de cuidado e responsabilidade;
- sexto, o humanismo ou o ser humano, como valor central do confucionismo, abraça uma sensibilidade em direção a uma consciência do céu, da terra e do número infinito de objetos em sua sensibilidade e consciência;
- sétimo, o humanismo, por meio do diálogo, busca harmonia sem uniformidade.

É necessária a apreciação da alteridade, da tolerância e do diálogo para que nós devêssemos compreender a diversidade das diferenças entre as pessoas, bem como entre as pessoas, a natureza e as coisas, e lidar com elas de maneira responsável. São correspondentemente altas as demandas sobre educação e autoaprimoração para atingir esse estado de ser humano, autoconhecimento e *Tao*.

Representantes importantes do confucionismo

Em seus 2500 anos de história, o confucionismo não desenvolveu um sistema coerente de fé ou religião como o judaísmo ou o cristianismo. Confúcio orientou seus ensinamentos para o *Li* com a ajuda de vários exemplos da vida cotidiana. Isso tornou seu pensamento conectável a muitas outras posições. O trabalho de Confúcio foi fazer menos com o desenvolvimento de posições de fé do que práticas éticas que contribuíram para fazer famílias, comunidades e sociedades tornarem-se mais humanas. O culto aos antepassados também desempenhou um papel importante nesse processo, fortalecendo a coerência entre as gerações. Especialmente nos primeiros 250 anos,

Zisi, Mong Dsi, Menzius e Xunzi contribuíram para o desenvolvimento do pensamento e da prática confucionistas.[38] Não é raro o trabalho deles se fundir com o trabalho de Confúcio para formar uma unidade.

Zisi (481-402 a.C.) foi neto de Confúcio. Seu trabalho *A doutrina do meio (Zhongyong)* encontrou o seu caminho no *Livro dos ritos*. Importante para ele foi a autoaprimoração por meio da autoobservação crítica. "Possuir a verdade é o caminho do céu, buscar a verdade é o caminho do homem."[39] Neste processo, nós devemos manter o meio: "o nobre homem mantém a moderação e o meio, o homem comum resiste à moderação. A moderação do homem nobre é que ele é nobre e sempre segue o meio. A mediocridade do homem comum é que ele é um homem comum e não evita nada".[40] É necessário moderar-se, evitar excessos e extremos e permanecer conscientemente inabalável. Desta forma, leva-se uma vida harmoniosa.

O aluno mais importante de Zisi foi Mêncio ou Mencius (372-289), que se sentiu intimamente ligado a Confúcio por meio de seu neto. Em seu *Os ensinamentos do mestre Meng K'o*, ele espalha a doutrina confucionista a serviço de diferentes governantes, às vezes como professor viajante. É relatado desde a infância que sua mãe inicialmente morava nas imediações de um cemitério, onde o garoto sem pai imitava as procissões fúnebres em tenra idade. Então ela se mudou com ele para a vizinhança de um mercado onde o garoto imitava a agitação dos comerciantes e o manuseio de mercadorias. Finalmente, ela se mudou com ele para perto de uma escola. Aqui, o menino pegou o exemplo dos professores e se tornou um importante professor. Como Confúcio, Mencius estava preocupado em manter e melhorar a ordem do mundo, e não usar quaisquer meios militares, mas exclusivamente uma forma moral não violenta. Ele não se voltou contra a monarquia, mas apenas contra a falta de qualidade e dignidade de seus representantes. Ele também seguiu o ideal de amor humano

---

38. Fung Yu-lan, 1973.
39. *Liji*.
40. *Liji*.

moral, de ser humano; para realizar sua tarefa, era necessário seguir o *Tao*, o grande caminho do mundo. Isso lhe parecia possível, porque em princípio ele considerava o homem bom.

São as quatro qualidades a seguir que compõem o homem e o potencial para ser educado: compaixão, vergonha, modéstia e a capacidade de distinguir entre o bem e o mal. A partir dessas características, pode-se concluir: "Quem seguir o caminho dos nobres pode desenvolver ainda mais aquelas qualidades que a natureza lhe deu. Então se desenvolve a compaixão pela humanidade (*ren*), um sentimento de vergonha pela justiça, modéstia pela moralidade e discernimento pela sabedoria".[41]

Ao contrário de Mencius, cuja posição encarava o homem como bom, Xunzi (ca. 312-230 a.C.) acreditava que o homem era ruim por natureza, mas poderia se tornar bom por meio de educação e esforço consciente: "A natureza humana é ruim e tudo de bom no homem é adquirido através do esforço consciente".[42] Xunzi via como inato aquilo que existe desde o nascimento e que não precisa ser aprendido. Regras, ritos e deveres, no entanto, existem para aprender o que é necessário para desenvolver a humanidade. As pessoas nascem com o potencial de sentimentos negativos, como raiva, ódio e inveja. Quando esses sentimentos têm espaço, surgem violência e crime. Portanto, devemos aprender a estabelecer limites para estes sentimentos. Para resistir ao egoísmo inato e desenvolver o bem em nós mesmos, são necessários esforços contínuos e importantes modelos. Críticas e contradições geralmente nos ajudam a nos tornarmos bons. "Portanto, nosso professor é o único que não concorda conosco, onde ele sabe que não deve. A pessoa que nos lisonjeia é nosso inimigo."[43] Uma vez que os ritos ensinassem às pessoas o que era certo e o que era bom, Xunzi acreditava que eles eram importantes, mesmo que em muitos casos não estivesse claro o por quê e em muitos casos fosse óbvio que suas

---

41. Zotz, 2015, p. 118.
42. Citado por Zotz, 2015, p. 121.
43. Ibid., p.122.

ações "eram apenas ações". "Os costumes e rituais tradicionais não são tão apreciados por Xunzi do ponto de vista da funcionalidade, mas por si mesmos. Eles contribuem para um aprimoramento estético da vida da pessoa que está se esforçando por alguma coisa e, assim, moldam seu caráter; eles prendem o homem comum em uma rede de erros."[44]

Perspectiva

Que significado o pensamento confucionista tem para o sistema educacional chinês hoje? Esta questão dificilmente pode ser respondida sem extensa pesquisa empírica. As influências são múltiplas e certamente contraditórias. Elas também mudam de ano para ano e tornam-se mais importantes ou menos dependentes do contexto. Surge a questão de saber se existe uma conexão entre o tipo de conhecimento tradicionalmente valorizado na China que pode ser memorizado e as formas atuais de aprendizado, aquisição de conhecimento e exame. Hoje, o sistema educacional nacional chinês atribui grande importância ao sistema de exames.[45] O conteúdo e os procedimentos dos exames simultâneos realizados em toda a China e os processos de seleção escolar e profissional associados a eles formam um elemento central do sistema educacional chinês. Da melhor maneira possível, a educação e a aprendizagem são altamente orientadas para a aprovação nesses exames. Isso tem um forte impacto sobre o conteúdo selecionado e como os processos de aprendizado são iniciados e organizados. Neste sistema de exame, o foco está no conhecimento relembrável e testável. Isso também explica os bons resultados alcançados pelos estudantes chineses nos testes do PISA, que são baseados nas ideias e valores da OCDE. O objetivo deles consiste em examinar de que maneira é

---

44. Ibid., p. 124.

45. Possivelmente, há referências ao sistema secular de exame e seleção de oficiais imperiais inspirados pelo confucionismo; cf. Gardner, 2014, esp. p. 118-160.

possível ensinar habilidades universais aos alunos em disciplinas centrais. A forte orientação dos processos de educação em direção ao sistema de exames significa que há poucas oportunidades para adquirir conhecimento regional e culturalmente diferente, mesmo que esse conhecimento seja de grande importância para a vida dos alunos. Além disso, as formas de aprendizado e conhecimento que não podem ser testadas, ou apenas insuficientemente testadas, são negligenciadas.[46] Diante dessa situação, o interesse por outras formas de aprendizado está surgindo gradualmente, incluindo as muitas formas de conhecimento performativo e as práticas importantes de processamento crítico e criativo do que foi aprendido.[47] Aprendizagem baseada em pesquisa, aprendizagem social e ensino de valores, que é muito importante na China, também estão incluídos aqui.

Em muitos lugares, novas abordagens de educação e socialização são procuradas, incluindo outras formas de conhecimento antropológico e social. O interesse atual em uma "arqueologia" do pensamento confucionista, suas ideias educacionais e sua contribuição para o desenvolvimento social devem ser vistos neste contexto. Atualmente, a sociedade chinesa mais ampla, que é caracterizada mais pelo consumo excessivo e capitalismo "selvagem", não é grandiosamente afetada por essas novas iniciativas. Não é possível prever quais efeitos esses confrontos com as tradições chinesas terão sobre futuros desenvolvimentos sociais. Apesar do impressionante progresso econômico das últimas décadas, numerosos problemas sociais exigem atenção urgente. O pensamento confucionista poderia ajudar aqui. Um dos principais problemas que a sociedade chinesa enfrenta é milhões de trabalhadores migrantes excluídos e pessoas em áreas rurais que perderam todas as oportunidades de participar da recuperação econômica e social, problemas de desigualdade, insegurança, crueldade, suborno e desarmonia, desenvolvimentos materialistas que são vistos

---

46. Essas formas de conhecimento incluem, por exemplo, aquelas tratadas no Manual do conhecimento silencioso (Kraus, Budde, Hietzge e Wulf, 2017). Ver também Michaels e Wulf, 2020.
47. Wulf e Zirfas, 2007; Wulf, Göhlich, Zirfas, 2001.

criticamente, racionalidade instrumental, crença no progresso, mentalidade tecnocrática, problemas de direitos humanos e sociedade civil também. Em muitas áreas políticas, estão sendo feitos esforços para lidar construtivamente com esses e outros problemas que ainda não foram abordados. Estes últimos incluem esforços consideráveis em proteção do clima, desenvolvimento da sustentabilidade e desenvolvimento adicional de serviços sociais e de saúde. Apesar da liberdade limitada de imprensa e opinião e do crescente nacionalismo em algumas partes do país, os esforços para a abertura, a diversidade cultural e a autorreflexão estão aumentando. A China está passando por um desenvolvimento de longo alcance cujas consequências não podem ser avaliadas e nas quais ainda não está claro o papel que o pensamento confucionista atualizado desempenhará.

10
Espiritualidade e redução da violência: perspectivas indianas

Observações introdutórias

Assim como há intensos esforços na China para alcançar uma compreensão contemporânea da cultura e da sociedade chinesas, também há uma intensa busca por uma identidade indiana na Índia. Em ambos os casos, é uma questão do desenvolvimento de novas formas de identidade no mundo global. O sistema educacional e seus elementos antropológicos são de considerável importância nesse processo. A busca por uma identidade nacional revela tendências diversas, às vezes conflitantes, para que seja melhor não falar em identidade, mas em busca de identidades diferentes entrelaçadas em uma rede. Nesses esforços, a luta por uma compreensão contemporânea do impacto do colonialismo na sociedade e na educação indianas desempenha um papel importante. A democracia e o sistema de castas também são de importância central para a autoimagem da Índia.[1] Para compreender o presente heterogêneo social e cultural da Índia, examinarei a história

---
1. Said, 1995; Jodhka, 2013.

e a cultura do país e suas numerosas tradições educacionais.[2] Em meu trabalho anterior sobre a Índia, tentei contribuir para o estudo das imagens corporais,[3] para reconstruir como os sentimentos surgem em rituais e práticas sociais,[4] para esclarecer o caráter histórico e cultural dos sentidos humanos,[5] para examinar experiências de estrangeiro e alteridade,[6] e analisar ciência e cientificação.[7] Neste capítulo, quero contribuir para a compreensão da educação na Índia hindu. Esta tarefa é tão extensa que me é difícil fazer justiça. A Índia é um país com 1,4 bilhão de habitantes, no qual existem diversas formas de educação. Portanto, dificilmente é possível determinar características comuns para todas as regiões. Tem havido progressos consideráveis na concretização da escolaridade obrigatória para crianças dos 6 aos 14 anos, que está consagrada na Constituição. Oficialmente, a alfabetização em 2017-2018 era de 77,7% (84,6% do sexo masculino, 70,3% do feminino); 95% das crianças frequentaram a escola primária, 69%, a escola secundária e 25%, programas pós-secundários. Mesmo que o ceticismo sobre os dados estatísticos seja justificado, o rápido desenvolvimento da alfabetização demonstra a grande importância atribuída à educação como um direito fundamental para todas as pessoas na democracia indiana. Que os desenvolvimentos das últimas décadas levaram a uma forte diferenciação do sistema educacional e de suas tarefas e possibilidades também é demonstrado se olharmos o *Manual de sistemas educacionais do Sul da Ásia*, de 1.800 páginas, de 2021.[8] Incluindo o histórico e perspectiva comparativa,

---

2. Os seguintes tópicos estão além do escopo deste livro: o longo desenvolvimento histórico desde o fim dos *Vedas* (Vedânta), os *Upanishads*, a influência do budismo e do sistema islâmico mogol, os efeitos do sistema educacional britânico colonial, a influência dos discursos internacionais na compreensão da educação e da socialização.

3. *Paragrana*, 2009a.

4. Michaels e Wulf, 2012.

5. Michaels e Wulf, 2014; 2. ed., 2018.

6. Wulf, 2016.

7. Michaels e Wulf, 2020.

8. Sarangapani e Pappu, 2021. Trabalhei com Padama M. Sarangapani por vários anos em um programa de intercâmbio indo-alemão financiado pelo DAAD (Deutscher Akademischer

uma tentativa é feita aqui para reconstruir semelhanças e diferenças entre o ensino pré-escolar e o ensino superior em universidades e profissões, para dar uma visão geral da situação atual dos sistemas educacionais e para elaborar perspectivas para o desenvolvimento futuro. Considerando a diversidade da situação nos 28 estados, nos 8 territórios da União e nas cerca de 700 tribos reconhecidas, fica clara a dificuldade da tarefa.[9]

Diante dessa situação, posso apenas destacar alguns aspectos da riqueza de pontos de vista possíveis e apresentá-los como exemplos. Eu me limitarei a alguns aspectos selecionados de importantes ideias educacionais e antropológicas desenvolvidas por Mahatma Gandhi, Bhimrao Ramji Ambedkar Swami Vivekananda, Rabindranath Tagore, Sri Aurobindo e Jiddu Krishnamurti. Na primeira metade do século XX, essas personalidades criativas tentaram vincular as tradições culturais e educacionais indianas aos desafios sociais, econômicos e políticos de seu tempo e torná-las frutíferas para o desenvolvimento de um sistema educacional contemporâneo. Até que ponto essas ideias afetam a realidade do sistema educacional indiano de hoje é uma questão que não pode ser respondida sem uma extensa pesquisa empírica. Sem dúvida, muitos indianos ainda consideram esses estudiosos importantes representantes do pensamento e da educação hindu-indianos, embora não representem a grande diversidade da cultura indiana. Meu estudo se depara com uma série de problemas metodológicos, dos quais vou delinear brevemente dois dos principais.

Primeiro, eu não posso abordar a importância do Islã para a cultura e a educação indianas neste contexto, mas examinarei apenas uma pequena seção do complexo pensamento educacional hindu. Se alguém quiser saber mais sobre a influência do Islã e seu impacto na cultura e educação indianas, pode consultar, entre muitos outros, o

---

Austauschdienst — Serviço Alemão de Intercâmbio Acadêmico) para estudantes de doutorado, cujos resultados foram publicados em Wulf, 2016. Já aqui tornou-se aparente o desafio da natureza da pesquisa que tenta elaborar estruturas educacionais significativas.

9. Osterfeld, 2007.

estudo ainda perspicaz de Tara Chand da década de 1930.[10] Além disso, para a articulação e reivindicação de reconhecimento do pensamento muçulmano na Índia, um exemplo no século XIX é o pensamento religioso e o trabalho de tradução de Sayyid Ahmad Khan, que viu a cooperação com os britânicos como a única forma de melhorar a situação dos muçulmanos na Índia. No século XX Zakir Husain pode servir de exemplo da crescente atenção dada ao pensamento islâmico. Husain fundou a Universidade Nacional Muçulmana Jamia Millia Islamia, agora em Délhi, e se tornou o primeiro presidente muçulmano da Índia. Nos últimos anos, a questão da influência muçulmana na cultura e educação indianas continuou a ganhar destaque na Índia e levou a muitas pesquisas perspicazes.[11]

Então surge a questão, qual é a relação dos estudiosos antes mencionados com a tradição hindu e qual compreensão da educação resulta dela? Em primeiro lugar, é preciso perceber que a imagem consagrada da cultura indiana é, em grande parte, o resultado de pesquisas iniciadas na Europa há cerca de 200 anos. Isso levou a uma imagem relativamente homogênea da cultura indiana, que posteriormente também foi adotada na Índia e cuja reivindicação de validade não foi questionada por um longo tempo. No século XVIII, essa imagem da Índia foi determinada por pesquisas teológicas e filosóficas dos europeus, que estabeleceram as prioridades correspondentes. O fascínio de sábios como August Wilhelm Schlegel (1767-1845) levou a percepções e avaliações reduzidas na era do Romantismo. Nesta abordagem, por exemplo, o caráter violento do sistema de castas dificilmente foi percebido. No século XIX, a situação mudou lentamente, as perspectivas foram parcialmente entendidas como efeitos do colonialismo e reinterpretadas no contexto dos esforços de reforma religiosa e do movimento de independência.[12] Em resumo, podem-se nomear três

---
10. Chand, 1936.
11. Cf. Sikand, 2005; Hartung, 2006; Sikand, 2009; Daun e Arjmand, 2018; Tan, 2014.
12. Gosh et al., 2021; King, 1999.

dificuldades que determinam o encontro entre a Índia e o Ocidente: "É o encontro entre a religião tradicional indiana e o cristianismo — entre o expansionismo colonial e a política comercial voltada para o lucro, de um lado, e um crescente nacionalismo e luta indianos por independência, por outro lado — entre a sede intelectual-acadêmica de conhecimento aqui e a consciência nativa da tradição ali."[13]

Ideias hindu-indianas de cultura e educação

A cultura hindu-indiana é uma das mais antigas e fascinantes do mundo. Consiste em um grande número de diferentes correntes, religiões, idiomas, literaturas e um amplo espectro de formas em arquitetura, música, dança e arte. Festivais, filmes, formas de meditação fazem parte da riqueza cultural da Índia, que só pode ser comparada à diversidade da Europa como um todo. As ideias antropológicas de Mahatma Gandhi, Bhimrao Ramji Ambedkar Swami Vivekananda, Rabindranath Tagore, Sri Aurobindo e Jiddu Krishnamurti enfatizam a importância da educação para o desenvolvimento humano e se referem à importância da fé e da incorporação do ser humano na ordem do mundo e do cosmo. Em sua dimensão espiritual, essas ideias de educação diferem de muitas ideias do Ocidente, nas quais essa dimensão raramente é considerada relevante para a educação. Sem dúvida, essas personalidades notáveis se consideravam hindus. Mas o que significa ser hindu? Alguém nasce hindu e é hindu por toda a vida sem ter que se tornar um, mesmo que não queira mais ser hindu, ainda assim o permanece. Esse entendimento distingue o hinduísmo de uma religião monoteísta como o cristianismo. Inicialmente, as pessoas que viviam ao longo do rio Sindhu ou além do rio eram chamadas de hindi. "Do ponto de vista dos muçulmanos, aqueles estrangeiros — não muçulmanos — eram infiéis; e assim não foi difícil estender o

---

13. Schreiner, 1999, p. 11.

nome do povo à sua religião. A palavra hinduísmo significa nada mais nada menos do que "indianismo". "É originalmente a designação de estranhos, não a autodesignação dos membros de uma religião para aquela religião."[14] Essa ampla compreensão do hinduísmo torna difícil ainda hoje determinar o que significa ser hindu. Para Gandhi, os critérios que tornam uma pessoa hindu são os seguintes: "De acordo com minha crença, um hindu é qualquer pessoa que, nascida em uma família hindu na Índia, aceita os *Vedas*, os *Upanishads* e os *Puranas* como livros sagrados; que tem fé nos cinco *Yamas* da verdade, violência etc. e os pratica com o melhor de sua habilidade; que acredita na existência do *atman* e do *paramatman*, e acredita, além disso, que o *atman* nunca nasce e nunca morre, mas, através da encarnação no corpo, passa de existência em existência e é capaz de atingir *moksha*; que acredita que *moksha* é o fim supremo do esforço humano e crê no *varnashrama* e na proteção das vacas ".[15] Ainda é de particular interesse como a relação entre religião, ciência e educação na Índia é compreendida. Religião e ciência são duas áreas completamente distintas, pelas quais a religião ou a ciência são responsáveis? Ou estão a religião e a ciência mais intimamente interligadas do que a epistemologia e a filosofia da ciência nos teriam feito acreditar? E o que significam as diferentes determinações da relação entre religião e ciência para a educação e o desenvolvimento da sociedade?[16]

Embora a democracia que se desenvolveu de acordo com o modelo europeu insista na separação do Estado e da religião também na Índia, esta separação não muda o fato de que na Índia a religião e a vida cotidiana estão inseparavelmente entrelaçadas, de modo que dificilmente é possível distinguir entre uma área sagrada e a secular. Para o desenvolvimento da democracia e da educação pública, o sistema de castas, que tem sua origem no hinduísmo, ou seja, na

---

14. Schreiner, 1999, p. 11.

15. Gandhi, M., Trabalhos coletados de Mahatma Gandhi, Vol. 1-98, Vol. 22 (Nov 15,1920-5.4. 1921), Gandhi Sevagram Ashram, 6.2. 1921, p. 312.

16. Raina, 2020; *Paragrana*, 2021.

religião, ainda é uma grande desvantagem. Quatro castas principais devem ser distinguidas, com numerosas subdivisões que ainda afetam as restrições ao casamento e os regulamentos de pureza, bem como as oportunidades ocupacionais. A casta mais alta são os sacerdotes, os brâmanes. Eles são seguidos pela classe militar, os xátrias, e pela classe alimentícia, os vaixás, com fazendeiros e mercadores. A última casta é formada pelos servos e artesãos, os sudras. O sistema de castas insiste na hierarquização da sociedade, incompatível com os princípios democráticos e baseados na origem familiar. Esta incompatibilidade também é evidente no sistema educacional, onde os membros das castas mais baixas continuam a ser severamente desfavorecidos, e os *dalits* excluídos do sistema de castas são ainda mais severamente desfavorecidos. Embora os intocáveis, os *dalits*, tenham sido legalmente extintos, ainda há vagas para eles em instituições de ensino e repartições públicas, o que ainda deve ser visto como uma tentativa de combater sua discriminação social.

    De acordo com os estudiosos antes mencionados, o objetivo da educação é o desenvolvimento integral dos seres humanos e, portanto, a educação geral. Apesar das diferenças entre eles na compreensão da educação, o lado religioso ou espiritual desempenha um papel importante. É feita uma distinção entre uma educação voltada para as demandas da vida cotidiana e da ciência, por um lado, e uma educação espiritual, por outro. Esse caráter espiritual da educação é visto como uma possível contribuição da Índia para a cultura mundial e para os discursos internacionais sobre educação. Desde tempos imemoriais, um lado espiritual e um lado material podem ser distinguidos como duas dimensões centrais da educação. Para a realização da educação, três caminhos devem ser seguidos: o estudo das escrituras (*shastra*) (1), a promoção do esforço interior (2) e o trabalho com um professor (*guru*) (3). Para formar os jovens, é preciso transmitir o patrimônio cultural. É importante iniciar e desenvolver a busca por conhecimento e percepção, bem como a motivação intrínseca. Isso requer um professor que incorpore o conhecimento cultural e a busca pelo conhecimento. Para desenvolver seu potencial criativo, os processos educacionais precisam ser iniciados e orientados por um professor qualificado. Somente se esses três aspectos estiverem juntos, a educação unirá o conhecimento material e o espiritual. A educação é ministrada com base na Constituição, que encerrou formalmente a era colonial e que, em princípio, concede a todos os seres humanos o direito à liberdade, igualdade, fraternidade e justiça social, sem de fato garantir que esses valores e objetivos democráticos sejam cumpridos. Embora a transmissão de conteúdo empírico ou material orientado para o crescimento econômico tenha um significado geralmente reconhecido, a extensão da dimensão espiritual da educação, que por muito tempo também foi importante para se afirmar contra o colonialismo, está diminuindo.[17]

Todos os representantes do pensamento indiano encaravam criticamente o sistema educacional colonial e queriam avançar as reformas necessárias recorrendo às tradições indianas. Foi, acima de tudo, na dimensão espiritual, que eles viram uma característica que tornou o indiano superior ao sistema educacional ocidental. Portanto, *a dimensão espiritual*, que não existia no sistema educacional colonial, que era mais voltado para a utilidade e a usabilidade, teve um papel importante na luta para a independência. A dimensão espiritual deve contribuir para a educação da próxima geração. Para a autoconcepção de muitos indianos, o pensamento e o tempo após o fim dos *Vedas*, o Vedânta, desempenha um papel importante. Isso ainda é verdade hoje, embora muitas vezes se duvide que os *Vedas* fossem tão formadores para a realidade da educação quanto se supôs por muito tempo. Para o nosso contexto, é necessária a visualização de algumas ideias básicas dessa época, até mesmo para dar ao leitor uma compreensão dessas características culturais específicas.

De acordo com a visão generalizada da época, os objetos do mundo foram criados por *Maya* a partir de *atman* ou *Brahman*. Nesse processo, os cinco elementos, *Akasha* (éter), *Vayu* (ar), *Agni* (fogo),

---

17. Hall, 1994, 2012.

Jalam (água) e *Prithvi* (terra), são importantes e, em muitos casos, aparecem misturados entre si. De acordo com os ensinamentos de Shiva, o mundo se manifesta empírica e transcendentemente. O mundo é aparição. Se for apenas percebido como materialidade real, a compreensão do mundo é ateísta. Se for entendido em sua aparência real e como divino, existe uma compreensão teísta do mundo. Se existe apenas um Deus, então o entendimento é "monoteísta". Todos os fenômenos do mundo, sejam objetos ou sujeitos, são aparências ilusórias de *Maya*. Em contraste, alma e Deus são idênticos. O ser humano consiste em um corpo (não real) e uma alma. Sendo assim, a alma também é Deus: "Tat Tvam Asi". Existe uma identidade entre a alma do homem finito e Deus, o supremo *Brahman*, o eu luminoso da consciência infinita.

Para a educação contribuir para uma identidade indiana inconfundível, é necessário estudar o Vedânta e outros escritos antigos da cultura indiana, que podem, então, levar a avaliações diferentes das do mundo global. Partindo do pressuposto da singularidade de cada pessoa, o objetivo da educação é o desenvolvimento de toda a pessoa. Isso inclui *Vidya* (conhecimento), *Dharma* (virtude) e *Maya*, a libertação da ignorância e apego ao mundo. Todo ser humano é *Brahman* em princípio e pode alcançar a salvação através do verdadeiro conhecimento, poder e alegria. A essência do ser humano é o seu eu ou *atman*. Nasce do absoluto, é bom e imortal, e visa à perfeição. O infortúnio do mundo surge do mal que se forma no círculo interminável de experiências. O eu deve transcender o mundo da experiência e realizar valores eternos. Para esse propósito, a mente deve desenvolver as seguintes qualidades: paz, contenção, abnegação, liberdade de um longo sofrimento, solidariedade e fé. As pessoas devem aprender a se proteger das ilusões e saber que o significado e o valor de suas vidas não é ganhar bens externos, mas trabalhar em sua própria perfeição. O objetivo é superar o orgulho, a ganância, a luxúria, a luta pelo poder e o egoísmo. Isso requer o desenvolvimento de uma mente inquisitiva e uma busca por conhecimento e verdade. Os *Upanishads* desempenham um papel importante na mediação dessas ideias e bens culturais, compreendendo cerca de 200 narrativas, parábolas, discussões informais e conversas íntimas. Por meio do estudo desses escritos, podem ocorrer processos educacionais importantes incorporando esse conhecimento aos seres humanos.

A escritura religiosa mais comum no hinduísmo é o *Bhagavad Gita*, conhecido em português como a *Canção do bem-aventurado*. Entre os séculos II e V, reuniu várias escolas com base nos *Vedas*, *Upanishads*, bramanismo e yoga. A compreensão de Gandhi sobre a verdade e sua teoria da não violência possuem sua origem no estudo dos ensinamentos de *Gita*. Contém importantes reflexões sobre sabedoria, cooperação, desenvolvimento da personalidade e o papel das diferenças individuais. Seu ensino visa à síntese espiritual, à solução de problemas da vida, ao pensamento especulativo e à busca do conhecimento e da verdade. Isto também inspira o desenvolvimento da prática espiritual com o objetivo de libertação. Também o significado especial da relação professor-discípulo tem sua origem aqui. Essas dimensões espirituais formam atualmente um desafio para o sistema educacional na Índia, que é influenciado pelo sistema colonial e pelos atuais discursos globais. Os seguintes aspectos são importantes nesses processos: o aspecto físico, os aspectos religioso e espiritual, a formação profissional como aspecto central, os aspectos individuais e sociais, o aspecto cultural, o aspecto estético e o desenvolvimento da harmonia.[18]

O aspecto físico

Nos *Upanishads*, a importância do bem-estar físico tem sido altamente valorizada. O corpo é a base de todo comportamento e ação humana; o seu uso criativo é a base de toda a educação.[19] Vivekananda escreve: "Pela observação severa do *brahmacharya* (pureza de

---

18. Cf. Kumar e Oesterfeld, 2007.
19. Michaels e Wulf, 2011, 2014.

pensamento, palavra e ação, ascetismo), todo aprendizado pode ser dominado em um tempo muito curto; adquire-se uma memória infalível daquilo que se ouve ou conhece apenas uma vez".[20] Aurobindo pensa de maneira similar: "Toda energia humana tem uma base física. O erro do materialismo europeu foi assumir essa base para tudo e confundi-la com a fonte. A fonte de vida e energia não é material, mas espiritual, mas a base, o alicerce sobre o qual a vida e a energia permanecem e trabalham, é física. Os antigos hindus reconheciam claramente essa distinção entre *karma* e *pratishtha*, o polo norte e o polo sul do ser. A Terra ou matéria bruta é *pratishtha*. Brahman ou espírito é o *karma*. Educar o físico para ser espiritual é *brahmacharya*, pois, ao se encontrar com os dois, a energia que parte de um e produz o outro é aprimorada e se realiza".[21] Com os desenvolvimentos mais recentes na sociedade indiana e com o crescente hedonismo e consumismo, essas considerações resistem sem perder seu valor fundamental.

Os aspectos religioso e espiritual

Na Filosofia e Antropologia da Educação, existe uma convicção comum de que o corpo desempenha um papel importante na educação. O corpo também é de importância central como ponto de partida para todos os processos espirituais. Por meio do estudo de textos religiosos tradicionais e sob a orientação de um professor que os incorpora, a dimensão espiritual pode ser transmitida aos jovens. No entanto, o "De Volta aos Vedas" muitas vezes esconde um conservadorismo não democrático que estabiliza velhas hierarquias e é prejudicial ao desenvolvimento da dimensão espiritual que é apropriada ao presente. Tagore, Aurobindo e Gandhi, por outro lado, enfatizam a interconexão e a solidariedade de todas as pessoas, que

---

20. Vivekananda, 1970-73, v.. III, p. 222.
21. Aurobindo, 1955, p. 17f.

surgem de uma consciência espiritual e desenvolvem perspectivas para uma espiritualidade apropriada ao seu tempo. Isto é reforçado pelo estudo de Dewey[22] e leva à convicção de que a educação é um processo que visa a encorajar jovens a tornarem-se responsáveis por suas próprias ações e que não deve ser reduzida à aprendizagem de conhecimentos especializados.

A formação profissional como aspecto central

Há muito se sabe que o sistema educativo deve permitir que os jovens de diferentes origens sociais encontrem um trabalho que os apoie na sociedade. Para Gandhi, esse aspecto da educação é de importância central. É um elemento essencial na luta contra o desemprego e a pobreza, que continua a exigir o comprometimento total da sociedade indiana. No famoso "esquema de Wardha" de Gandhi para a educação, ele insiste que a educação deve contribuir para a superação do desemprego. Tagore também vê a grande importância da formação profissional para o desenvolvimento das pessoas e da sociedade: "Nosso centro cultural não deve ser apenas o centro da vida intelectual da Índia, mas também todo o centro de sua vida econômica. Ele deve cultivar a terra, criar gado para alimentar a si e a seus alunos; deve produzir todas as necessidades, inventando os melhores meios, usando os melhores materiais, chamando a ciência em seu auxílio. Sua própria existência deve depender do sucesso de seus empreendimentos industriais conduzidos no princípio cooperativo, que unirá professores e alunos em um vínculo vivo e ativo de necessidade. Isso também nos dará formação industrial prática, cuja força motriz não é a ganância do lucro".[23] De acordo com o Relatório de Monitoramento da Unesco 2012, *Youth and Skill: Putting Education to Work*, é mostrado claramente que a falta de formação profissional

---

22. Dewey, 1959.
23. Tagore, 2007, p. 545.

adequada nas regiões urbanas e rurais continua sendo um problema central da educação e da formação na Índia.

Os aspectos individuais e sociais

Segundo Vivekananda, apenas a educação dos indivíduos leva à educação da humanidade: "O ideal de toda educação, de toda formação deve ser o desenvolvimento do ser humano (...) *man-making*. Mas, em vez disso, sempre tentamos polir o exterior. Qual é o sentido em polir o exterior se não houver interior? O propósito e o objetivo de toda formação é fazer as pessoas crescerem".[24] Uma vez que o indivíduo está conectado ao geral, uma vez que o mundo é uma unidade na diversidade, o objetivo da educação consiste em desenvolver o Brahman exclusivo de cada ser humano. Apenas por meio desse desejo, um desenvolvimento real de sua individualidade emerge. Na visão da educação de Tagore, todos os indivíduos também fazem parte de Brahman e, portanto, estão inextricavelmente vinculados: "Devido à onipresença do Brahman impessoal e universal do qual cada um de nós faz parte. Como parte, cada um de nós é diferente dos outros e cada um é único. Em cada um de nós, o Brahman se manifesta de maneira única, embora imperfeita. Assim, passamos pela vida como indivíduos tentando perceber o Brahman mais plenamente, cada um à sua maneira. Novamente em Brahman e, por meio Dele, encontramos a unidade não apenas entre nós mesmos, seres humanos, mas também entre o homem e a natureza. A realização dessa unidade nos impede de colocar uma ênfase indevida no crescimento da individualidade, que pode degenerar em um afiar do ego".[25] A educação ocorre na conexão entre o indivíduo e o geral; o desenvolvimento da espiritualidade é o caminho para alcançar esse fim. Essa definição cosmológico-antropológica básica resolve apenas inadequadamente muitos problemas cotidianos de criação e educação.

---

24. Vivekananda, 1970-73, v. II, p. 10.
25. Basu, 1968, p. 10.

O aspecto cultural

Depois que a Índia lutou por sua independência da Grã-Bretanha, a questão de sua própria cultura indiana, que diferia da cultura ocidental, ganhou grande importância para o desenvolvimento de um senso de autoestima e uma "identidade indiana".[26] Essa questão ainda é relevante hoje, pois há muitas áreas nas quais os indianos são confrontados com o domínio da cultura ocidental e a experimentam como uma desvalorização de si mesmos. Aurobindo formulou esse esforço para desenvolver uma "nova Índia" da seguinte maneira: "A antiga cultura indiana atribuía tanto valor à solidez, crescimento e força da mente, vida e corpo quanto o antigo pensamento helênico ou o pensamento científico moderno, embora para um fim diferente e um grande motivo. A nova Índia buscará o mesmo fim de novas maneiras sob o impulso vívido de ideias novas e amplas e por um instrumento adequado a condições mais complexas; mas o alcance de seu esforço e ação, e a flexibilidade e diversidade de sua mente não serão menores, mas maiores do que antigamente. Espiritualidade não é necessariamente exclusiva (...) Mas o motivo espiritual estará no futuro da Índia, como em seu passado, a verdadeira tensão original e dominante. Perceber intimamente a verdade do espírito e acelerar e reviver a vida por ela é a tendência nativa da mente indiana, e para isso deve sempre retornar, em todos os seus períodos de saúde, grandeza e vigor".[27]

Há ainda muita controvérsia sobre que papel os valores da cultura tradicional indiana e da dimensão espiritual devem desempenhar em uma "nova Índia" e nos processos educacionais dos jovens. O único consenso é que culturas não podem ser entendidas como sistemas separados de outras culturas por fronteiras impermeáveis. Em vez disso, as culturas devem ser entendidas como sistemas diversos e dinâmicos, abertos à mudança, em cuja estrutura e entre as quais muitas formas e fenômenos híbridos estão ganhando importância.[28]

---

26. Cf. Wulf, 2016.
27. Citado por Mitra, 1947, p. 92f..
28. Cf: Kress, Selander, Säljö e Wulf, 2021; Wulf, 2003, 2006a, 2016.

O aspecto estético e o desenvolvimento da harmonia

No pensamento indiano, a educação espiritual e a educação estética estão intimamente entrelaçadas.[29] Nenhuma forma de educação pode ter sucesso sem a outra.[30] Desde tempos imemoriais, o desenvolvimento dos sentidos e o senso de beleza e arte têm desempenhado um papel importante na cultura indiana. Isso anda de mãos dadas com uma profunda relação com a natureza. Arte e natureza são importantes pontos de referência para o desenvolvimento de uma vida harmoniosa em confronto com as condições desarmônicas e violentas da sociedade indiana. Vivekananda é, portanto, crítico do ensino de meros materiais de aprendizagem: "A educação não é a quantidade de informação que é colocada no seu cérebro e se espalha por toda a vida sem ser digerida. Devemos ter uma construção de vida, uma ação humana. Criação de personagens, assimilação de ideias. Se a educação fosse idêntica à informação, as bibliotecas seriam o maior sábio do mundo, e a enciclopédia, os *Rishis* (isto é, videntes)".[31] Uma vez que a educação faz referência ao desenvolvimento de uma personalidade versátil e estável, Tagore amplia os pensamentos de Vivekananda da seguinte forma: "1) O propósito da educação deve estar alinhado com o objetivo mais elevado do homem, o crescimento e a liberdade mais completos da alma. 2) Para a saúde mental e o desenvolvimento, é absolutamente necessário que haja escolas não apenas para aulas, mas também para inculcar um sentimento de amor pessoal pelos outros. A escola deve ser um *Ashrama*, onde os homens se reúnem para o mais alto objetivo da vida. 3) O objetivo da educação deve ser dar ao homem a unidade da verdade".[32] E Tagore ainda conclui, referindo-se à estreita conexão entre espírito, corpo e sentidos: "Existe uma conexão estreita e inseparável entre as faculdades da mente e do corpo. Cada uma ganha força ao cooperar com a outra. Devemos saber que a grande tarefa

---

29. Wulf, 2021; Gebauer e Wulf, 1995; Resina e Wulf, 2019.
30. Michaels e Wulf, 2014; Wulf, 2014.
31. Vivekananda, 1970-73, v.. III, p. 301.
32. Tagore, 2007, p. 17f.

de nossos esforços educacionais em nossa instituição é proporcionar a educação da mente e de todos os sentidos por meio de várias atividades".[33] Agora também é enfatizada a necessidade de educação das mulheres, negligenciada há tanto tempo. Após a independência, todos os reformadores advogaram o direito igual das mulheres à educação e formação, cuja realização ainda enfrenta dificuldades consideráveis hoje. Independentemente do fato de que o direito de todos à educação é um direito democrático antropológico fundamental, ficou claro para os reformadores que o desenvolvimento social e cultural da sociedade indiana não seria possível sem a participação igualitária das mulheres.[34]

Ideias de Gandhi de Antropologia e Educação

No final da década de 1920, Gandhi havia se tornado a figura simbólica da luta da Índia pela liberdade contra os britânicos. Ele já havia desenvolvido seus dois conceitos centrais, *ahimsa* (não violência) e *satyagraha* (criação da verdade a partir de dentro), em suas lutas políticas na África do Sul. Gandhi estava convencido de que o progresso moral era possível. O poder para isso viria de *darsana*, o "insight da natureza da realidade", que forneceria a base para a compreensão da verdade e da beleza.[35] Essa compreensão da natureza da realidade é baseada na razão e na experiência.[36] "E, uma vez que este *darsana* deriva sua força espiritual da religião, é na religião que Gandhi buscou a força espiritual para realizar a ação moral desejável. Assim, ele poderia transformar o espiritual em moral e, então, do moral em prático (Goyal, 2019). É um paradigma em que todas as suas ações se transformam em um "ato de oração".[37] "O conceito de *swaraj* de

---

33. Ibid.
34. Cf. Chaudhuri, 2005; Kishwar, 2008; Madhavananda, Madhavan, Majumdar, 1953.
35. Dalvi, 2007.
36. Gupta, 2009.
37. Barniwal e Sharma, 2020, p. 5.

Gandhi define este paradigma, no qual a realização do *self* autônomo envolve intrinsecamente o abraço do outro. Portanto, para nós, *swaraj* significa um mundo onde um indivíduo autossuficiente e autodisciplinado, por um lado, e uma comunidade autônoma e relativamente autônoma, por outro, alimentam-se mutuamente."[38]

O esquema de educação de Wardha iniciado por Gandhi e publicado em 1937 tornou-se importante após a independência da Índia. Essa forma de desenvolver um sistema educacional indiano foi conceituada para apoiar processos pelos quais a sociedade indiana pudesse romper com a influência colonial e seguir seu próprio caminho.[39] Gandhi criticou o sistema educacional indiano por seu foco nas elites urbanas e na economia colonial. Ele pediu mais consideração das populações rurais e desenvolveu a visão de uma nova educação básica para todos, que mais tarde ficou conhecida como "Nai Talim". Gandhi deixou claro que uma nova sociedade democrática e uma nova ordem social só poderiam ser desenvolvidas com a ajuda de uma educação básica geral para todas as pessoas. A situação social na Índia, caracterizada pela pobreza, deveria ser tomada como o ponto de partida para a reforma. A educação tinha de estar ligada ao emprego lucrativo e às necessidades da população rural. Dessa forma, Gandhi combinou o objetivo de criar escolas que fossem amplamente autossuficientes em termos financeiros com uma visão da importância pedagógica do trabalho físico para a educação das pessoas.[40] Em sua visão, a produção artesanal que aproveitasse as condições locais poderia contribuir para a autossuficiência das escolas. Além disso, a participação voluntária dos jovens no trabalho físico permitiria que eles trabalhassem produtivamente mais tarde e contribuiria para o desenvolvimento da sociedade como indivíduos responsáveis. O sistema de ensino de Wardha previa um período escolar obrigatório gratuito de 8 anos, dos 6 aos 14 anos, durante o qual as crianças seriam

---

38. Ibid. p. 5.
39. Kumar, 2015.
40. Holzwarth, 2015; Oesterheld, 2007.

ensinadas na sua língua materna. Com uma jornada escolar de 5,5 horas, o tempo seria dividido aproximadamente da seguinte forma: atividades físicas, 20 minutos; língua materna, 20 minutos; estudos sociais e ciências gerais, 60 minutos; arte, 40 minutos; aritmética, 20 minutos; trabalho artesanal incluindo estudo de assuntos correlatos, 2,5 horas ou 3 horas.

O esquema Wardha incluiu os seguintes recursos:
- educação centrada no "artesanato". Este é o termo usado para descrever o ensino de extensas habilidades artesanais, destinadas a permitir que os jovens se apoiem;
- ênfase na não violência na educação;
- formação de capacidades espirituais superiores;
- educação da cabeça, coração e mão;
- ensino por um professor que luta pelo conhecimento e pela verdade e age sem violência;
- educação espiritual como contribuição à capacidade universal de amar e irmandade;
- religião e espiritualidade como dimensão central da busca pela verdade.

Para Gandhi, que liderou a conferência na qual o desenvolvimento do esquema de Wardha se baseou, a busca da verdade (*satya*) também significou a busca da não violência (*ahimsa*). A verdade para ele é o divino e o divino é a verdade para ele. Verdade e não violência são os dois princípios básicos do pensamento antropológico de Gandhi. Além disso, o conhecimento (*chit*) e a felicidade (*ananda*) desempenham um papel central neste conhecimento. No famoso ditado de Gandhi, "Sat-Chit-Ananda", verdade, conhecimento e felicidade são pensados como um ser único. Somente através da não violência (*ahimsa*) eles podem ser realizados. Gandhi está convencido de que a não violência não é passiva, mas ativa e uma forma e expressão de amor. Isso é acompanhado por respeito, compaixão e vontade de sofrer. O objetivo da educação é a autodeterminação (*swaraj*) do indivíduo e da comunidade, bem como o bem-estar de todos (*sarvodaya*). Gandhi já havia desenvolvido seu modelo social de *satyagraha* na África do Sul, que é baseado na força interior, emoções controladas e resistência passiva. Mesmo lá, ele sabia que esse modelo tinha uma importância de longo alcance para o desenvolvimento de uma cultura de paz global. Desde então, tem sido decisivo para seu pensamento e ações e se tornou importante para suas ideias de uma "nova educação" (*Nai Talim*) pós-colônia. Nisso, a formação de pessoas (*satyagraha*) não violentas é central. Segundo Gandhi, a "nova educação" só é possível se os jovens forem guiados por professores que são capazes disso, o que resulta em uma valorização do papel do professor. Esta apreciação do professor, que tem sua origem na cultura indiana, também desempenha um papel central no pensamento dos outros três grandes representantes do pensamento indiano dessas décadas.

Para Gandhi, a relação professor-aluno é vista como o centro da educação. Na predominantemente oral cultura da Índia, o professor, também conhecido historicamente como *guru*, ensinou ao aluno o conhecimento que muitas vezes só poderia ser acessível a ele dessa maneira. O resultado foi uma intensa relação baseada na afeição mútua. Esperava-se que o aluno mostrasse reconhecimento e devoção, disciplina, obediência e adoração. Os alunos tiveram que deixar suas famílias e morar com o professor. Isso criou a possibilidade de tornarem-se similares ao professor nos processos miméticos.[41] Supondo que o professor incorporasse o conhecimento cultural da Índia em si mesmo, esses processos miméticos levaram a uma incorporação desse conhecimento nos alunos.[42] O conteúdo transmitido dessa maneira eram formas complexas de conhecimento. Alguns deles eram teóricos e realizados por meio de percepção e cognição; outros incluíam visões cósmicas e antropológicas; outros ainda incluíam atitudes, bem como

---

41. Gebauer e Wulf, 1995; Wulf, 2013, cap. 7.
42. Kraus e Wulf, 2022.

conhecimentos práticos e implícitos, dos quais nem professor nem aluno tinham consciência.[43]

Uma das tarefas do professor consistia em despertar o interesse dos jovens pelo conhecimento e pelo trabalho. Na visão de Aurobindo, o papel do professor não é transmitir principalmente conhecimento ao jovem, mas mostrar-lhe como adquirir conhecimento. Isso requer um ambiente estimulante, no qual os jovens possam se descobrir enquanto aprendem.

Para iniciar esses processos de aprendizagem, o professor deve ter uma integridade moral em todos os aspectos que o façam ser um modelo para o jovem. As ações do professor devem ser realizadas por autocontrole, falta de sentimentos de superioridade e reconhecimento do jovem. Nos processos miméticos, o aluno pode alinhar-se tão completamente com o professor de tal maneira que ele se torne uma "parte" dele que, por assim dizer, inspira e guia o aluno dentro dele.[44] Aurobindo exige que o professor seja um "integral yogi" e, como tal, seja capaz de superar seu ego, dominar sua mente, entender a natureza humana e participar de sua transformação. A formação de professores é, portanto, sempre desenvolvimento da personalidade.

Segundo Gandhi, um bom professor é caracterizado pelo fato de buscar o autoconhecimento e a verdade e, se possível, agir sem violência. O que é importante para Gandhi é um contato emocional próximo entre professor e aluno. Se o professor é importante para o aprendizado físico e intelectual, então, ele é indispensável para o aprendizado espiritual, que não pode ter sucesso sem uma espiritualidade incorporada em seu modelo. A relação professor-aluno é caracterizada por parte do aluno por sua vontade de seguir o professor (*shushrusha*) e de se envolver com ele com confiança (*sharaddha*). Como o professor incorpora o conhecimento divino, ele não pode ser criticado, pois a crítica do professor implica uma crítica do conhecimento divino, o que não é apropriado ao aluno. A apropriação

---

43. Resina e Wulf, 2019.
44. Kress, Selander, Säljö e Wulf, 2021.

mimética do conhecimento divino incorporado no professor é bastante importante. Abordar o modelo do professor mimeticamente leva a um alinhamento com o conhecimento superior incorporado nele. Esse processo ocorre como pretendido somente quando há desejo de o aluno se tornar como o professor e adquirir seu conhecimento. Os efeitos desse processo aumentam à medida que o desejo do aluno é sustentado por sua confiança no professor. Essa confiança, por sua vez, obriga o professor a assumir a responsabilidade e cuidar do aluno. Se o objetivo do processo de aprendizagem é *swaraj*, ou seja, autogovernança na liberdade, é importante para o processo de aprendizagem do aluno que o professor também se comprometa e sirva de modelo para ele. Somente se essa capacidade for desenvolvida, os jovens poderão aprender ativamente a moldar a realidade social. Para promover esse aprendizado, não deve haver coerção. A compulsão impede o surgimento de *swaraj*, de autorregulação, de motivação para o conhecimento e de agir de acordo com ele. Para Gandhi, tudo isto só pode ser alcançado pela não violência, que deveria estar no centro de "Nai Talim", a nova educação. Em um artigo sobre Montessori na *Young India* de 19.11.1931, Gandhi escreve: "Espero que seja possível não apenas aos filhos dos ricos e abastados, mas aos filhos dos pobres receberem formação dessa natureza. Você realmente observou que, se quisermos alcançar a verdadeira paz neste mundo e se formos realizar uma guerra real contra a guerra, começaremos com crianças e se elas crescerem em sua inocência natural, não teremos a luta, não teremos que aprovar resoluções inúteis e inativas, mas passaremos do amor ao amor e da paz à paz, até que finalmente todos os cantos do mundo estejam cobertos com aquela paz e amor de que, consciente ou inconscientemente, o mundo inteiro está faminto".[45]

A alegação de desenvolver a prontidão da geração jovem para a não violência vai além do contexto da luta contra o colonialismo. A não violência ou *satyagraha* é uma atitude e forma de ação. Seu objetivo é *sarvodava*, o bem-estar de todos. Isso requer *verdade* e

---

45. Citado por Vollmer, 2015, p. 86f.

não violência. A realização de uma cultura de não violência requer a orientação de professores que mostrem como a não violência e uma cultura de paz podem ser vividas. Ao alinhar-se com estes modelos, emoções não violentas, atitudes e ações podem ser aprendidas em processos miméticos.

Essas ideias e princípios da época anterior à independência da Índia refletem o espírito dessa época. Amplas discussões sobre as possibilidades e limites da não violência, o caráter exemplar dos professores, os prós e contras da educação espiritual tornaram claro o caráter idealista dessas visões dos humanos. Elas mostraram que estão presas ao tempo e deixaram claro que o conceito de homem em que se fundamentam se baseia na possibilidade de superar o lado destrutivo do homem. Se e até que medida não há uma superestimação do potencial humano aqui permanece controverso. Hoje, há discussões contínuas sobre a relação da alternativa gandhiana com o sistema educacional indiano atual e com as ideias ocidentais de educação.[46] Sem dúvida, os conceitos ocidentais de "racionalidade", "autonomia individual" e "dignidade humana" desempenham um papel importante no sistema educacional indiano de hoje. O mesmo é verdade para muitas tradições culturais, que ainda são vivas na sociedade. Em muitas partes do país, especialmente nas zonas rurais, a combinação de conhecimento cognitivo e trabalho físico, conforme descrito em "Nai Talim", ainda é atraente e desempenha um papel importante em uma educação social e holística ao longo da vida. Até que ponto esses conceitos também podem contribuir para melhorar a forma como os seres humanos vivem juntos no mundo global do Antropoceno é uma questão para a qual uma resposta ainda não foi encontrada.

---

46. Cf. Sing, 2015; Indialogue Foundation, 2015.

11
Antropoceno: a Era dos Humanos

Nos dois capítulos anteriores, foram apresentadas ideias educacionais centrais da China e da Índia, com as quais as perspectivas desenvolvidas até então foram ampliadas. Vimos semelhanças e diferenças. As ideias ocidentais de educação foram acompanhadas por extensos desenvolvimentos técnicos, econômicos e antropológicos, que levaram à industrialização e subsequentemente a uma "Era dos Humanos". Devido a seus efeitos colaterais destrutivos indesejados, muitos desenvolvimentos são vistos criticamente a partir das perspectivas atuais. No Antropoceno, o destino do planeta foi em grande parte determinado pela negatividade das ações humanas. Embora a China e a Índia estejam lutando por suas próprias formas de modernização, não é de forma alguma certo se e até que ponto elas conseguirão excluir ou pelo menos reduzir os efeitos destrutivos. Ambos os países estão tentando acompanhar os desenvolvimentos dos quais foram excluídos anteriormente, mas isto está levando a um aumento dos efeitos destrutivos no Antropoceno. Diante dessa situação, a comunidade global deve se esforçar para corrigir o impacto negativo. Se isso será bem-sucedido ou se a destrutividade prevalecerá, está em aberto.

A Era dos Humanos e as intervenções deles na natureza que este conceito descreve não podem ser uma consequência das culturas tradicionais chinesas e indianas. O Antropoceno é resultado da cultura ocidental. Além da China e da Índia, outros países asiáticos, africanos e sul-americanos que também fazem parte. Em todas as regiões, não são todas as classes sociais que estão igualmente envolvidas no desenvolvimento do Antropoceno. Acima de tudo, são as camadas dirigentes do sistema capitalista internacional, orientado para a economização e racionalização, que promovem a exploração da natureza e a racionalização de todas as áreas da vida na política, economia, tecnologia, ciência e administração, bem como na educação da próxima geração.

A seguir, o termo Antropoceno é explicado e os efeitos na relação entre humanos e natureza são mostrados. Então, eu investigo em que medida esta nova constelação impacta a compreensão da Antropologia e da Antropologia Educacional. Por fim, eu examino o impacto de nossas reflexões anteriores sobre nossas ideias de educação e socialização. Essas análises levam a mudanças em nossas ideias sobre a natureza, o mundo e o planeta.[1] Elas mudam nossa compreensão do papel dos seres humanos, da importância do conhecimento antropológico para nossa autocompreensão e nossa compreensão de educação e socialização.

Antropoceno — a Era dos Humanos

O termo "Antropoceno" aparece pela primeira vez em um artigo curto de uma página de Paul J. Crutzen e Eugene F. Stoermer. Ele diz: "A definição de uma data mais específica para o início do "Antropoceno" parece um tanto arbitrária, mas propomos na segunda metade do século XVIII, embora estejamos cientes de que propostas alternativas podem ser feitas (algumas podem até incluir todo o Holoceno). No entanto, escolhemos essa data porque os efeitos globais da atividade humana se tornaram claramente perceptíveis nos últimos dois séculos.

---

1. Ver Lesch e Kampenhausen, 2018.

Durante esse período, os dados obtidos dos núcleos de gelo glacial mostram o início de um aumento nas concentrações atmosféricas de vários gases de efeito estufa, em particular CO_2 e CH_4. Essa data de início também coincidiu com a introdução do motor a vapor de James Watt em 1784".[2]

Os dois autores justificam a introdução do termo "Antropoceno" para designar uma nova Era da Terra através das seguintes mudanças feitas pelo homem: manejo de metade da superfície da Terra, desmatamento, mudanças no ciclo do nitrogênio, aumento de gases de efeito estufa, aumento do buraco na camada de ozônio e poluição industrial. Outras características podem ser mencionadas.[3] O termo "Antropoceno" é usado para conscientizar as pessoas sobre essa nova situação. Como resultado, discussões extensas surgem a respeito do início da nova Era da Terra, que substitui o Holoceno.[4] Embora os critérios ainda não estejam absolutamente precisos e a discussão permaneça, parece possível identificar uma primeira fase do Antropoceno no início do Holoceno, cerca de 12 mil anos atrás. Durante esse período, ocorreram o recuo do gelo, o aquecimento da Terra, o desenvolvimento da agricultura, o desenvolvimento do comércio e a crescente expansão do homem sobre a Terra. Uma segunda fase pode começar com a industrialização por volta de 1800, estendendo-se ao século XX. É a era das grandes máquinas. Durante esse período, a população mundial passa de cerca de 1 bilhão de pessoas para mais de 6 bilhões e a economia global e a demanda de energia aumentam cinquenta vezes. Uma terceira fase pode ser distinguida. Isso cobre o período entre 1945 e 2015.

---

2. Crutzen e Stoermer, 2000; cf. também Crutzen et al., 2011 e http://www.igbp.net/download/18.316f18321323470177580001401/1376383088452/NL41.pdf

3. Sobre as questões do início da Era do Antropoceno, ver Zalasiewicz, 2015; ver também Bammé, 2014; Ehlers, 2008.

4. Para detalhes dessa discussão, ver Federau, 2017, p. 115-120 e 145. Um grupo de trabalho discutiu a questão do início da Era do Antropoceno no 35º Congresso Internacional de Geologia no fim de agosto/início de setembro de 2016 na Cidade do Cabo/África do Sul e propôs o início do Antropoceno em 1930 (Voosen, 2016).

É caracterizada pela explosão da primeira bomba atômica, pela enorme aceleração da vida, pela expansão econômica associada e pela invenção e disseminação global das novas mídias. O início da quarta fase, o Antropoceno, no sentido mais restrito, foi marcado pela decisão da Assembleia Geral das Nações Unidas sobre as metas de desenvolvimento sustentável para 2015, o que levou a extensas correções, direcionadas pelas preocupações relativas às ameaças humanas no planeta (cf. capítulo 12).

A discussão sobre se e quão longe estamos em uma nova era é liderada por representantes de várias ciências, como Geologia, Climatologia, Biologia e Paleontologia.[5] Embora a União Internacional de Ciências Geológicas tenha decidido, após uma longa discussão, que a época atual ainda é o Holoceno, é bastante justificável, do ponto de vista antropológico e cultural-científico, falar do Antropoceno, a fim de caracterizar o significado da variedade humana e, em parte, efeitos fortemente destrutivos no planeta. Além dos fatores já mencionados, as mudanças climáticas provocadas pelo homem, com seu forte aquecimento da Terra, são responsáveis por isso. Também, há uma enorme quantidade de produtos fabricados pelo homem que só são degradados após muitos anos. Isso inclui, por exemplo, os mais de 350 milhões de toneladas de plástico[6] por ano e a quantidade exorbitante de concreto,[7] que nas últimas duas décadas representou metade do material total produzido no curso da história da humanidade. Além disso, há a destruição pela humanidade da biodiversidade de

---

5. Renn e Scherer, 2015; Azimuth, 2017; Lesch e Kampenhausen, 2018.

6. Isso surge a partir de uma publicação de um grupo de pesquisa liderado por Roland Geyer da Universidade da Califórnia. Segundo o estudo, dois milhões de toneladas de plástico foram produzidos, em 1950, no mundo todo e, em 2015, esse número havia aumentado para 380 milhões de toneladas. Segundo essa pesquisa, até 2015, 6,3 bilhões de toneladas de resíduos plásticos foram gerados e apenas 9% foram reciclados; 12% foram incinerados e 79% foram aterrados em aterros sanitários ou no meio ambiente.

7. De acordo com *Der Spiegel* (2.8.2010), 4,1 bilhões de toneladas de cimento são produzidas anualmente em todo o mundo, contendo uma média de cerca de 60% de CaO. A liberação do dióxido de carbono ligado à cal, mesmo com o controle ideal do processo, resulta em emissões de pelo menos 3 bilhões de toneladas de CO_2 ou cerca de 6% das emissões anuais de CO_2.

animais e plantas e a produção de trilhões de toneladas de carbono e nitrogênio. Após o aquecimento gradual do clima no início do Holoceno, cerca de 12 mil anos atrás, o *Homo sapiens* está atualmente passando pela próxima mudança fundamental no clima, desta vez criada principalmente por ele.[8]

Com esse desenvolvimento, nossa compreensão da natureza muda. As pesquisas evolucionistas e de hominização deixaram claro que os seres humanos, como todos os seres vivos, fazem parte da natureza, de modo que seu desenvolvimento, hominização, também é, em princípio, sujeito às leis da evolução.[9] Durante muito tempo, assumiu-se que, embora o homem faça parte da evolução, nossa característica especial era que nosso desenvolvimento estava apenas parcialmente sujeito às leis da evolução e era essencialmente determinado pela cultura e pela educação. Essa separação entre natureza e cultura humana não pode ser mantida no Antropoceno. Os humanos exercem uma forte influência sobre a natureza. Nós intervimos nela e a mudamos. Nós nos tornamos os atores que a moldam e influenciam sua dinâmica. No Antropoceno, uma nova relação se desenvolveu entre humanos e natureza.[10] Na "Era dos Humanos", a dominação da natureza pelos seres humanos é a condição decisiva da vida. As ações humanas têm efeitos profundos na natureza, que, então, repercutem sobre nós. O consumo de recursos não renováveis é de importância central, deixando claro que o crescimento ilimitado põe em risco o futuro da vida no limitado planeta "Terra".[11]

Tudo o que vive muda seu ambiente. Isso se aplica a plantas, animais e seres humanos. De acordo com uma estimativa de Peter Vitousek, os seres humanos usam entre 39% e 50% da superfície terrestre para suas necessidades;[12] 25% dos produtos da fotossíntese

---

8. Bonneuil e Fressoz, 2016.
9. Wulf, 2009, 27-52; Tomasello, 1999.
10. Cf. o 35º Congresso Internacional de Geologia (ver nota 3).
11. Cf. Gil e Wulf, 2015, com numerosos estudos de caso sobre as ameaças do planeta pelos humanos.
12. Vitousek et al., 1997.

também são utilizados pelos seres humanos.[13] O uso humano da terra cresceu fortemente nos últimos anos. A biomassa global de mamíferos terrestres cresceu tão fortemente entre 1900 e 2000 que houve um grande aumento de carbono. Medido em megatons de carbono, ocorreu o seguinte aumento: humanos em 1900, 13, em 2000, 55; animais domésticos em 1900, 35, em 2000, 120; pecuária em 1900, 23, em 2000, 80; animais terrestres selvagens em 1900, 10, em 2000, 5.[14]

De acordo com um relatório da ONU para a virada do milênio, 12% das espécies de aves, 23% dos mamíferos, 25% das coníferas e 32% dos anfíbios estão em perigo.[15] De acordo com documentos do WWF, a população de animais marinhos diminuiu 49% entre 1970 e 2012.[16] A extinção de criaturas vivas ocorre consideravelmente mais rápido na água do que na terra. Muitas pesquisas comprovam que atualmente existe uma ampla extinção de espécies pelas quais os seres humanos são responsáveis. O principal motivo é a poluição ambiental, por meio da qual o homem intervém no meio ambiente e, portanto, na natureza. Estende-se à atmosfera, ao oceano, à crosta terrestre (litosfera) e à biosfera.

Nos últimos anos, estabeleceu-se uma abordagem sistêmica, na qual são descritas as complexas interações das diversas influências do homem na natureza. Com essa abordagem, bifurcações podem ser identificadas, as quais, por meio de pequenas modificações, levam a grandes mudanças no sistema. A formação do buraco de ozônio e a crescente complexidade dos efeitos do carbono e do nitrogênio no planeta sob a influência do homem também podem ser analisadas e apresentadas de uma perspectiva sistêmica. Isso torna possível determinar vários motivos diferentes e relacioná-los uns com os outros. Também pode ser mostrado o quão intimamente relacionados estão: mudanças climáticas, formação de ácido nos oceanos, uso de

---

13. Vitousek et al., 1986.
14. Smil, 2011, p. 619.
15. Millennium Ecosystem Assessment, 2005, p. 35.
16. Tanzer et al., 2015, p. 16.

aerossóis, buraco de ozônio, poluição ambiental, desestabilização dos principais ciclos biogeoquímicos (carbono, nitrogênio, fósforo), uso de água doce e biosfera.[17]

Para pesquisar o Antropoceno, é necessária uma cooperação interdisciplinar entre muitas ciências, que examina os efeitos dos objetos feitos pelo homem e objetos na Terra.[18] Isso inclui, por exemplo, veículos, casas, cidades, redes viárias, minas, agricultura e sua influência no solo, depósitos em lagos, rios e mares e resíduos do trabalho humano. Além disso, os seguintes efeitos têm um impacto na Terra: (1) os resíduos de dispositivos eletrônicos, como televisores, *smartphones*, computadores etc., (2) a alteração do solo pela atividade humana, (3) os aproximadamente 100 mil materiais produzidos a partir de sínteses químicas, dos quais os produtos plásticos constituem uma grande parte, (4) os numerosos metais produzidos pelo homem, como zinco, titânio e alumínio, (5) a interferência na estrutura da vida por criação e manipulação genética, (6) a perturbação dos ciclos globais da atmosfera, (7) os depósitos em lagos, rios e mares, (8) os desastres como erupções vulcânicas e testes nucleares.

A ordem do Deus cristão de que o homem deve subjugar o mundo foi realizada no Antropoceno, a Era dos Humanos. Mas os efeitos colaterais negativos indesejados e imprevistos desse desenvolvimento são tão fortes que destroem a base da vida no planeta. Os humanos tornaram-se uma poderosa força telúrica, que não se sabe se pode ser domada.[19] Nossa supremacia e o domínio prometeico se tornam uma ameaça. Se considerarmos a distinção entre a *biosfera* (esfera da vida) e a *noosfera* (esfera da mente), os enormes efeitos bumerangues da ação humana lançados de volta pela biosfera tornam-se irrefutáveis em vista da superioridade da *noosfera* na Era dos Humanos.[20]

---

17. Federau, 2017, p. 93-102; Wallenhorst, 2019.
18. Ibid., p. 124.
19. Bauman, 2017; Latour, 2018, 1999, 1993.
20. Vernadsky, 1929; Teilhard de Chardin, 1965; Lovelock, 1988; Samson e Pitt, 1999.

Genética

Outra característica da Era dos Humanos é que diferenciações como a distinção entre a biosfera e a noosfera estão perdendo sua nitidez e novas misturas híbridas estão surgindo. O campo da Genética ou da pesquisa genética é um exemplo disso, no qual está expresso o poder crescente dos humanos sobre a biosfera. Neste desenvolvimento, quatro marcos podem ser identificados: 1) a descoberta da estrutura de dupla hélice do DNA em 1953, 2) a clonagem do primeiro mamífero, "Dolly", a ovelha, em 1996, 3) a decodificação do genoma humano quase 20 anos depois, 4) as intervenções na evolução: tecnologia CRISPR. Gostaria de descrever a clonagem com mais detalhes aqui e, em seguida, focar a tecnologia CRISPR em particular, devido à sua crescente importância. "Dolly" era uma cópia exata, gerada em laboratório de outro animal. Para produzi-la, o núcleo com o material genético foi retirado de uma célula do corpo deste animal. Foi então inserido em um óvulo do qual seu próprio material genético havia sido removido anteriormente. Isso fez de "Dolly" uma cópia sem um pai biológico próprio. Este experimento, que foi bem-sucedido após muitas tentativas, foi seguido por centenas de animais clonados. Em 2013, pesquisadores em Oregon conseguiram pela primeira vez clonar células humanas e produzir células geneticamente idênticas. Para esse fim, as células da pele foram removidas de crianças nas quais, como em todas as células do corpo humano, estavam contidas as informações genéticas completas. Os núcleos foram inseridos em oócitos; esperavam-se que embriões viáveis fossem obtidos deles em bandejas de nutrientes; o experimento foi interrompido após uma semana. A intenção aqui não era criar um clone viável, como no caso de "Dolly". Em vez disso, o objetivo desse experimento era obter tecidos ou órgãos humanos para fins terapêuticos. Desde então, a pesquisa com células-tronco se desenvolveu rapidamente: as células da pele de adultos podem, por exemplo, ser transformadas em diferentes tecidos. O desenvolvimento atingiu um novo pico quando, no início de 2017, as notícias de um embrião de porco na Califórnia, criado em um laboratório com células humanas, propagaram-se ao redor do mundo. Ele foi destinado a ser usado para a criação de órgãos e tecidos humanos. Devido a violentas reações do público, o experimento foi abandonado após quatro semanas. Os problemas éticos expressos nessa tentativa de estabelecer um vínculo entre humanos e porcos são graves. Existe um consenso mundial de que a clonagem reprodutiva não deve ser permitida. A situação é diferente com a clonagem terapêutica, na qual a avaliação moral dos experimentos e a legislação em vigor em diferentes países são atualmente muito diferentes.[21]

Com a ajuda do CRISPR-Cas 9, ou CRISPR, abreviado, que foi apresentado pela primeira vez ao público em 2015, agora é possível editar o genoma de plantas, animais e humanos. Pode-se mudar o DNA dentro das células vivas e modificar a informação genética que determina todos os seres vivos. "Desde que o código genético de uma característica específica seja conhecido, os cientistas podem usar o CRISPR para inserir editar ou excluir o gene associado em praticamente qualquer genoma de plantas ou animais."[22] As manipulações realizadas desde então são de tirar o fôlego. Por exemplo, ao editar um gene, foi possível "criar" pequenos porcos domésticos do tamanho de um gato. Com as cabras Shanbei, foi possível tornar seus corpos mais musculosos, conter mais carne e pelos mais longos. Em seguida, foram editados os genes do peixe-zebra, camundongo, ratos, sapos, bichos-da-seda, besouros, coelhos, cães e macacos. Na agricultura também ocorreram intervenções maciças na estrutura genética de arroz, milho e trigo, além de repolho, pepino, batata e fungo. Manipulações genéticas também foram realizadas em humanos. Nas células pulmonares, sanguíneas e musculares, o CRISPR foi utilizado para corrigir mutações genéticas. As possibilidades de intervenção na biosfera parecem infinitas. Essas manipulações de plantas, animais e seres humanos são acompanhadas por enormes interesses econômicos. O objetivo é editar o genoma de plantas e animais para que eles fiquem mais bem protegidos contra

---

21. Ammicht-Quinn e Potthast, 2015.
22. Doudna e Sternberg, 2018, p. XV.

pragas. Outro objetivo é otimizar plantas e animais para o benefício e no interesse dos seres humanos. Nos EUA, a manipulação de genes tornou possível proteger melhor as frutas cítricas contra uma doença de planta chamada "esverdeamento cítrico". A soja foi geneticamente modificada para melhorar a qualidade dos alimentos, reduzindo as gorduras trans que aumentam os níveis de colesterol.

O CRISPR desempenha um papel central nos organismos geneticamente modificados (OGM). Com sua ajuda, foi possível editar o gene da variedade de batata Ranger Russet de forma que a glicose e a frutose não sejam mais produzidas. Foram produzidos tubérculos que contêm 70% menos acrilamida e não ficam mais marrons quando consumidos como batatas fritas. Esta e outras manipulações genéticas são acompanhadas por grandes interesses econômicos. Nos EUA, canola, milho, algodão, mamão, arroz, soja e muitas outras plantas foram agora geneticamente modificadas. O objetivo é, acima de tudo, aumentar o valor de utilidade das plantas para os humanos. A manipulação dos genes dos animais também está aumentando. Isso resulta em porcos resistentes a vírus e gado geneticamente sem chifres. Um papel especial é desempenhado por experimentos com ratos, que compartilham 99% de seus genes com humanos e nos quais muitas manipulações são realizadas com a intenção de descobrir quais são as possibilidades de manipulação genética terapêutica no que diz respeito aos humanos. As intenções terapêuticas também são a força motriz por trás da modificação do gene com o uso do CRISPR em suínos, por meio da qual se espera desenvolver, no futuro próximo, órgãos de reposição como pulmão, coração, fígado, baço, pâncreas e rim para humanos. Em alguns lugares, também está sendo realizado um trabalho para trazer de volta à vida espécies animais extintas, como o mamute-lanoso, "editando" os genes dos elefantes. No entanto, isso exigiria a troca de 1,5 milhão de letras de DNA — uma tarefa que atualmente não é viável. Um passo nessa direção é o planejamento e a construção de unidades de genes. Aqui, o CRISPR é usado para cortar o DNA em um ponto específico e introduzir uma nova sequência de letras neste ponto, algumas das quais contêm informações genéticas que o próprio CRISPR codifica, copia para novos cromossomos e se multiplica exponencialmente nessa população. Dessa maneira, o CRISPR pode ser programado para programar não apenas a si mesmo, mas também outras sequências de DNA. Espera-se que este método, por exemplo, torne os mosquitos transmissores da malária resistentes à malária e, assim, evite a infecção de milhões de pessoas todos os anos. No entanto, esses procedimentos não estão isentos de perigo. Uma unidade genética CRISPR é autossustentável. "Como o modo de herança parece ser mais esperto que a seleção natural, os insetos modificados se propagam e transmitem suas características defeituosas indefinidamente. Essa minúcia é o que torna os acionamentos genéticos tão poderosos — e tão alarmantes. Estima-se que se uma mosca da fruta escapasse do laboratório de San Diego durante os primeiros experimentos de condução genética, ela teria espalhado os genes que codificam o CRISPR, juntamente com a característica do corpo amarelo, entre 20% e 50% de todas as moscas da fruta em todo o mundo."[23] Isso requer avaliação cuidadosa dos riscos e controle cuidadoso, pois efeitos colaterais não pretendidos e imprevistos podem ter consequências catastróficas.

Um grande potencial para o CRISPR está na Medicina, por exemplo, no tratamento e cura do câncer. Depois de ter conseguido usar as moléculas CRISPR derivadas de bactérias para "editar" os genes das células humanas, "uma equipe de pesquisadores chineses programou as mesmas moléculas CRISPR para encontrar e corrigir uma mutação de uma letra entre os 2,8 bilhões de letras de DNA do genoma do rato".[24] Foi a primeira vez que eles curaram uma doença genética de um animal vivo usando CRISPR. Um rato foi curado de uma catarata congênita, que causa considerável prejuízo visual. O CRISPR foi usado para corrigir letras de DNA erradas, ausentes ou em excesso. Foi demonstrado que, ao editar os genes, é possível reverter o desenvolvimento de doenças e que o CRISPR pode ser programado

---
23. Ibid.
24. Ibid.

para atingir novas sequências de DNA e, portanto, novas doenças. Embora essa área ainda esteja na fase inicial, duas abordagens estão surgindo, a manipulação de linhas germinativas e a manipulação de células somáticas. A linha germinativa inclui todos os genes que podem ser transmitidos para as gerações seguintes, como os dos óvulos e espermatozoides. Todas as outras células, como as do coração, fígado, pele e músculos, são células somáticas e não são repassadas aos descendentes. Se a linha germinativa de um embrião inicial é editada pela edição de uma única célula, o DNA reparado é copiado em todas as célulasfilha, incluindo as células da linha germinativa, e o genoma é passado para a próxima geração. É óbvio que isso gera preocupações consideráveis de segurança e problemas éticos. No caso de células somáticas, a edição é menos problemática em que as mudanças nas células somáticas não são passadas para a prole. No entanto, devido ao tamanho das células somáticas, é muito mais difícil fazer correções aqui. Se problemas técnicos consideráveis precisam ser superados na "edição" *ex vivo* de genes, tornam-se ainda maiores no processo *in vivo* de edição de genes, em que o paciente é doador e receptor. Enquanto isso, o método CRISPR não apenas provou seu valor no tratamento de doenças hereditárias, como também teve seus primeiros sucessos no campo da cura do câncer, de modo que parece estar se desenvolvendo gradualmente como uma quarta estratégia na luta contra o câncer, ao lado de cirurgia, radiação e quimioterapia.

Este método CRISPR tem o potencial de intervenções profundas no genoma humano, modificando-o de modo que seja transmitido de geração em geração em sua forma modificada. O processo necessário para isso pode ser descrito da seguinte maneira. É preciso criar um embrião *in vitro* a partir dos óvulos e espermatozoides dos futuros pais, editar o genoma do embrião injetando moléculas CRISPR pré-programadas e implantar o embrião assim tratado no útero da mãe. Os humanos nunca tiveram uma ferramenta como o CRISPR, com potencial de transformar não apenas os genomas das pessoas vivas, mas também todo o genoma futuro em um palimpsesto coletivo,[25] no qual cada parte da informação genética poderia ser apagada e rescrita de acordo com os caprichos da edição da geração. Com a ajuda deste método, o desenvolvimento humano, a hominização, torna-se manipulável. Uma vez que existe essa possibilidade, algum dia, apesar das alegações em contrário, será realizada pelos humanos. Assim, a dinâmica da evolução humana determinada pelo planeta, que levou ao Antropoceno, será intensificada mais uma vez.

Ciborgue

Outro campo em que uma mudança de entendimento do ser humano no Antropoceno pode ser encontrada é a conexão inextricável entre humanos e máquinas (capítulo 7). Aqui, estão surgindo desenvolvimentos que indicam a enorme expansão das possibilidades de projeto humano nas últimas décadas.[26] Uma área é a interface entre humano e máquina, para a qual foi encontrado o próprio termo memorável "ciborgue".[27] Esse desenvolvimento tem seus precursores na industrialização, em que as máquinas são projetadas e construídas por pessoas para fins fixos. O motor a vapor e seus numerosos desenvolvimentos adicionais são o modelo para isso. Motores a gasolina e elétricos, linhas de montagem e sistemas de transporte também pertencem a este contexto. Uma nova fase na relação homem-máquina surge quando máquinas na forma de próteses e implantes substituem braços e pernas, articulações e válvulas cardíacas tornam-se parte do corpo humano e, assim, contribuem para a sobrevivência humana. Nas últimas décadas, a produção de "peças sobressalentes" técnicas ou mecânicas para órgãos ou partes do corpo humano aumentou consideravelmente.

---

25. Ibid.
26. Harari, 2017, 2018.
27. Haraway, 1991.

Com o desenvolvimento de robôs e inteligência artificial, uma nova expansão das possibilidades humanas está emergindo. Elas variam da "casa inteligente", na qual um computador pode ser usado para controlar remotamente o aquecimento e o fogão, a carros autopropulsores e robôs que substituem o trabalho humano, a técnicas para conectar o cérebro e a internet. Muitos pesquisadores que trabalham neste campo antecipam máquinas muito mais inteligentes que podem substituir cada vez mais o trabalho humano e exercer um poder cada vez maior sobre os humanos. Sem dúvida, estas conquistas da inteligência artificial incluem capacidades enormes para armazenamento, "memória" e redes de máquinas eletrônicas. Os computadores hoje são superiores aos campeões mundiais de xadrez; eles até vencem as pessoas no pôquer, em que o blefe e o conhecimento da natureza humana desempenham um papel importante. Enquanto alguns pesquisadores comemoram a inteligência que se torna visível no *deep learning*, outros apontam que não é uma inteligência "real", mas apenas uma inteligência "falsa", pois os algoritmos simplesmente copiavam os padrões de comportamento humano desenvolvidos por humanos, mas não podiam projetá-los eles mesmos. O trabalho em sistemas baseados no conhecimento, reconhecimento facial e de fala, robótica, otimização e métodos de aproximação são importantes campos de atividade. Atualmente, muita pesquisa se concentra na inteligência cognitiva, sensório-motora, emocional e social. Estes estudos deixam claro onde estão os limites da inteligência artificial em relação à consciência, autoconfiança, autoestima e mente ou espírito. Computadores e inteligência artificial não compreendem o significado dos processos digitais; eles não têm possibilidade de compreensão ou empatia. Eles também encontram grande dificuldade nas ações da vida cotidiana baseadas na inteligência prática. Com o pensamento reflexivo e as invenções da arte, os limites da inteligência artificial se tornam ainda mais claros.

 A avaliação geral dos desenvolvimentos em inteligência artificial também depende se alguém assume uma inteligência fraca que meramente apoia as pessoas em muitas áreas da vida ou se enfatiza as possibilidades de uma inteligência artificial forte que utiliza redes neurais. Apesar do aumento do poder humano, nós estamos inseguros e incertos sobre novos desenvolvimentos que surgem diante de nós. A dúvida é expressa sobre as grandes narrativas,[28] sobre o pós-modernismo,[29] sobre o pós-história,[30] sobre uma história teleológica.[31] Estamos buscando uma antropologia após a morte do homem e suas visões de mundo.[32]

Antropoceno e Antropologia

Se essas considerações sobre o início de uma nova era da Terra estão corretas, logo devemos perguntar que significado esta situação tem para os seres humanos, as ciências humanas e, principalmente, para a Antropologia. Se o Antropoceno é o início de uma nova fase na história da Terra, é caracterizado pelo fato de que os humanos se tornaram o fator determinante no desenvolvimento do planeta. Mas o que isso significa para a autocompreensão e autoestima humanas? O que isso significa para a Antropologia como ciência dos seres humanos? Um terreno comum que liga a Antropologia ao Antropoceno reside no significado característico do tempo para ambos. No caso do Antropoceno, é sobre o início da Era dos Humanos; no caso da Antropologia, trata-se de perspectivas que emanam a partir da historicidade dos humanos, da cultura e da Antropologia enquanto ciência.

Na Era dos Humanos, a investigação do domínio da intervenção humana em si como sujeito, sobre outros seres humanos, sobre a sociedade, a natureza e o planeta constitui uma área central da pesquisa antropológica. É óbvio que, com essa relação com o mundo,

---

28. Lyotard, 1986.
29. Welsch, 2005.
30. Niethammer, 1989.
31. Fukuyama, 1992.
32. Kamper e Wulf, 1994.

outras dimensões da vida humana são colocadas em segundo plano e, assim, torna-se necessária uma arqueologia do ser humano como ser cultural.[33] Novos campos antropológicos de pesquisa também estão surgindo no Antropoceno como a Era dos Humanos. Os problemas que abrangem o mundo são uma área central, alguns dos quais foram apresentados na seção anterior. Esta ampla intervenção no planeta corresponde a uma compreensiva *responsabilidade* humana. Para fazer justiça à tarefa de preservar e mudar o mundo, são necessários conhecimentos antropológicos compreensivos e um compromisso ético pronunciado. Nos dois casos, o foco está na relação entre ser humano e meio ambiente, mundo e planeta. O conhecimento antropológico é histórico e cultural, bem como relacional e orientado para o futuro. Isso gera questões sobre novas formas de conhecimento e sobre uma nova autocompreensão dos seres humanos.

Em vista da complexidade da forma como vivemos na Era dos Humanos, grande parte da pesquisa antropológica é *interdisciplinar* ou *transdisciplinar*, além da pesquisa *específica de cada área*. As tarefas de pesquisa resultantes das novas perspectivas no Antropoceno só podem ser insuficientemente atribuídas às disciplinas científicas tradicionais. Em vez disso, são necessárias novas conceituações de perguntas e pesquisas que façam justiça à situação alterada na Era dos Humanos. Curiosidade, interesse no que é estranho a nós, abertura e flexibilidade são necessários. Altas demandas são colocadas nas habilidades de comunicação e cooperação dos pesquisadores. Os cientistas devem atender às complexas demandas de comunicação e interação, caso contrário os objetivos e tarefas comuns da pesquisa multidisciplinar, interdisciplinar e transdisciplinar estarão ameaçados.

Enquanto na pesquisa multidisciplinar o objetivo é a colaboração de especialistas, em que cada cientista de sua disciplina faz perguntas a representantes de outras disciplinas na esperança de que seus conhecimentos científicos os inspirem a trabalhar em seus problemas, a pesquisa transdisciplinar visa a uma nova qualidade de pesquisa.

---

33. Wulf e Kamper, 2002.

O objetivo consiste em descobrir e investigar questões que frequentemente surgem nas margens da disciplina e que são determinadas menos pela tradição da disciplina do que por novas constelações decorrentes do intercâmbio entre as disciplinas. Muitas pesquisas antropológicas se desenvolvem em tais contextos, principalmente quando suas questões e temas não podem ser atribuídos a uma única disciplina, uma vez que são fenômenos, problemas e objetos que surgiram antes e fora de uma canalização para as disciplinas científicas. É o caso, por exemplo, dos objetivos de desenvolvimento para a sustentabilidade, que serão discutidos em mais detalhes no próximo capítulo.

Muitas pesquisas antropológicas no Antropoceno são *transdisciplinares*, *multiparadigmáticas* e *transculturais*. Portanto, diferentes métodos e procedimentos são usados. No estágio atual de desenvolvimento, não é possível descrever métodos de investigação individuais como métodos antropológicos *per se*. O espectro de métodos e combinações de métodos é amplo e, em princípio, pode tornar-se mais amplo ainda. Qualquer tentativa de restringi-lo contradiz a diversidade e a abertura paradigmática da pesquisa antropológica. Na medida em que as questões metodológicas estão subordinadas às questões conceituais e temáticas, elas não podem ser tratadas isoladamente das novas questões e problemas emergentes na Era dos Humanos. Como uma Antropologia Histórico-Cultural no Antropoceno não é constituída por uma única área, cuidados especiais e reflexão são necessários na área metodológica.

Muitos desenvolvimentos do Antropoceno afetam todo o nosso planeta e requerem *tratamento universal*. No entanto, a experiência com esta pesquisa mostra que as *diferenças culturais* também devem ser levadas em consideração, especialmente se a pesquisa deve resultar em consequências regionais e locais para a ação. Apesar da natureza universal de muitos problemas no Antropoceno, uma Antropologia Histórico-Cultural insiste na necessidade de abordar tanto suas dimensões regionais e culturalmente específicas quanto seus contextos locais e históricos. Em vez de uma pesquisa exclusivamente orientada para perspectivas universais, também é necessária uma pesquisa antropológica crítica e reflexiva, segundo a qual uma tarefa consiste em examinar a diversidade cultural, o desafio da alteridade e a reflexão antropológica sobre as condições históricas e culturais na Era dos Humanos.

Apesar da pesquisa no campo do Antropoceno, que agora é ampla, permanece a questão de saber se e como a humanidade é capaz de corrigir seus impactos destrutivos no planeta. Qualquer resposta a essa pergunta depende dos efeitos das imagens humanas e mundiais e das práticas políticas, econômicas, técnicas, culturais e sociais controladas por elas. De que maneira as pessoas são capazes de usar o conhecimento para obter esclarecimento e agir corretamente a partir destes esclarecimentos? O conhecimento da catástrofe climática iminente pode levar a uma ação que evite a catástrofe? As disputas nas cúpulas internacionais do clima suscitam dúvidas de que o reconhecimento da situação leve a melhores ações.

Em muitos discursos, supõe-se que as pessoas sejam capazes de corrigir os desenvolvimentos indesejáveis que produziram. Mas é assim ou é essa convicção otimista a expressão de uma superestimação de nós mesmos?[34] As pessoas podem realmente controlar o mundo apenas porque criaram partes dele? Dúvidas enormes surgem. A pandemia do coronavírus deixa absolutamente claro o quanto os seres humanos são dependentes da natureza, que é obrigada a sobreviver aos seres humanos. O conceito Antropoceno é uma expressão da mania da onipotência humana. Por um lado, o conceito é usado para descrever uma era geológica na qual as pessoas criam enormes depósitos de plástico e concreto, substâncias químicas recém-produzidas, metais e resíduos nucleares. Por outro lado, o conceito contribui para definir os processos políticos, econômicos, culturais e sociais globais característicos desta era. Esse uso prolongado do conceito sugere que na Era dos Humanos esperançosamente podemos fazer as correções necessárias aos desenvolvimentos catastróficos. O uso do conceito

---

34. Manemann, 2014.

baseia-se no pressuposto de que os seres humanos são donos de seu próprio destino. Isso é surpreendente, pois muitos desenvolvimentos mostram que as pessoas não são capazes de prever os efeitos de suas ações, muito menos de orientar suas ações de acordo com suas ideias.

Aqui fica claro o significado antropológico de não saber ou não ser capaz de saber. Quanto mais sabemos, mais nos tornamos ignorantes. Uma manipulação reflexiva do conhecimento só é possível se levarmos em consideração a ignorância. A catástrofe climática deixa isso claro: os efeitos colaterais indesejados da ação humana são uma expressão de nossa ignorância, portanto: "Não conhecimento, mas a ignorância é o meio da modernização reflexiva".[35] Em vista dessa situação, não devemos ignorar a ameaça da catástrofe do clima e devemos superar nossa cegueira para os desastres. Como Walter Benjamin diz apropriadamente: "O conceito de progresso está fundado na ideia de catástrofe. A catástrofe é que é o 'status quo'".[36] Os humanos não são donos do seu destino "porque eles podem imaginar menos do que podem fazer".[37] Os humanos podem matar milhares por sua técnica, mas podem chorar e lamentar apenas por um.[38] Em segundo lugar, os humanos não podem restaurar o estado de inocência perdida, pois são incapazes de "não serem mais capazes de fazer o que antes era possível. Portanto, não é uma habilidade que nos falta, mas o que não podemos fazer".[39]

Para a pesquisa antropológica no Antropoceno, isso significa que *maravilha* ou *espanto* (do grego *thaumazein*), *questão radical* e *críticas filosóficas* e autocríticas a respeito das condições criadas por nós desempenham um papel importante. Essas condições e formas de filosofar não podem ser adequadamente descritas como um método. Elas não podem ser fixadas de maneira formal. Primeiro, elas revelam

---

35. Beck, 1996, p. 298.
36. Benjamin, 1990, p. 683.
37. Manemann, 2014, p. 47; ver também Anders, 1956, p. 5.
38. Cf. Anders, 1956, p. 17 e p. 267.
39. Anders, 1980, p. 395.

sua importância no exame de fenômenos, acontecimentos, ações e problemas, bem como em jogos de linguagem e pesquisa antropológica. Dependendo do contexto, essas formas de reflexão levam a diferentes percepções e também ampliam a complexidade da pesquisa antropológica. A pesquisa antropológica mantém a questão dos seres humanos no Antropoceno fundamentalmente aberta e contribui para a percepção de que é impossível desenvolver um conceito do ser humano.

Antropoceno: crítica, conhecimento e educação

Ver o Antropoceno como uma nova era geológica também levanta alguns problemas. Estes são vistos de forma crítica nos discursos pós-coloniais do Sul global em particular. As críticas expressam dúvidas fundamentais sobre a adequação do construto do "Antropoceno" e as estratégias de desenvolvimento sustentável desenvolvidas no sistema ONU. As mesmas críticas são repetidas sob várias formas. Elas também se tornaram parte dos discursos sobre os impactos negativos do Antropoceno e têm contribuído para a diferenciação da investigação das causas e avaliação crítica e também para o desenvolvimento de estratégias de transformação construtivas.[40] Essas objeções podem ser vistas claramente na obra de Arturo Escobar, que investigou as causas do Antropoceno e desenvolveu o conceito de "pluriverso" como um contraconceito.[41] Em sua opinião, os desenvolvimentos negativos do Antropoceno têm muito a ver com o patriarcado e a exclusão do feminino.[42] As estruturas violentas da atualidade são entendidas como resultantes da violência patriarcal no desenvolvimento histórico do ser humano. Segundo a hipótese de Escobar, o Antropoceno surgiu como resultado do patriarcado, que

---

40. Wallenhorst e Wulf, 2021, 2022a, 2022b.
41. Escobar, 2018.
42. Cf. Haraway, 2016.

levou à supressão e à exclusão do poder preservador e sustentador do feminino. Os desenvolvimentos indesejáveis do Antropoceno são vistos como uma consequência da violência patriarcal dirigida contra a natureza e outras pessoas. Portanto, as aberrações do Antropoceno não podem ser corrigidas por estratégias de desenvolvimento, nem mesmo por estratégias de desenvolvimento sustentável. Mesmo o desenvolvimento sustentável é uma forma de desenvolvimento e segue a dinâmica do desenvolvimento. Em vez disso, devemos nos empenhar pelo "pluriverso" — não pelo "desenvolvimento", mas pela "preservação", não pelo desenvolvimento sustentável, mas pela "preservação do pluriverso". O objetivo é a transformação dos valores da sociedade capitalista. O objetivo do futuro dos seres humanos não deve ser o crescimento, nem mesmo o crescimento sustentável. O objetivo deve ser antes preservar e proteger a natureza, ou seja, as formas de vida de plantas, animais e humanos.

A crítica também se dirige ao caráter global do conceito de Antropoceno. Como o capitalismo, o socialismo e o orientalismo, o Antropoceno é uma construção que nos permite compreender o mundo ou o planeta que reivindica universalidade e não pode ser usado para evitar a destruição da diversidade do mundo.[43] Portanto, a noção de universal deve ser substituída pela noção de "pluriverso". Um conceito centralista enfatizando a unidade do mundo não faz sentido. Em vez disso, o "pluriverso" promove ideias descentralizadas do mundo que ficam lado a lado, umas com as outras e às vezes umas contra as outras. O conceito de Antropoceno, que pretende ser válido para todo o planeta, é visto como um conceito europeu-ocidental que, como o orientalismo, é uma consequência do colonialismo.[44] Este conceito estabelece a compreensão ocidental do mundo como uma verdade cientificamente comprovada e outras ideias são excluídas. O processo subjacente ao Antropoceno é pouco diferente dos mecanismos que levaram à colonização do imaginário latino-americano.

---

43. Sousa Santos, 2018.
44. Said, 1995.

Diante desta situação, é necessária uma nova compreensão do conceito de "design". Este é considerado um conceito apropriado para as mudanças necessárias na maneira como os humanos vivem. Este conceito envolve "transições culturais, civilizacionais e ecológicas; uma abordagem ontológica para projetar transições; e relações entre autonomia, ´design´ e ativação política de lógicas relacionais e comunitárias no centro das transições. A tradição modernista do ´design´ pode ser reorientada de sua dependência da ontologia dualista sufocante da modernidade capitalista patriarcal para modos relacionais de saber, ser e fazer. Pode ser reapropriada de forma criativa por comunidades subalternas em apoio às suas lutas para fortalecer sua autonomia e realizar seus projetos de vida?".[45]

Todas as afirmações sobre as interconexões no Antropoceno devem ser contextuais e relacionais. Isso exige uma nova compreensão do corpo humano e de sua importância na maneira como vivemos e entendemos o mundo.[46] Este é um pré-requisito para compreender o valor e o significado das declarações e ações das "comunidades subalternas" que moldam seus mundos de vida de maneiras diferentes da sociedade industrializada e, portanto, são fundamentalmente diferentes delas.[47] Há uma ênfase na necessidade de todas as sociedades e grupos sociais agirem de forma autopoética e estética. No entanto, é duvidoso que seja possível realizar as transformações necessárias com os meios de que dispõem as sociedades modernas. Também há alguma dúvida quanto à possibilidade de o "raciocínio abstrato" fazer justiça às condições de vida locais. Seu caráter ubíquo, o fato de não atribuir importância suficiente ao contexto social, sua falta de referência às preocupações ecológicas e sua falta de diversidade fazem com que essa forma abstrata e universalista de lidar com o mundo não atinja seus objetivos.

O termo "design" introduzido em seu lugar refere-se ao seu caráter dialético; as pessoas projetam seu mundo, que por sua vez projeta as

---

45. Escobar, 2018, p. 11.
46. Vieira, 2021.
47. Spivak, 1988, 2013; Krenak, 2021.

pessoas. Um exemplo do poder do "design" são as máquinas que os humanos criaram e às quais agora estão se adaptando. O objetivo é criar um mundo em que *buen vivir* e o convívio sejam possíveis.[48] Isso requer imaginação, especulação e comunhão respeitosa de todos os seres vivos e, portanto, o desenvolvimento de uma dinâmica que é fundamentalmente diferente dos objetivos dos projetos transumanos que preveem o aprimoramento da condição humana/superação das limitações humanas ao transcender a biologia. Tecnologia, inteligência artificial, robótica, genética, geoengenharia, ciberfantasias, nanotecnologia espacial e impressão 3-D ilimitada são consideradas meios para esse fim.[49] Enfatiza-se um "localismo cosmopolita",[50] dentro do qual novas formas de vida humana podem ser desenvolvidas. O objetivo é a pluralização da modernidade e a criação de diversas formas de modernidade, assim como fazer correções, nas quais é importante evitar a colonização, a evangelização e o desenvolvimento no sentido tradicional. A "legitimação da manipulação da biosfera em geral e da vida humana em particular"[51] deve ser vista de forma crítica. Em vez disso, o que é necessário são o pensamento e a ação relacionais. Isso requer uma abordagem crítica do "capitoloceno" e do "patriarceno", que remonta ainda mais.[52]

Muitos dos aspectos aqui mencionados também são levantados por Ailton Krenak, que nasceu em 1953, em Minas Gerais, no vale do Rio Doce. Ele é um dos mais importantes representantes do movimento indígena Aliança dos Povos da Floresta na região amazônica do Brasil e coautor do requerimento da Unesco para a implantação da Biorreserva da Serra do Espinhaço em 2005. Em sua visão apaixonada, são necessários o abandono dos velhos padrões de pensamento associados ao capitalismo e à modernidade e o desenvolvimento de uma nova relação com a natureza, com as outras pessoas e com a própria vida.

---

48. Gödde e Zirfas, 2018; Wulf e Baitello 2019.
49. More e More, 2013; Mersch, Wulf, Sengbeil e Bilgi, 2021.
50. Ezio Manzini.
51. Escobar, 2018, 294.
52. Cf. Mersch, 2021.

Para tanto, existem tradições histórica e culturalmente diferentes em todas as partes do mundo que precisam ser reexaminadas e que podem nos ajudar a desenvolver novas perspectivas para uma mudança no relacionamento entre os humanos e a natureza.[53]

Dignas de consideração, visto que essas objeções críticas dos discursos pós-coloniais são para a compreensão e ação reflexivas e críticas no Antropoceno, elas também correm o risco de fornecer explicações universalistas que são tomadas fora do contexto e, portanto, podem frequentemente ser contraditórias. As estruturas de poder da sociedade capitalista, colonialismo e pós-colonialismo, tecnologia, robótica, inteligência artificial, genética e geoengenharia são causas significativas de muitos dos efeitos destrutivos do Antropoceno.

---

53. Krenak, 2019, 2020, 2021.

12
Paz, diversidade cultural e sustentabilidade como tarefas da educação global

Mesmo que nosso futuro não seja conhecido, é uma parte importante para a educação. As crianças e os jovens devem educar-se de tal maneira que se tornem aptos para o futuro. Mesmo que não seja possível afirmar exatamente no que consiste uma educação para o futuro, não há dúvida de que a paz, o lidar com a diversidade cultural e a sustentabilidade estejam entre as condições para uma educação sustentável para o futuro na era global. Todas as três áreas estão entrelaçadas. Quando as questões de paz são abordadas, problemas de diversidade cultural e sustentabilidade desempenham um papel. A educação para a sustentabilidade não é possível sem considerar a diversidade cultural e a justiça social. Todos os três campos de atividade são altamente atuais. Nós precisamos desenvolver uma cultura de paz, diversidade cultural e sustentabilidade e, assim, contribuir para as críticas e modelagem criativa da Era dos Humanos, a Era do Antropoceno. Isso implica mudanças societais fundamentais cuja implementação terá um papel importante a desempenhar no campo da educação, especialmente nas escolas. Por quase 50 anos, a Unesco trabalha para desenvolver conceitos educacionais para a comunidade mundial. Muitos deles se tornaram pré-requisitos importantes para a educação global sustentável e, portanto, serão apresentados brevemente.

Trabalho em direção a uma educação para a paz

Dentro da estrutura da Unesco, a educação é entendida como parte da cultura; ao mesmo tempo, enfatizam os efeitos socializantes e educacionais da cultura. Em contraste com outras organizações internacionais, os efeitos educacionais da cultura e o caráter cultural da educação são uma prioridade da Unesco. Por meio dessa combinação de cultura e educação, o conceito de educação da Unesco difere das ideias utilitárias e economicamente determinadas. Como as ideias de educação da Unesco se desenvolveram é ilustrado pelas três contribuições fundamentais da Unesco para a educação publicadas nos últimos 45 anos: o Relatório Faure *Learning to be*,[1] o Relatório Delors *Learning — The treasure within*[2] e *Rethinking education. Towards a global common good?*[3] Esses estudos compartilham um objetivo comum, ou seja, desenvolver uma estrutura baseada em direitos humanos para a educação na sociedade mundial.

O Relatório Faure trata do desenvolvimento dos dois termos inter-relacionados: *"sociedade da aprendizagem"* e *"educação ao longo da vida"*. Aqui fica claro que, em um mundo cada vez mais complexo, o aprendizado não pode ser limitado ao aprendizado escolar. Aprendizado também ocorre na vida social, nas instituições sociais, no mundo do trabalho, na mídia e nos tempos de lazer, e isso acontece ao longo da vida. O Relatório Faure enfatiza o direito de cada indivíduo à aprendizagem ao longo da vida para seu próprio desenvolvimento pessoal, social, econômico, político e cultural. O Relatório Delors retoma esses

---

1. Faure, 1972.
2. Delors, 1996.
3. Unesco, 2015; Deutsche Unesco-Komission, 2017.

pensamentos e desenvolve os quatro pilares da aprendizagem: *aprender a saber, aprender a fazer, aprender a viver juntos, aprender a ser*. Destaca o vínculo estreito entre o caráter da sociedade em que as pessoas vivem e a maneira como aprendem. Enfatiza-se a necessidade de ver a educação não apenas em termos funcionais, mas relacioná-la com o desenvolvimento de todo o ser humano. É importante orientar-se para os valores nos quais o trabalho da Unesco se baseia. Deve-se evitar educação instrumental e predominantemente relacionada aos interesses do mercado. Desde as décadas de 70 e 90 do século passado, o contexto global mudou e estamos em uma fase de profundas mudanças.[4] Isso é determinado por uma crescente interdependência das sociedades e por novas formas de complexidade, incerteza e tensão.[5] A globalização levou a uma redução da pobreza, criando um número crescente de empregos mal remunerados e um número crescente de jovens desempregados. A desigualdade entre regiões e em muitos países está crescendo. Os sistemas educacionais geralmente contribuem para o surgimento dessas discrepâncias, em vez de reduzi-las. A televisão, a internet, as tecnologias móveis e outras mídias digitais oferecem novas oportunidades para produção e educação cultural. Atualmente, quase metade das pessoas está conectada entre si pela internet, que é amplamente utilizada em diferentes regiões, e mais da metade é excluída. Hoje, a educação não pode apenas ser vista em um contexto nacional ou regional, mas também em um contexto global. Aspectos econômicos e ecológicos são importantes, bem como aspectos demográficos e crescimento urbano. A crescente mobilidade dos jovens em um contexto global cria novos problemas e dificuldades, mas também novas capacidades e habilidades. Sustentabilidade e desenvolvimento social levam a transformações globais e novos horizontes de aprendizado. Em conexão com esse desenvolvimento, uma nova diversidade de imagens humanas, visões de mundo e sistemas de conhecimento está emergindo.[6]

---

4. Ibid.
5. Gil e Wulf, 2015.
6. Wulf, 2013a, 2013b, 2015.

Do ponto de vista conceitual, essas áreas encontram sua base atual no volume da Unesco, *Repensar a educação*, de 2016, que tenta determinar como a educação e a formação humana devem ser entendidas no mundo globalizado e qual é o significado delas. Um objetivo é a continuação dos valores, conceitos e práticas desenvolvidos pela Unesco até o momento. Outro é o desenvolvimento de novas ideias e novas estratégias mais adequadas às condições de um mundo em mudança. Isso coloca a sustentabilidade no centro da educação. Ao mesmo tempo, confirmam-se as tradições educacionais humanísticas válidas na Unesco. Então, torna-se claro o quão importante é planejar e desenvolver estratégias para alcançar as metas de desenvolvimento sustentável e educação em todo o mundo. Finalmente, torna-se aparente que não basta entender a educação como uma questão apenas para os indivíduos. É também uma tarefa da sociedade e, como tal, algo para todos nós nos apossarmos. O progresso na área da educação não é apenas o desempenho de indivíduos específicos, mas também o desempenho das comunidades e, portanto, deve ser entendido como um *bem comum*.

Para alinhar a educação com um entendimento compreensível da sustentabilidade, afirma-se:

"A sustentabilidade é entendida como a ação responsável de indivíduos e sociedades em direção a um futuro melhor para todos, local e globalmente — aquele em que a justiça social e a administração ambiental orientam o desenvolvimento socioeconômico. As mudanças no mundo interconectado e interdependente de hoje estão trazendo novos níveis de complexidade, tensões e paradoxos, bem como novos horizontes de conhecimento que precisamos considerar".[7]

Nos anos recentes, houve um aumento marcado no esgotamento de recursos no mundo. Dados nossos recursos limitados, não podemos

---

7. Unesco, 2016, p. 20. Disponível em: https://unesdoc.unesco.org/ark:/48223/pf0000244670

continuar considerando o crescimento econômico o único objetivo do desenvolvimento, o qual deve ser redefinido. Isso certamente inclui conhecimento e ações para melhorar as condições de vida nas cidades quando o aumento da urbanização levará a dois terços de todas as pessoas que vivem nas cidades até 2050. A educação deve auxiliar as pessoas a lidarem com essas mudanças nas condições de vida, que também incluem os desafios do "mundo cibernético",[8] mudança climática e escassez de muitos recursos. Novas formas de criatividade são necessárias para lidar com as novas condições de vida.

A educação deve basear-se em uma abordagem educacional "humanística", que, devido ao reconhecimento do trabalho da Unesco desde os anos 50, forneceria e desenvolveria essa abordagem no futuro. Em termos normativos, a educação sustentável deve ser orientada para a dignidade humana, direitos iguais para todos, justiça social, diversidade cultural, solidariedade internacional e responsabilidade compartilhada por um futuro sustentável. Violência, intolerância, discriminação e exclusão devem ser reduzidas. Ainda existem interpretações diferentes do que se entende por "humanístico". Estas interpretações são orientadas para imagens ateístas e racionalistas, antropocêntricas e teocêntricas dos seres humanos, que possuem elementos em comum, mas também diferem ou até se contradizem. Apesar da diversidade de interpretações, valores humanísticos comuns podem ser mantidos. Isso inclui o desenvolvimento de pensamento crítico e julgamento independente, resolução de problemas, capacidade de dialogar e projetar competências, levando em consideração a sustentabilidade, incluindo dimensões sociais, éticas, econômicas, culturais e espirituais.

> "Uma abordagem humanística leva à discussão sobre educação além de seu papel utilitário no desenvolvimento econômico. (...) educação não é apenas adquirir competências. Também trata de valores como

---

[8]. Kontopodis, Varvantakis, Wulf, 2017.

o respeito à vida e à dignidade humana, necessários para a harmonia social em um mundo diverso".[9]

É necessária uma "abordagem holística" para a educação e aprendizado "para superar as dicotomias tradicionais entre aspectos cognitivos, emocionais e éticos".[10] Isto reafirma os quatro "pilares" da aprendizagem identificados no Relatório Delors. A reforma de métodos, conteúdos e espaços de aprendizado deve criar uma variedade de redes e "cenários de aprendizado", possibilitando a aprendizagem de várias formas e meios de comunicação. Além disso, professores e educadores precisam se tornar mais profissionais.

A elaboração de políticas e o planejamento estratégico estão se tornando mais complexos com a globalização e a limitação da autonomia dos Estados-nação que estão de acordo com isso. Em muitas regiões, as tensões entre o sistema educacional e o mercado de trabalho estão aumentando. O resultado é que as gerações mais jovens estão se tornando cada vez mais frustradas. Novas formas de transição entre formação profissional e trabalho precisam ser desenvolvidas. Os cursos de formação e os requisitos profissionais devem estar mais flexíveis entre si. A crescente mobilidade no mundo do trabalho e os problemas de "brain drain and brain gain" exigem novas formas de coordenação entre os Estados. A aprendizagem ao longo da vida é fundamental para a educação e a formação das pessoas. As perspectivas da Educação para a *Global Citizenship Education* (GCE) e as demandas associadas aos sistemas nacionais de educação e de formação continuam ganhando importância.[11]

Para desenvolver a educação e a formação em todo o mundo, é necessário que as iniciativas privadas e o setor de educação pública trabalhem juntos. Como um *bem comum*, a educação e a formação são

---

9. Unesco, 2016, p. 37. Disponível em: https://unesdoc.unesco.org/ark:/48223/pf0000244670
10. Ibid., p. 39.
11. Bernecker e Grätz, 2018.

tarefas pública e privada cuja realização contribui significativamente para salvaguardar o bem comum em uma sociedade. A garantia de inclusão, transparência e responsabilidade é importante para a educação tornar-se mais democrática. Isso se aplica ao sistema educacional formal, mas também aos processos educacionais não formais e informais, que estão se tornando cada vez mais importantes. Em muitos países, o envolvimento privado e a privatização da educação estão aumentando. Isso obscurece os limites entre "público" e "privado". A educação como um *bem comum* difere da educação pública, na qual a educação é muitas vezes vista demais a partir de uma perspectiva individualista e socioeconômica. A educação como um *bem comum* inclui a consideração da dimensão coletiva, diversidade cultural e participação. Educação e conhecimento também são bens globais que fazem uma contribuição importante ao bem-estar geral das pessoas. Como Bernecker e Grätz apontam, o discurso do desenvolvimento internacional frequentemente fala da educação como um direito humano e também um bem público. O princípio da educação como um direito humano fundamental, que possibilita a realização de outros direitos humanos, baseia-se em estruturas normativas internacionais. Atribui ao Estado a tarefa de garantir que o direito à educação seja respeitado, implementado e protegido. Além de seu papel em prover a educação, o Estado também deve atuar como garantidor do direito à educação.[12]

Paz, cultura da paz e educação para a paz

Guerra, violência, miséria e opressão ameaçaram os humanos desde nosso início. Uma situação em que o comprometimento ou a ameaça de seres humanos está suspensa pode ser descrita como paz. A paz também é um objetivo central nas ideias religiosas de salvação e

---

12. Ibid., p. 80.

nas utopias literárias. O paraíso do cristianismo, *A República*, de Platão e o estado solar de Campanella são exemplos disso.[13] Aqui encontramos a ideia de que a educação pode e deve contribuir para a criação da paz. Essa afirmação tomou forma no século XVII com Comenius e no século XVIII com Condorcet.[14] Um anseio pela paz nascido do sofrimento do tempo está associado a noções de educabilidade e perfectibilidade do homem. A perfeição do ser humano individual e a melhoria da sociedade na direção de mais justiça social parecem ser as mesmas tarefas entrelaçadas.

Sem referência a ideias de uma sociedade mais justa, isto é, mais pacífica, qualquer educação será inadequada. Uma educação comprometida com o esclarecimento, liberdade humana e relativa autonomia também envolverá críticas sobre as condições existentes e a pretensão de permitir que seja melhorada pela próxima geração. Uma educação comprometida com essas ideias considerará "paz" como objetivo do desenvolvimento social e individual e, portanto, também é uma educação para a paz.

Além disso, hoje parece também significativo falar de educação para a paz no sentido mais restrito. Devido às armas modernas, a ameaça de guerra e violência para as pessoas é maior do que nunca. A paz se tornou a pré-condição da vida humana. Hoje, não apenas as vidas dos indivíduos, gerações ou nações, mas também a sobrevivência da humanidade depende de manter ou estabelecer a paz. Portanto, é essencial usar a educação para abordar as causas e efeitos da guerra, violência e sofrimento material e buscar maneiras de reduzi-los. Educação para a paz é a tentativa da educação de auxiliar a redução da violência e as condições destrutivas do Antropoceno. Muitas dessas condições induzidas na macroestrutura são problemas sistêmicos que só podem ser superados parcialmente com a ajuda da educação. Educação para a paz parte da hipótese de que o confronto construtivo com os grandes problemas que afetaram a humanidade

---

13. Platão, 2019; Campanella, 2009.
14. Condorcet, 1976.

no Antropoceno deve fazer parte de um processo de aprendizagem ao longo da vida, começando na infância e na adolescência e perpetuando-se durante a vida.

Os esforços para uma educação para a paz variam nas diferentes regiões do mundo. Na maioria dos países em desenvolvimento, a educação para a paz tenta contribuir para o desenvolvimento econômico, social e nacional e, ocasionalmente, também para o desenvolvimento regional. Nos EUA e na Europa Ocidental, a educação para a paz fomenta uma perspectiva crítica de nossa própria sociedade, a violência inerente a ela e o papel que desempenha no sistema internacional. Desde o início dos anos 80, surgiu uma conexão entre o movimento ecológico internacional e o movimento pela paz. A educação para a paz toca em abordagens que buscam moldar o processo educacional da geração mais jovem com objetivos relacionados, mas nomes diferentes. Isso incluiria: educação para o entendimento internacional, educação internacional, educação para a sobrevivência (*survival education*), educação global (*global education*), educação para o desenvolvimento (*development education*), educação para a cidadania global (*global citizenship education*).

Na Alemanha, a educação para a paz é vista como uma parte importante da educação política. Isso está diferente agora da maneira como foi considerado na década de 1960, quando a educação para o entendimento internacional (*international understanding*) foi vista como educação para a paz, procedendo do princípio de que os humanos são fundamentalmente pacíficos, mas essa paz é muitas vezes ameaçada pela agressão. A paz era considerada acima de tudo uma questão de comportamento moral. Além disso, a educação para a paz difere dos esforços que, na consciência da estrutura instintiva agressiva do homem, estavam preocupados com o desenvolvimento da responsabilidade e com o aprendizado do comportamento pacífico e enfatizaram que o desejo pessoal pela paz levaria à paz política. A ideia de que a guerra começa na mente das pessoas e deve ser travada ali, uma premissa que está conectada com a fundação da Unesco, é característica dessas posições. Se este é o caso, então é importante modificar a consciência das pessoas, a fim de criar condições sociais mais justas. No entanto, embora esses esforços sejam importantes para espalhar uma cultura da paz, eles não são suficientes; há uma necessidade de ir muito mais longe do que isto ao abordar o problema da paz.

A pesquisa de paz no início dos anos 70 foi capaz de mostrar que a paz não pode ser alcançada apenas com uma mudança de consciência. As experiências do movimento pela paz nas últimas décadas confirmaram as análises da época. A luta e a violência estão tão profundamente ancoradas nas estruturas sociais que elas não podem ser superadas pela vontade das pessoas para a paz. Ela precisa ser complementada por ações políticas direcionadas que reduzam as estruturas violentas da sociedade e do sistema internacional. Termos como "luta organizada" (Senghaas, 1995, 1997) e "violência estrutural" (Galtung, 1982; Webel e Galtung, 2007) continuam a referir-se ao fato de que a paz é também um problema de mudança de estruturas e instituições e a educação só pode contribuir para resolver essas questões.

Portanto, a educação para a paz ainda deve recair em princípios orientadores centrais, como "luta organizada", "violência estrutural", "justiça social", conforme desenvolvido pela pesquisa sobre a paz no final dos anos 60 e início dos anos 70. Essas ideias tornam claro o caráter social da paz e protegem contra fantasias de onipotência e reduções ingênuas de problemas. De acordo com a distinção de Galtung, que permanece válida, paz não é simplesmente a ausência de guerra e a violência direta (ou seja, um conceito negativo de paz); a paz também deve ser entendida como a redução da violência estrutural, preocupada com o estabelecimento da justiça social (ou seja, um conceito positivo de paz). Com base nessa compreensão de paz, não é apenas com a guerra ou a violência direta entre nações e grupos étnicos que a educação deve lidar, mas também com as condições sociais internas violentas da vida.[15]

---

15. Burns e Aspeslagh, 1996; Calließ e Lob, 1987/88; Gugel, 1995; Damus, Wulf, Saint-Fleur e Jeffrey, 2017.

A educação para a paz rejeita a violência aberta organizada e a violência estrutural. Em vez disso, advoga procedimentos para a resolução não violenta de conflitos, para a realização da justiça social, para a melhoria da codeterminação e autodeterminação. Reconhece-se que a paz é uma meta inatingível, mas absolutamente desejável, e que a educação para a paz é um processo e não um estado. Portanto, a educação para a paz não é uma área claramente delimitada e específica. No entanto, algumas questões importantes da educação contemporânea para a paz podem ser mencionadas. Isso inclui, mas não se limita a:

- o conflito Norte-Sul com a pobreza no hemisfério sul, que é perpetuado, entre outras coisas, pela divisão vertical internacional do trabalho;
- os problemas colocados pela destruição progressiva do meio ambiente e as questões da educação para a sustentabilidade;
- escassez de recursos naturais e alimentos;
- disseminação inadequada dos direitos humanos e falta de justiça social.

Embora a educação para a paz possa contribuir para sua manutenção, não pode protegê-la. São necessários muitos esforços para desenvolver a paz e a capacidade de paz das pessoas e das sociedades. Somente com a cooperação de muitas pessoas em todas as áreas da sociedade é que condições de vida podem ser criadas nas quais a violência entre as pessoas e contra a natureza pode ser reduzida e a justiça social pode ser melhorada. Há alguns anos, a necessidade de criar uma cultura da paz na qual as estruturas sociais mudem e as ações das pessoas sejam guiadas pelos valores da paz tem sido repetidamente enfatizada. No manifesto publicado pela Unesco no Ano Internacional da Cultura da Paz 2000, os signatários se comprometeram a seis valores de uma cultura da paz, e até agora mais de 75 milhões de pessoas já assinaram. Eles se preocupam com suas atividades na vida cotidiana e na família, na comunidade e no mundo do trabalho. Estes valores são: dignidade humana, gestão não violenta de conflitos, solidariedade, coragem civil e vontade de dialogar, desenvolvimento sustentável e participação democrática. Resta ver quais ações resultarão, pois depende das respectivas condições sociais e do contexto histórico e cultural. Portanto, esses valores de uma cultura da paz se manifestam diferentemente nas diferentes regiões do mundo.

Para avançar na realização de uma cultura da paz, é necessário considerar princípios e normas gerais baseados em valores comuns. Isso inclui, primeiro, o pluralismo, por meio do reconhecimento da diversidade cultural, segundo, a consideração dos direitos humanos e, terceiro, a participação na vida social. A fim de contribuir com uma cultura da paz e desenvolvimento humano em um período de globalização por meio da educação, ciência, cultura e comunicação, os seguintes campos de ação precisam estar relacionados entre si: cultura da paz por meio da educação; desenvolvimento econômico e social sustentável; respeito por todos os direitos humanos; igualdade de gênero entre homens e mulheres; participação democrática; compreensão, tolerância e solidariedade; comunicação participativa e livre fluxo de informações e conhecimentos; paz e segurança internacionais.[16]

Para uma cultura da paz, não basta simplesmente definir os valores da paz. É igualmente importante esclarecer o que nós entendemos por cultura neste contexto. Como a paz, a cultura também é um termo geral sob o qual são concebidos muitos aspectos heterogêneos. Além disso, uma cultura da paz é definida como "valores, atitudes e comportamentos que refletem e inspiram a interação social e compartilhamento baseado nos princípios de liberdade, justiça e democracia, todos os direitos humanos, a tolerância e a solidariedade, que rejeitam violência e se esforçam para prevenir conflitos combatendo suas causas para resolver problemas por meio do diálogo e negociação"[17]. Visto que a educação é uma prática cultural pertencente ao nosso patrimônio cultural "imaterial", nós agora tomaremos um conceito mais próximo de cultura. "O 'patrimônio cultural imaterial' significa as práticas, as

---

16. Unesco. Medium Term Strategy, 2002-2007.
17. Resoluções da ONU A/RES/52/13. Culture of Peace.

representações, as expressões, o conhecimento, as habilidades — bem como os instrumentos, objetos, artefatos e espaços a eles associados — que comunidades, grupos e, em alguns casos, indivíduos reconhecem como parte de sua herança cultural".[18] Assim, a cultura é dinâmica e é passada de geração em geração. Em resposta ao seu ambiente, em troca com a natureza e suas pré-condições históricas, é sempre recriado o novo. A cultura transmite um senso de continuidade e diversidade. As práticas culturais devem ser orientadas para a sustentabilidade e respeitar os direitos humanos. O fato de que nós normalmente associamos o termo "cultura" com coisas positivas precisa ser repensado. A cultura pode incluir aspectos positivos e negativos. Assim como há uma cultura da paz, também há uma cultura da violência ou guerra. Nós considerarmos uma cultura da paz ou da violência também depende da nossa perspectiva e do contexto quando nós a avaliamos. Ações que em um momento foram atos de violência podem ser vistas anos depois como uma luta pela liberdade em que o uso da violência foi indispensável a fim de evitar que acontecessem coisas piores.[19]

Sem a mediação de uma cultura abrangente da paz, a educação fracassará na tarefa de preparar os jovens para o mundo do amanhã.[20] A educação para a paz não satisfaz essa afirmação se estiver limitada à mera transmissão de conhecimento cognitivo nas áreas problemáticas mencionadas. Por mais importante que seja esse conhecimento, é necessário ir além da mera disseminação da informação no tratamento desses tópicos. Há uma necessidade para uma discussão mais aprofundada que leve ao comprometimento pessoal e maneiras de agir. Para tanto, é também necessário considerar, por exemplo, a questão de como os preconceitos e as imagens dos inimigos surgem e como elas contribuem para a manutenção de estruturas de violência. A educação para a paz também deve abordar as atitudes e oferecer

---

18. Unesco. Convention for the Safeguarding of Intangible Cultural Heritage, 2003.
19. Heitmeyer e Soeffner, 2004.
20. Cf. Culture of Peace, 2017; para contribuições importantes sobre o tópico no âmbito do sistema da ONU.

oportunidades para seu exame. Deve, portanto, estimular conexões com o mundo de seus destinatários e dar-lhes a oportunidade de rever sua autoimagem ao lidar com questões relacionadas com a paz, a fim de posteriormente chegar a um conceito modificado de si mesmos, com a ajuda do qual uma compreensão complexa do mundo e da sociedade podem ser alcançados

O pré-requisito para a aprendizagem relevante para a paz, que pode levar a uma disposição correspondente de agir, é a superação da apatia e do sentido de impotência. Estes sentimentos evitam empatia e comprometimento no processo para aprendizagem relevante para a paz. Uma maneira de aprender a diminuir nosso sentimento de impotência é perceber as experiências de inadequação na nossa própria vida em relação aos grandes problemas mundiais. A percepção de que certas formações de conflitos macroestruturais determinam ou até colocam em risco nossas próprias vidas nos motiva a trabalhar para a paz. Dessa maneira, a educação pode ser bem-sucedida em ser mais do que a disseminação de conhecimento relevante e pode reunir mudanças em atitudes e nos fazer mais comprometidos politicamente. Em retorno, isto levará a uma ação política modificada.

Um problema estrutural da educação para a paz reside no fato de que a educação é dirigida a indivíduos ou grupos em cuja consciência e atitudes ela pode trazer mudanças duradouras. É essencial complementá-lo com políticas práticas e ações relevantes para a paz.

A educação para a paz requer certas formas com as quais se tenta promover, tanto quanto possível, processos de aprendizagem não violentos. Portanto, vai desenvolver principalmente formas de aprendizagem nas quais o aprendizado participativo e autoiniciado ocorre. Nestes processos de aprendizagem, grande parte da iniciativa e da responsabilidade deve caber aos destinatários da educação para a paz. Eles são encorajados a usar sua imaginação relacionada à paz. O desenvolvimento de uma consciência histórica da origem e mutabilidade fundamental das formações de conflito desempenha um papel decisivo, porque isso contribui para o desenvolvimento e processamento de reais projetos utópicos para mudar o mundo. Ao mesmo tempo, garante uma orientação futura na consideração dos problemas e na educação.

A educação para a paz é um processo de aprendizado social ao longo do qual é preciso lidar com a formação de problemas e conflitos. Na virada do milênio, Dieter Senghaas publicou um importante volume intitulado *Frieden machen* (*Peace building*), com o qual continuou seu trabalho na conceitualização da paz a partir da década de 1990.[21] Nesse trabalho, ele relaciona seis dimensões centrais do pacifismo construtivo: monopólio da força, Estado de Direito, participação democrática, cultura do conflito, justiça social e igualdade, interdependência e controle emocional. Essas ideias que visam a estabelecer as condições universais de uma paz compreendida positivamente são importantes, mas elas exigem uma extensão de perspectivas que levem em consideração mais sua diversidade histórica e cultural.[22] Além disso, são necessárias perspectivas pedagógicas cujo centro seja a disseminação do conhecimento que é relevante para a paz e também valores, atitudes e propostas para a ação. Como estes podem ser ancorados nos jovens de tal maneira que a educação para a paz não se reduza à aquisição de contextos de conhecimento, mas se torne um conhecimento incorporado no qual o objetivo seja o desenvolvimento de um *habitus* relacionado à paz? Rituais e processos miméticos fazem parte aqui. As tarefas decorrentes visam a uma orientação fundamental de educação e formação para a paz e uma cultura da paz que também exige o apoio de uma política.[23]

Globalização e diversidade cultural

No contexto da globalização, podemos atualmente distinguir duas tendências opostas. Uma visa à homogeneização e padronização,

---

21. Senghaas, 1995, 1997, 2007; Giesmann e Rinke, 2019. Disponível em:
https://www.berghof-foundation.org/fileadmin/redaktion/Publications/Handbook/Articles/senghaas_handbook.pdf

22. Wulf e Merkel, 2002; Wulf, 2006a.

23. Ver Relatório de Paz (*Friedensgutachten*), 2017.

a outra enfatiza a diversidade de desenvolvimentos biológicos e culturais, bem como a necessidade e inevitabilidade da diferença e alteridade. Assim, ocorrem processos que harmonizam a sociedade mundial, as diferentes regiões do mundo, as nações e as culturas locais. Os seguintes desenvolvimentos são particularmente importantes:

- a globalização dos mercados financeiros e de capitais internacionais, determinados por forças e movimentos que são amplamente independentes dos processos econômicos reais. Isso é acompanhado pelo desmantelamento das barreiras comerciais, pelo aumento da mobilidade do capital e pelo ganho de influência da teoria econômica neoliberal;
- a globalização de estratégias e mercados corporativos com estratégias globalmente orientadas de produção, distribuição e minimização de custos através de realocação;
- a globalização da pesquisa, desenvolvimento e tecnologias, com o desenvolvimento de redes globais, novas tecnologias da informação e comunicação e a expansão da Nova Economia;
- a globalização das estruturas políticas transnacionais com o declínio da influência das nações, o desenvolvimento de organizações e estruturas internacionais e o aumento da importância das organizações não governamentais (ONGs);
- a globalização dos padrões de consumo, estilos de vida e estilos culturais, com tendência à sua unificação. A disseminação da influência das novas mídias e do turismo e a globalização das estruturas de percepção e consciência, a modelagem da individualidade e da comunidade através dos efeitos da globalização e o surgimento de uma *mentalidade de mundo único*.

Esse desenvolvimento é acompanhado pelo distanciamento do econômico do político, da globalização de muitas formas de vida e da crescente importância das imagens no contexto das novas mídias. Ao mesmo tempo, há resistência a este desenvolvimento. Destaca a necessidade de proteger a diversidade de espécies, diversidade cultural e alteridade. A extinção de espécies e de muitas culturas é vista como uma ameaça à diversidade da vida e das culturas. Proteger a diversidade da vida e das culturas é, portanto, considerado a tarefa de toda a humanidade. A demanda por solidariedade com espécies e culturas ameaçadas é uma consequência disso. Existem diferenças insolúveis entre os proponentes e oponentes da proteção da diversidade cultural que se manifestam diferentemente nas regiões do mundo.[24]

A adoção da Convenção sobre Diversidade Cultural pela Assembleia Geral da Unesco no outono de 2005 deixou claro que a esmagadora maioria dos Estados membros atribui grande importância a esse direito à diversidade cultural. Está associado ao direito à identidade cultural, no qual um direito humano é visto e garantido. Nesta convenção, é expresso um contramovimento contra a globalização, que nivela as diferenças culturais. Hoje, ambos os movimentos estão em clara tensão um com o outro.

Se assumirmos que as reivindicações universalizantes da globalização são rejeitadas pela insistência na diversidade cultural em muitas áreas da coexistência humana, então, nesses processos, lidar com as diferenças culturais, e isso significa com a alteridade, é de considerável importância.

O Conselho da Europa vê a importância da diversidade cultural de maneira semelhante e recomenda cinco estratégias para promover o diálogo intercultural: 1) governança democrática da diversidade cultural. O objetivo é criar uma cultura política na qual a diversidade cultural seja valorizada dentro da estrutura de valores democráticos, pluralismo e reconhecimento, a necessidade de que direitos humanos, liberdades fundamentais e direitos iguais sejam reconhecidos; 2) cidadania democrática e participação em direitos e deveres; 3) competências interculturais. Isso requer a capacidade de exercer direitos civis democráticos e de adquirir competências linguísticas e históricas;

---

24. Wulf, 2001, 2006a, 2013a; Barret-Ducrocq, 2002; Wulf e Merkel, 2002; Poulain, 2017; Kontopodis, Varvantakis e Wulf, 2017.

4) espaço para o diálogo intercultural; 5) a promoção do diálogo intercultural nas relações internacionais. Por fim, propõe desenvolver perspectivas para ações futuras.[25]

O desafio da alteridade

Para poder avaliar como é possível para a educação dar a devida consideração à alteridade ou outridade no início do século XXI, devemos observar três razões importantes pelas quais os sistemas europeus de educação e formação ao longo da história frequentemente acham tão difícil abrir e lidar com a alteridade de outras pessoas e culturas. Esses motivos são *o egocentrismo, o logocentrismo e o etnocentrismo* europeus e as reduções psicológicas, epistemológicas e culturais resultantes, o que dificulta a compreensão do Outro. No processo de uma abordagem não violenta do outro, é importante evitar ontologizar a alteridade e torná-la um objeto fixo. Em vez disso, a alteridade é entendida como uma relação que é formada quando nós encontramos pessoas de outras culturas em diferentes contextos históricos e culturais.

Egocentrismo

O egocentrismo desempenha um papel central no processo de constituição do indivíduo moderno. "Tecnologias do eu" é o termo de Foucault para este processo.[26] Segundo Foucault, essas técnicas permitem que os indivíduos efetuem, por seus próprios meios, certas operações em seus próprios corpos, mentes, alma e estilo de vida, de modo a se transformarem e, assim, atingirem certo estado

---

25. Council of Europe, 2008.
26. https://foucault.info/documents/foucault.technologiesOfSelf.en/

de felicidade e qualidade de vida. Os efeitos colaterais indesejados desses desenvolvimentos em relação a um sujeito autossuficiente são múltiplos. Não é incomum para o sujeito que está se transformando desta forma falhar devido ao próprio ato de tentar fazer isso. A transformação do eu que é a felicidade objetiva e esperada que resultará é oposta por outras forças que não se subordinam a essa demanda. A ambivalência da autoconstituição do sujeito é evidente no fato de que o egocentrismo implícito serve a isto, por um lado, como estratégia de sobrevivência, apropriação e poder, e, por outro, como estratégia de redução e nivelamento. A tentativa de reduzir o Outro à sua utilidade e funcionalidade, que é inerente neste foco às forças do ego, parece, ao mesmo tempo, ter tido sucesso e fracasso. Isso resulta em um novo horizonte para lidar com o Outro e em um novo campo de conhecimento e tarefas.

Logocentrismo

Quando confrontado com o Outro, o logocentrismo nos levou a perceber e processar apenas o que corresponde à razão. Nós negligenciamos o que não é racional e razoável. Nós o excluímos e não vemos valor nele. Qualquer pessoa com razão está do lado certo. Isso se aplica mesmo à razão limitada da racionalidade funcional. Nesta lógica, é fácil para os adultos parecerem estar com a razão em ter direito sobre as crianças, do mesmo modo que pessoas civilizadas têm em relação aos primitivos, bem como os saudáveis em relação aos doentes. Por possuir a razão, eles afirmam ser superiores àqueles que têm formas precoces ou falta de formas de razão. Se o Outro difere do que a linguagem e a razão nos dizem que é geralmente válido, aumentam as dificuldades de abordá-lo e compreendê-lo. Nietzsche, Freud, Adorno e outros têm confrontado essa complacência da razão e mostraram que as pessoas também vivem em contextos nos quais a razão tem apenas validade limitada.

Etnocentrismo

O etnocentrismo perseguiu repetidamente a subjugação do Outro. Todorov, Greenblatt e outros analisaram os processos de destruição de culturas estrangeiras.[27] Entre os atos terríveis estava a colonização da América Latina em nome de Cristo e dos reis cristãos. A conquista do continente foi acompanhada pela destruição das culturas indígenas. A reivindicação de adaptação e de assimilação foi feita no próprio primeiro contato. Escravidão ou aniquilação são as alternativas. Em um gesto enorme de dominação, o que é "nosso" é imposto como se um mundo devesse ser criado sem o Outro ou o que é o Outro. Com uma compreensão baseada na estratégia do poder, torna-se possível realizar o extermínio dos povos indígenas. Os índios não entendem que os espanhóis estão calculando sem escrúpulos e usando sua língua para enganar. Amizade não significa o que pretende ser; promessas não servem para reconciliar, mas para enganar o Outro. Cada ação serve para uma proposta que é diferente de uma sugerida. Logo, esse modo de lidar é legitimado de acordo com o interesse da Coroa, por meio do mandato missionário do Cristianismo e devido à inferioridade dos nativos. A ganância pelo ouro e os motivos econômicos em geral são mantidos em segredo e excluídos da própria visão de si mesmo e do mundo. Colombo percebe nos nativos o que ele já sabe. Ele só vê sinais no mundo deles que o remetem a coisas familiares e que ele lê, classifica e interpreta em relação ao seu quadro de referência. Esse quadro de referência se assemelha ao Leito de Procrustes, no qual todo estrangeiro é forçado de maneira a "se encaixar" em sua estrutura. O Outro é coberto pelas imagens e símbolos de sua autoria e encerrado dentro dele. O que não se encaixa permanece além da percepção e do processamento. Isso nos impede de nos aproximarmos um do outro.

A dinâmica da globalização que permeia todas as áreas da vida dificulta o encontro do Outro, do não idêntico e do estrangeiro, que tem

---

27. Todorov, 1999; Greenblatt, 1991.

uma função constitutiva para o indivíduo e a comunidade. A aceitação do Outro exige superação de nós mesmos; somente assim nós podemos experimentar o Outro. Ser capaz de experimentar a estranheza do Outro exige a prontidão de querer também conhecer o Outro dentro de nós mesmos. Nenhum indivíduo é uma unidade; cada indivíduo consiste em partes contraditórias com diferentes desejos de ação. Em 1885, Rimbaud formulou de forma memorável esta situação do indivíduo: "Eu é o outro". O Eu tenta estabelecer a sua liberdade, reprimindo as contradições mais grosseiras, mas é repetidamente restringido por impulsos heterogêneos e comandos normativos. A inclusão desses aspectos do Eu que tentamos bloquear é, portanto, um pré-requisito indispensável para uma abordagem de aceitação do Outro.

A complexidade da relação entre o Eu e o Outro consiste no fato de que o Eu e o Outro não se enfrentam como duas entidades separadas, mas que o Outro entra na gênese do Eu de várias formas. O Outro não está apenas fora, mas também dentro do indivíduo. O Outro internalizado no Eu dificulta lidar com o Outro externamente. Devido a essa constelação, não há posição fixa em nenhum dos lados do Outro. Em muitas manifestações do Eu, o Outro já está sempre contido. Quem é o Outro e como ele é visto, contudo, não dependem apenas do Eu. As autointerpretações que o Outro apresenta são igualmente importantes. Elas não precisam ser homogêneas, mas formam a imagem que o Eu faz do Outro.

Se a questão sobre o Outro inclui a questão sobre nós mesmos e a questão sobre nós mesmos inclui a questão sobre o Outro, então os processos de comunicação entre o estrangeiro e nós mesmos sempre são também processos de autotematização e autoeducação. Se obtiverem sucesso, levarão a uma compreensão da incompreensibilidade do estrangeiro e causarão autoalienação. Em vista do desenvolvimento social voltado para o desencantamento do mundo e o desaparecimento do exótico, existe o perigo de que, no futuro, as pessoas no mundo apenas encontrem a si mesmas e não tenham um estranho com quem possam se desenvolver. Se a perda do estrangeiro significa que humanos não têm mais o potencial de se desenvolver, então, torna-se muito importante proteger esta qualidade, ou seja, preservar o sentimento de não se conhecer e ser estrangeiro de si mesmo. Esforços para preservar os estrangeiros no interior humano e no mundo externo seriam, então, contramovimentos necessários contra uma globalização que nivele as diferenças.

O desaparecimento do estrangeiro pode facilmente levar à perda da subjetividade, que é constituída pelo processamento específico do estrangeiro para nós. A fim de nos tranquilizarmos, é necessário conhecer como o indivíduo se torna o que ele é e o que ele quer tornar-se. Na gênese desse conhecimento, a autotematização, a autoconstrução e a autorreflexão desempenham um papel importante. Tal conhecimento é apenas temporário e muda no curso da vida. André Gide expressa essa experiência em *The counterfeiters* da seguinte maneira: "Eu sou sempre apenas o que penso que sou, e isso muda tão incessantemente que, se eu não estivesse lá para fazer a apresentação, meu ser desta manhã não reconheceria a minha natureza da noite. Nada pode ser mais diferente de mim do que eu mesmo."[28]

Explorando o desconhecido

As pessoas hoje vivem na simultaneidade do não simultâneo. Nas sociedades do hemisfério norte, muitas pessoas estão em prosperidade, nas regiões do hemisfério sul, em pobreza e necessidade. Elas participam de processos globais nos quais o alinhamento e a diferenciação, adaptação e resistência ocorrem simultaneamente e nos quais, para a maioria, o objetivo é aproximar as condições de vida mais igualitárias, mantendo a diversidade cultural. Hoje, a globalização é resultado da interação de elementos multidimensionais e da complexidade resultante das condições de vida. É um processo difícil, aberto em princípio ao futuro e que requer muitas competências diferentes.

---

28. Gide, 1973, p. 70.

Para um tratamento competente da diversidade cultural, no âmbito do qual nem a preservação nem a mudança da diversidade cultural estão excluídas em princípio, o tratamento do outro ou com a alteridade desempenha um papel importante. Nem as culturas nem os indivíduos podem se desenvolver se não se refletirem em outras culturas e em outros indivíduos, não se envolverem e não forem influenciados um pelo outro. Culturas e pessoas são formadas apenas através do intercâmbio com outras pessoas. Marcel Mauss já identificou isso, vendo na troca uma condição básica da vida humana, uma *conditio humana*.[29] Nos processos de troca recíproca, as pessoas desenvolvem relações com outras pessoas e sua alteridade e, assim, expandem seu espaço de vida e experiência. Os processos de troca incluem dar, receber e reproduzir objetos, presentes e bens simbólicos.

O Eu e o Outro não são ontologicamente quantidades fixas e opostas uma a outra. O que é o Outro e o que é o Eu só emergem no contato cultural, no encontro entre as pessoas, que determinam o que é o Eu e o que é o Outro de acordo com o contexto cultural em que o encontro ocorre e seus pré-requisitos singulares. O Eu e o Outro devem ser pensados dinamicamente; somente em processos de encontro cultural é que emerge o que é experimentado como algo diferente ou de si mesmo. O conceito de similaridade familiar de Wittgenstein pode esclarecer isso. Assim como a percepção da semelhança familiar decorre do fato de que, às vezes, um aspecto da semelhança é percebido, às vezes outro, ou seja, às vezes a semelhança do nariz, às vezes a semelhança da boca ou dos olhos, também na percepção da alteridade e de si mesmo, às vezes um lado é visto, às vezes o outro. Cada aspecto, no entanto, é percebido como uma expressão do todo, da família, enquanto outras características retrocedem para o segundo plano e não são percebidas como uma expressão da afiliação familiar e da consequente semelhança. Assim, a alteridade e o Eu não são fixos de uma vez por todas, mas são percebidos em processos dinâmicos de acordo com circunstâncias diferentes.

---

29. Mauss, 1973; Wintersteiner, 1999; Wulf, 2010, 2013a.

Em muitas áreas hoje, esses processos de contato, encontro e troca são determinados pela circulação de capital, objetos, trabalho e bens simbólicos. Sua dinâmica leva ao encontro de pessoas e culturas e provoca relações tangíveis e intangíveis. Esses processos ocorrem no âmbito das estruturas de poder global e são desiguais; eles são determinados por relações de poder historicamente desenvolvidas e consolidadas. Embora muitos desses processos tenham sido influenciados pelos movimentos do mercado capitalista que resultaram em um desequilíbrio, eles levam a encontros com a alteridade de outras culturas e pessoas. Portanto, nós vemos que sociedades e pessoas são assim constituídas no confronto com a alteridade. A experiência de outras pessoas e culturas já desempenha um papel central nos processos educacionais de crianças e jovens. Hoje, a educação na Europa se tornou uma tarefa intercultural, em cujo contexto o contato com outras pessoas continua ganhando importância.[30] Somente quando se veem refletidas nas reações de outras pessoas e culturas as pessoas podem se entender. Isso implica que o autoconhecimento pressupõe a compreensão em nós mesmos de que a alteridade não pode ser entendida.

Como podemos conseguir nos permitir a experimentar a alteridade de outras pessoas e culturas sem iniciar mecanismos que os reduzam ao que já é conhecido e familiar? Existem várias respostas para esta pergunta. Elas variarão dependendo do contexto. Uma maneira de suportar a alteridade de pessoas que são estrangeiras a nós é experimentar ser estrangeiro a nós mesmos, ou seja, experimentar como nós podemos ser levados pela surpresa de nossos sentimentos e ações. Tais acontecimentos podem contribuir para aumentar a flexibilidade e a curiosidade sobre a alteridade de outras pessoas e culturas. A experiência de ser estrangeiro a nós mesmos é um pré-requisito importante para entender e lidar com a alteridade. Ela forma uma base para o desenvolvimento da capacidade de perceber e pensar a partir do ponto de vista do outro, um *modo de pensar heterológico*, em

---

30. Cf. nosso estudo etnográfico de um intercâmbio estudantil franco-germânico, no qual muitos dos problemas mencionados aqui foram empiricamente estudados: Wulf et al., 2018.

cuja estrutura o tratamento do *não idêntico* é de importância central. Pode-se esperar que tais experiências aumentem a sensibilidade e a vontade de se expor ao novo e desconhecido. O resultado é um aumento gradual na competência para lidar com situações complexas emocional e mentalmente e não agir estereotipadamente nelas.

No desenvolvimento da consciência de que não temos controle sobre a alteridade de outras pessoas e culturas, existe uma oportunidade para o desenvolvimento emocional, social e espiritual de todo ser humano. Heidegger viu isso desde o início, quando advertiu que nada pior poderia acontecer ao ser humano do que se encontrar no mundo. Quando visto dessa forma, experiências da estranheza e alteridade de pessoas e coisas, de *hibridismo* e *transculturalidade* oferecem perspectivas de uma vida rica e realizada. As possibilidades da educação humana podem mudar para o seu oposto. Se isto acontecer, encontros com a diversidade cultural darão origem a atos de violência na tentativa de reduzir a alteridade à igualdade. Uma vez que essas tentativas fracassam na maioria dos casos, emerge um *circulus vitiosus* de ações violentas, que se intensificam em processos miméticos, em formas de imitação mútua e dos quais é difícil encontrar uma saída.[31]

Para evitar que o encontro com a diversidade cultural e a alteridade leve à rivalidade e à violência, são necessárias regulamentações normativas, como as fornecidas pelos direitos humanos, que hoje, apesar do surgimento na cultura europeia, pretendem se aplicar muito além dela.

A não identidade do indivíduo

Uma conscientização da não identidade do indivíduo é um pré-requisito importante para a abertura ao Outro. Quando encontramos culturas estrangeiras ou Outro em nossa própria cultura ou estrangeiro

---

31. Wulf, 2006a, 2005a.

em nossa própria pessoa, precisamos desenvolver a capacidade de perceber e pensar a partir da perspectiva do que é o estrangeiro ou o Outro. Através dessa mudança de perspectiva, é importante evitar a redução do estrangeiro ao que é nosso Eu. Devemos tentar suspender nosso Eu e ver e experimentar isso a partir da perspectiva dos outros. O objetivo é o desenvolvimento do pensamento heterológico, focando na relação entre familiar e estrangeiro, entre conhecimento e ignorância, entre certeza e incerteza. Como resultado da destradicionalização e individualização, diferenciação e globalização, começamos a questionar muitos aspectos da vida cotidiana que parecem óbvios para nós e percebemos que eles exigem reflexões e decisões individuais. O escopo para a criatividade que o indivíduo obtém como resultado desses desenvolvimentos não resulta em um ganho real na liberdade. Frequentemente, o indivíduo só tem espaço para manobra onde não pode alterar os pré-requisitos da situação de tomada de decisão. Este é o caso no campo ambiental, por exemplo, em que o indivíduo pode tomar decisões ambientalmente conscientes, que, no entanto, têm pouca influência nas macroestruturas sociais que realmente determinam a qualidade do ambiente.

Uma forma importante de abordagem a alguma coisa que é estranha a nós, o Outro, ocorre em processos miméticos. Ela acontece por meio de várias formas de representação na qual o Eu e o Outro se sobrepõem. Cada representação do Outro tem um lado performativo. Nele algo é representado; nele ocorre uma objetificação ou incorporação. As energias miméticas levam a uma representação, não sendo uma mera imagem de um modelo, mas difere dele e cria um novo mundo. Em muitos casos, a representação constitui uma figuração do outro que ainda não foi formada completamente e é a representação de algo que não pode ser representado. Então a mimésis cria a figuração da representação, o objeto da imitação em si.

Nos processos miméticos, o estrangeiro é inserido na lógica e dinâmica do nosso próprio mundo imaginário. Isso transforma o estrangeiro em uma representação. Como representação, ela ainda não se torna nossa; torna-se uma figura na qual o estrangeiro e o nosso próprio se misturam, uma figuração do "intermediário". O surgimento de tal figuração do "intermediário" é de extraordinária importância no encontro com o Outro. Uma representação criada mimeticamente nos oferece a possibilidade de não estabelecer e incorporar o estrangeiro, mas preservá-lo em sua ambivalência como estrangeiro e ao mesmo tempo como familiar. O movimento mimético se assemelha a uma dança entre o estrangeiro e o Eu. Ele nem permanece em si mesmo nem no outro, mas move-se de lá para cá entre os dois. Representações do Outro são contingentes. Eles não precisam ser do jeito que são; eles também podem se formar em outras figurações. A figuração a que o movimento mimético leva é aberta e depende do jogo da imaginação e do contexto simbólico e social. Nenhuma forma de representação ou figuração é necessária. Muitas formas diferentes e heterogêneas são concebíveis. Quais figuras são dançadas, que formas de jogo são escolhidas resultam no movimento mimético. A mimésis do Outro leva a experiências estéticas; aqui ocorre uma brincadeira com o desconhecido, uma expansão de nós mesmos para o estrangeiro, que nos torna semelhantes ao que é estrangeiro. É sensorial e pode ocorrer por meio de todos os sentidos; não nos leva a "cair no" estrangeiro e nos fundirmos com ele. Tal movimento implica o abandono de si mesmo. Seria assimilação, imitação do estrangeiro e perda do Eu. A mimésis do estrangeiro envolve aproximação e distância ao mesmo tempo, persistindo na indecisão do intermediário, dança na fronteira entre o Eu e o Outro. Qualquer persistência em um lado da fronteira seria transgressão do Eu ou do estrangeiro, e seria o fim do movimento mimético.[32]

A abordagem mimética para o Outro é ambivalente. Pode ter sucesso e se tornar um enriquecimento do Eu. Mas também pode falhar. O encontro com o Outro oscila entre os polos do definido e do indefinido. A medida em que é possível suportar o sentimento de incerteza causada pelo Outro sendo não idêntico ao Eu é decisiva para o sucesso da aproximação e interação com o estrangeiro. Nem o Eu nem o Outro podem ser entendidos como unidades autossuficientes e separadas. Pelo contrário, o que é estrangeiro e o que é próprio

---

32. Wulf, 2010, 2005a, 2013a, b.

consistem em uma relação que é constituída em "fragmentos". Essa relação é formada em processos de assimilação e diferença; é histórica e muda de acordo com o contexto e o tempo.

Com o aumento da inescrutabilidade do mundo, encontramos um crescimento na incerteza do indivíduo. Ele deve suportar a diferença entre ele e os outros. Nesta situação, a incerteza e a insegurança se tornam características centrais da vida social. Elas têm sua origem, por um lado, no mundo fora de nós, por outro lado, em nosso ser interior e, finalmente, na inter-relação entre interior e exterior. Em vista dessa situação, não faltam tentativas de tornar essa incerteza suportável por meio da criação de aparentes certezas. Mas essas certezas não nos ajudam a recuperar a segurança perdida. Sua validade é relativa e geralmente resulta da exclusão de alternativas. O que é excluído determina, por um lado, a constituição psicossocial do indivíduo e, por outro, as nossas estruturas de poder social e os processos resultantes de fixação e exclusão de valores, normas, ideologias e discursos.

A dinâmica dos processos educacionais transculturais

A aprendizagem transcultural ocorre em um "terceiro espaço", que não pode ser atribuído a uma cultura, mas que surge entre culturas, pessoas e ideias diferentes. Esse "terceiro espaço" pode ser real no caso de zonas de contato, por exemplo, mas também sempre possui uma dimensão imaginária e, portanto, oferece espaço para movimento e mudança. Os processos de aprendizagem que ocorrem neste "terceiro espaço" muitas vezes levam à percepção da "diferença", muitas vezes a processos de "transgressão" e, às vezes, a novas formas de "hibridez".

Diferença

As diferenças criam limites e ao mesmo tempo contribuem para sua flexibilidade e permeabilidade. A formação da identidade cultural não é possível sem diferenças. Inclusão e exclusão, por exemplo, nos rituais, criam diferenças. É de particular importância a categoria de diferença na Convenção sobre Proteção da Diversidade Cultural da Unesco, na qual a diferença cultural é considerada como um direito humano universal que possibilita formar uma identidade cultural. A recomendação do Conselho da Europa sobre o diálogo intercultural aponta na mesma direção. Nos dois casos, a diversidade gerada por essas diferenciações desempenha um papel central na maneira como são tratadas a heterogeneidade e a alteridade.[33]

Transgressão

A transgressão ocorre, por um lado, como transgressão de regras, normas e leis, por outro lado, como transgressão de fronteiras produzidas culturalmente. Essas transgressões podem ser não violentas, mas são frequentemente associadas à violência manifesta, estrutural ou simbólica. Ao lidar com a diversidade cultural, muitas vezes há uma transgressão das fronteiras tradicionais, no decorrer das quais algo novo emerge. As transgressões mudam normas e regras, modos de vida e práticas. Elas mudam fronteiras e, assim, criam novas relações e constelações culturais. Na dinâmica dos processos de aprendizagem transcultural, esses processos de transgressão podem ser examinados etnograficamente.

Hibridismo

Uma coisa que é de interesse é o surgimento de novas formas culturais híbridas como resultado da diferença e da transgressão. Enquanto a comunicação e a interação entre as várias culturas e

---

33. Wulf, 2013a, 2006a, 2005a; Weidtmann, 2016.

sociedades do mundo se tornam cada vez mais densas e rápidas, e o intercâmbio econômico, político, social e cultural se intensifica, emergem cada vez mais formas híbridas de cultura. O termo hibridismo vem da genética agrícola e refere-se ao cruzamento de plantas ou animais. No século XX, o conceito de hibridização chegou a muitas disciplinas científicas, nas quais foi usado principalmente para descrever hermafroditas e híbridos. Nos anos 80, o termo tornou-se cada vez mais difundido nas ciências culturais. Segundo Homi Bhabha,[34] o conceito de hibridização serve para definir contatos culturais não apenas dualistas e essencialistas, mas também para mostrar que eles criam identidade com o auxílio de um "terceiro espaço". Esse terceiro espaço é liminal; é um interespaço e enfatiza o "in-between-ness" (intermediação). Nesse espaço liminal, as fronteiras são minadas e restruturadas, e as hierarquias e as relações de poder são alteradas. A questão decisiva é em que medida esses processos e seus resultados são determinados por práticas performativas e como surgem novas formas de hibridização. Essas formas são formas mistas nas quais elementos individuais de diferentes sistemas e contextos mudam de caráter em um processo mimético e uma nova identidade cultural emerge. Essa identidade não é mais constituída na diferenciação de outra, mas em tornar-se mimeticamente similar à outra.[35] "As conexões óbvias com transgressão e performatividade nos permitem examinar fenômenos de hibridização em práticas sociais, *performances* teatrais, rituais, textos literários e na linguagem. Os estudos teóricos e feministas da mídia de Donna Haraway sobre humanos-máquinas (ciborgues) e as fronteiras entre humanos e animais mostram que essa abordagem é proveitosa. Por outro lado, o perigo de uma diluição do campo conceitual não pode ser descartado se o hibridismo for mal utilizado como uma palavra mágica no debate sobre o multiculturalismo ou entendido como uma consequência lógica da globalização. Quando todas as culturas são híbridas, o hibridismo não pode mais ser utilizado como instrumento

---

34. Bhabha, 2004.
35. Wulf e Merkel, 2002.

de análise, pois a qualidade de ser híbrido implica a existência de identidades, nações, culturas e etnicidades estáveis."[36]

Sustentabilidade

A meta do desenvolvimento sustentável é a realização de um processo contínuo de mudança na sociedade como um todo, que levará à preservação da qualidade de vida da geração atual e, ao mesmo tempo, garantirá opções para as futuras gerações moldarem suas vidas. Atualmente, o desenvolvimento sustentável é uma maneira reconhecida de melhorar as perspectivas individuais, prosperidade social, crescimento econômico e compatibilidade ecológica. O desenvolvimento sustentável é um conceito compreensivo se devemos mudar a vida no século XXI.

Com base em um amplo trabalho preparatório, a Agenda 21 foi finalmente adotada, o que posteriormente levou ao estabelecimento da "Década Mundial para o Desenvolvimento Sustentável" da Unesco (2005-2014). Os objetivos seguidos durante essa década foram diferentes nas regiões do mundo. A sustentabilidade significou, acima de tudo, uma mudança ecologicamente motivada no sistema econômico, mas, nos países menos desenvolvidos, significou antes de tudo garantir o suprimento básico e a educação básica, com o objetivo de acompanhar os países mais desenvolvidos do mundo. A educação para a sustentabilidade visa a capacitar as pessoas a moldarem ativamente um ambiente ecologicamente equilibrado, economicamente eficiente e socialmente justo, considerando os aspectos globais.

Sustentabilidade é uma ideia reguladora; como a paz, nunca pode ser plenamente realizada. A educação para a sustentabilidade é um pré-requisito importante para a realização gradual da sustentabilidade. A educação para a sustentabilidade visa promover a sensibilidade e

---

36. Audehm e Velten, 2007, p. 35.

a vontade de assumir a responsabilidade de indivíduos. Deve usar as estruturas existentes para desenvolver a competência criativa dos jovens neste campo, levando em consideração as condições individuais e sociais. Essa competência permite ao indivíduo moldar sua própria vida ao longo das linhas do desenvolvimento sustentável. Isto requer aprender sobre problemas concretos, descobrir suas conexões e iniciar ações reflexivas. A educação para a sustentabilidade implica uma compreensão reflexiva e crítica da educação e uma vontade de participar dos processos de aprendizagem individuais e sociais correspondentes. Isso requer o desenvolvimento de padrões mínimos de educação para o desenvolvimento sustentável, que façam justiça às multiperspectivas da sustentabilidade. Eles devem se aplicar tanto na educação societal quanto na escolar.

Desde que a Agenda 21 foi adotada por 180 governos na Conferência das Nações Unidas sobre Meio Ambiente e Desenvolvimento, no Rio de Janeiro, em 1992, vários países procuraram contribuir para a consecução desse objetivo, principalmente por meio da *Commission on Sustainable Development* (CSD), que foi estabelecida em 1992 como um órgão subsidiário do Conselho Econômico e Social das Nações Unidas (ECOSOC). Na Alemanha, a Conferência dos Ministros da Educação e Assuntos Culturais (*Kultusministerkonferenz* — KMK), em 1997, e a Comissão dos Estados de Planejamento da Educação e Promoção da Pesquisa (*Bund-Länder-Kommission für Bildungsplanung und Forschungsförderung* — BLK), em 1998, publicaram resoluções sobre a promoção do desenvolvimento sustentável. Em 2001, o Governo Federal alemão criou uma Secretaria do Comitê de Estado para o Desenvolvimento Sustentável e nomeou o Conselho para o Desenvolvimento Sustentável. No ano de 2002, o Ministério Federal da Educação e Pesquisa apresentou um relatório sobre educação para o desenvolvimento sustentável com base em uma resolução do Parlamento Federal (*Bundestag*) sobre essa questão.

Espera-se que essas medidas e os esforços empreendidos para implementá-las contribuam para o estabelecimento de justiça social entre nações, culturas e regiões do mundo e entre gerações. Além da promoção e transformação das esferas social, ecológica e econômica, a responsabilidade global e a participação política são princípios centrais da sustentabilidade. Com esses objetivos, que vão muito além da mera referência ao meio ambiente e aos recursos, a Educação para a Sustentabilidade adota ideias que já foram discutidas na década de 1970 no contexto da Educação para a Paz.[37] Aqui se trata principalmente de estabelecer justiça social (conceito positivo de paz). Além disso, houve a percepção de que manter e construir a paz é uma tarefa global, regional, nacional, local e individual em que a redução da poluição e a educação ambiental são áreas importantes. A reivindicação intergeracional por justiça social e a tarefa cada vez mais importante de conservar recursos não renováveis estavam apenas começando a ser percebidas na época.

Princípios do Plano de Ação Nacional

De acordo com o Plano de Ação Nacional da Alemanha adotado em 2005 e apresentado em 2017 para uma revisão abrangente, a educação para o desenvolvimento sustentável deve ser guiada pelos seis princípios a seguir:

- A educação para o desenvolvimento sustentável afeta a todos;
- A educação para o desenvolvimento sustentável está em curso, processo contínuo, e contribui para os processos de aceitação e de mudança na sociedade;
- A educação para o desenvolvimento sustentável é uma tarefa interdisciplinar e tem uma função integradora;
- A educação para o desenvolvimento sustentável visa a melhorar a vida das pessoas;

---

37. Wulf, 1973, 1974.

- A educação para o desenvolvimento sustentável cria oportunidades individuais, sociais e econômicas para o futuro;
- A educação para o desenvolvimento sustentável promove a responsabilidade global.[38]

Com base nesses princípios, a educação para o desenvolvimento sustentável precisa abranger todas as áreas da educação. Isso inclui creches, escolas e universidades, bem como instituições culturais e de educação e instituições de pesquisa. Além disso, a educação para o desenvolvimento sustentável também ocorre fora das instituições educacionais, ou seja, fora das escolas, com foco na aprendizagem ao longo da vida e abrange áreas não formais e informais da educação, além dos locais tradicionais de aprendizagem. A educação para o desenvolvimento sustentável ocorre em municípios, associações, clubes, empresas e famílias. Representa uma tarefa para todas as forças sociais.

Objetivos do Plano de Ação Nacional

O objetivo é ancorar a sustentabilidade em todas as áreas da educação. Isso significa que o tópico deve ser introduzido em todas as áreas políticas e econômicas relevantes e ancorado como um tópico transversal.. A fim de alcançar esse objetivo, quatro subobjetivos precisam ser seguidos:
- promover o desenvolvimento de atividades e de exemplos de boas práticas;
- interligar todos aqueles envolvidos no campo da educação para o desenvolvimento sustentável;
- melhorar a conscientização pública da educação para o desenvolvimento sustentável;
- fortalecer a cooperação internacional.

---

38. Nationaler Aktionsplan, 2005, p. 6; Bundesregierung, 2017.

Promover o desenvolvimento de atividades e de exemplos de boas práticas. Hoje já existe um amplo espectro de iniciativas em todas as áreas da educação para o desenvolvimento sustentável. No futuro, essas atividades precisam ser mais desenvolvidas, inter-relacionadas e ancoradas no sistema educacional. Isso inclui reconhecer que a educação para a sustentabilidade é também educação informal e uma tarefa de aprendizagem ao longo da vida. Há vários objetivos para os próximos anos. Primeiro, a educação para o desenvolvimento sustentável já deve ser estabelecida nos jardins de infância. Além disso, nas escolas gerais, os resultados do programa BLK 21, que está no centro da educação para o desenvolvimento sustentável, devem ser combinados com as ideias básicas da educação para o desenvolvimento. Exemplos práticos de formação escolar e profissional devem ser processados e disponibilizados como modelos para as partes interessadas. A educação para o desenvolvimento sustentável deve ser cada vez mais estabelecida nas universidades e na educação continuada. Além da educação formal, as pessoas devem aprender mais sobre sustentabilidade informalmente. Isto significa que a sustentabilidade deve ser uma questão no trabalho e no setor de lazer, as pessoas devem tornar-se conscientes da importância da sustentabilidade em suas próprias vidas e modificar seu estilo de vida, se necessário. Para aprender como devemos conduzir nossas atividades no futuro, é necessário também trabalhar sistematicamente por meio de erros que têm sido cometidos.

Interligar todos aqueles envolvidos no campo da educação para o desenvolvimento sustentável. Como o desenvolvimento sustentável é apoiado por muitas pessoas da administração, negócios, organizações não governamentais e vários campos da política, tais como desenvolvimento, meio ambiente, consumidor e política econômica, é essencial interligar suas atividades para alcançar os efeitos de sinergia. Nos próximos anos, redes existentes, como as escolas da Unesco, as escolas ambientais na Europa e as escolas BLK 21, deverão ser conectadas em rede para promover a educação para o desenvolvimento sustentável. Parcerias com empresas devem ser estabelecidas para que alunos de escolas e de universidades possam obter informações precoces sobre as possibilidades de desenvolvimento econômico sustentável. Redes locais entre municípios, negócios, instituições extracurriculares para jovens e instituições de educação de adultos, associações e fundações devem ser desenvolvidas. O conceito de *"regiões de aprendizagem"* é um bom modelo. Por fim, também é importante vincular os diferentes campos da educação nos quais o conhecimento relevante para a sustentabilidade é gerado e, ao fazê-lo, também identificar os multiplicadores e disseminadores do conhecimento. A pesquisa e a divulgação de seus resultados são necessárias aqui.

Melhorar a conscientização pública da educação para o desenvolvimento sustentável. A educação deve ser reconhecida por mais pessoas como uma necessidade. Isso requer a criação de um público crítico que seja fundamentalmente favorável ao trabalho sobre educação para o desenvolvimento sustentável. As pessoas devem aprender mais do que antes para perceber que suas oportunidades pessoais moldam a promoção da sustentabilidade. Especialistas em todas as áreas da educação também devem ser mais fortemente conquistados na educação para o desenvolvimento sustentável. Os tomadores de decisão nos níveis federal, estadual, corporativo, não governamental, de associação e locais devem ser persuadidos a se envolver ativamente nessa área. As novas mídias possuem um significado especial neste contexto.

Fortalecer a cooperação internacional. A cooperação internacional no campo da educação para o desenvolvimento sustentável deve ser promovida em maior medida. No âmbito da União Europeia, existem várias abordagens para isso. No entanto, muito pouco aconteceu nesta área até o momento, na medida em que a cooperação entre os países europeus considerando a educação para a sustentabilidade é urgentemente necessária. A cooperação com a África, Ásia e América também é uma necessidade à qual os projetos iniciais estão respondendo. A cooperação no âmbito da Unesco também desempenha um papel central.[39]

---

39. Haan e Seitz, 2001; Wulf e Bryan, 2006.

Sustentabilidade como centro de uma cultura da paz

Uma nova fase nos esforços para melhorar a sustentabilidade começou com a adoção dos Objetivos de Desenvolvimento Sustentável (*Sustainable Development Goals*, SDG) na Assembleia Geral da ONU, em Nova York, no outono de 2015, com base em um esboço do *Open Working Group*. Com essa decisão, os representantes da comunidade internacional esperam realizar a sustentabilidade como uma meta para o desenvolvimento da humanidade. Isso foi precedido pela declaração final da Rio +20 "O Futuro que Queremos", que continha a decisão de constituir esse grupo de trabalho, que deveria elaborar uma lista de Objetivos de Desenvolvimento Sustentável naquele momento da Assembleia Geral da ONU.

Esses objetivos estabelecem uma visão universal para o desenvolvimento da humanidade nos próximos 15 anos. Na sua totalidade, especificam o que se entende por uma cultura de sustentabilidade, cujos objetivos incluem: 1) acabar com a pobreza; 2) acabar com a fome e desenvolver uma agricultura sustentável; 3) garantir saúde e bem-estar para pessoas de todas as idades; 4) educação de qualidade inclusiva e equitativa; 5) justiça de gênero; 6) gestão sustentável da água para todos; 7) energia moderna sustentável e acessível para todos; 8) desenvolvimento econômico sustentável para todos; 9) industrialização sustentável; 10) redução da desigualdade entre países; 11) desenvolvimento urbano sustentável; 12) garantia de consumo sustentável; 13) combate às mudanças climáticas; 14) gestão sustentável dos oceanos; 15) promoção da gestão sustentável do ecossistema terrestre; 16) promoção de sociedades pacíficas e inclusivas no desenvolvimento sustentável; 17) revitalização da parceria global para o desenvolvimento sustentável.

A Agenda 2030 enfatiza as interdependências entre os objetivos e suas cinco áreas centrais: "people" (pobreza e fome, vivendo em dignidade, igualdade, um ambiente saudável), "planet" (proteção de ecossistemas), "peace" (inclusão, paz, justiça), "prosperity" (bem-estar de todos por meio de desenvolvimento técnico e econômico), "partnership" (cooperação). A realização dessas tarefas deve basear-se nos princípios de universalidade, indivisibilidade, inclusão, responsabilidade e parceria.[40]

Aqueles que conhecem o trabalho do sistema da ONU sabem que nenhum desses objetivos é novo. Eles continuam com os objetivos e as perspectivas desenvolvidas no sistema da ONU. O que é novo, no entanto, é que toda a comunidade internacional se reuniu na Assembleia Geral para adotar essas metas para o desenvolvimento sustentável. No quarto objetivo, educação e socialização são vistas como uma maneira central de alcançar essas metas.

As metas para o desenvolvimento sustentável são direcionadas para superar todos os problemas e dificuldades que caracterizam a vida no mundo globalizado, alguns dos quais existem há muito tempo. Se fosse possível realizar essas intenções, as condições de vida aumentariam para todas as pessoas. Não haveria mais pobreza e fome, mas um sistema de saúde e educação bem desenvolvido que promoveria todas as pessoas igualmente por meio da aprendizagem ao longo da vida.

Em janeiro de 2017, o governo alemão apresentou sua estratégia de sustentabilidade revisada para a Alemanha, que incorporou a resolução da Assembleia Geral da ONU de 2015 e, com base nela, comprometeu-se com a Agenda 2030.[41]

Se quisermos alcançar a sustentabilidade, nossa relação com o mundo interior e o exterior dos seres humanos precisa sofrer uma mudança fundamental. O desenvolvimento em direção à sustentabilidade necessita uma transformação do capitalismo e do desenvolvimento de novas formas de cooperação econômica. Devemos também parar de explorar e "colonizar" a natureza em prol de novas formas

---

40. Michelsen, 2017; Scholz, 2017.
https://sustainabledevelopment.un.org/post2015/transformingourworld
41. Bundesregierung, 2017.

de coexistência entre seres humanos e natureza. Devemos aprender a descobrir a *natureza como um mundo que existe ao nosso lado*, respeitá-la e conservá-la. Na Antiguidade, humanos se viam como parte da *physis* que era o mundo com o qual eles coexistiam. Na modernidade, com o capitalismo, a industrialização e o colonialismo, nossa relação com a natureza mudou sistematicamente. Agora ela é domesticada e explorada nos interesses da humanidade, é ameaçada pelas mudanças climáticas e pela escassez de recursos. Uma mudança fundamental em nossa relação com a natureza e com o mundo, no qual e com o qual vivemos, está agora na agenda, uma mudança que é caracterizada pelo conceito de sustentabilidade e com efeitos de longo alcance na educação.

Educação para sustentabilidade — uma estrutura de referência para 2030

Uma nova fase de educação, influenciada por noções utópicas de sustentabilidade, iniciou-se com o Fórum Mundial de Educação em Incheon, na Coreia do Sul, em maio de 2015, que adotou uma declaração e discutiu um programa de ação que descreve os desenvolvimentos desejados no campo da educação entre 2015 e 2030. Cerca de 1.500 delegados de cerca de 130 países participaram deste Fórum Mundial de Educação, organizado predominantemente pela Unesco. Além da adoção da Declaração, foi discutido um plano de ação para sua implementação, que foi finalmente adotado pela Assembleia Geral da Unesco.

Como já mencionado, o objetivo do desenvolvimento da educação na sociedade mundial é *garantir educação inclusiva, igual, de qualidade e ao longo da vida para todos*. O programa se baseia em uma "visão humanista da educação e desenvolvimento baseada nos direitos humanos e dignidade", justiça social, segurança, diversidade cultural e responsabilidade compartilhada. Educação é entendida como um "bem público" e um "direito humano fundamental". "É essencial para a paz, a tolerância, a realização humana e o desenvolvimento sustentável."[42]

A Declaração e o Programa de Ação recomendam o desenvolvimento de um sistema escolar público de 12 anos. A educação obrigatória com ensino de qualidade e livre deve abranger no mínimo nove anos, incluindo o ensino fundamental e o ensino médio. Recomendam-se também o estabelecimento de pelo menos um ano de educação pré-escolar gratuita e obrigatória e a expansão da formação profissional e da alfabetização de adultos. A educação deve ser inclusiva e igualitária. "Inclusivo" aqui não se refere apenas à inclusão de crianças com deficiência, mas é muito mais amplo e direcionado contra todas as formas de exclusão e marginalização. Igualdade de acesso e tratamento na educação são as consequências necessárias. Especialmente para meninas e mulheres, pois ainda há muito o que fazer em muitas regiões do mundo. A fim de promover o conhecimento e a criatividade de crianças e jovens, a qualidade da educação deve ser aprimorada, inclusive por meio de uma melhor formação de professores. Por fim, a promoção da educação e da formação não se limita apenas ao sistema escolar. A formação profissional e a aprendizagem ao longo da vida devem ser desenvolvidas, bem como a promoção da educação não formal. De 4% a 6% do Produto Interno Bruto ou 15% a 20% da despesa pública devem ser gastos em educação. Para atingir esses objetivos, são necessários anualmente 20 bilhões de dólares adicionais.

A Educação para o Desenvolvimento Sustentável deve ser promovida com o auxílio do Programa de Ação Mundial da Unesco, o programa de acompanhamento da Década das Nações Unidas.[43] Nos Objetivos de Desenvolvimento Sustentável (ODS), a educação para a sustentabilidade é explicitamente mencionada no subobjetivo 4. Ele afirma que todos os alunos devem adquirir o conhecimento e as habilidades necessárias para o desenvolvimento sustentável. Educação para a Cidadania Global (GCE) é outro programa. Também

---
42. Unesco, 2015. Disponível em: https://unesdoc.unesco.org/ark:/48223/pf0000243724
43. Unesco, 2014.

se mencionam a necessidade para a educação em direitos humanos, a educação para a paz e o aprendizado intercultural, bem como a educação para a tolerância e a democracia.[44]

Essa visão de educação inclusiva, equitativa, de alta qualidade e ao longo da vida constitui o quadro de referência para a educação na sociedade mundial com o qual a comunidade internacional concordou em Incheon. Comparado a épocas anteriores, esse desenvolvimento é um passo adiante. Isso também é verdade quando sabemos, principalmente pela experiência com os Objetivos do Milênio, quão difícil é progredir em objetivos tão amplos.

Junto com os objetivos de uma educação para o desenvolvimento sustentável, o Secretário-Geral da ONU lançou a Iniciativa Global *Education First,* em 2012, que teve como objetivo iniciar a cidadania global como uma atitude ética fundamental e objetivo da educação. O objetivo consistia em incutir uma perspectiva global na consciência dos indivíduos e também criar e disseminar a cidadania global e a educação para a cidadania global como um princípio orientador.[45] Esperava-se que estimulasse a disposição de pessoas, comunidades e estados para assumir a responsabilidade política, cultural e social pelo planeta necessária no Antropoceno. No cerne da cidadania global está o sentimento de pertencer à grande comunidade de todas as pessoas. Ela enfatiza a interdependência de fatores políticos, econômicos, sociais e culturais e a interação entre o que é local, nacional e global. Este sentimento de pertença é visto como uma força que aceita as diferenças e transcende as fronteiras entre as nações. Relaciona-se com a Constituição da Unesco, que afirma, entre outras coisas: "Que uma paz baseada exclusivamente nos arranjos políticos e econômicos dos governos não seria uma paz que pudesse garantir o apoio unânime, duradouro e sincero dos povos do mundo, e que a paz deve, portanto, ser fundada, para não falhar, na solidariedade intelectual e moral da humanidade".

---

44. Wintersteiner et al., 2014.
45. Bernecker e Grätz, 2018.

O ponto de referência da educação para a cidadania não é mais o Estado-nação, mas a comunidade mundial globalizada e glocalizada. O objetivo é desenvolver a arte do convívio no âmbito de uma cultura de paz para o benefício de todas as pessoas. Essa educação para a cidadania global compreende as seguintes dimensões:

- dimensão cognitiva. Trata-se de compreender e refletir de forma crítica e construtiva sobre problemas planetários específicos e como eles podem ser tratados;
- dimensão emocional. Isso é importante para um senso de relacionalidade e conexão com o mundo e outras pessoas;
- dimensão participativa. A vontade de se envolver e de agir em conjunto e em solidariedade com os outros;
- dimensão ética. Os valores éticos são de importância central para lidar com a natureza e com o que é "outro" para nós;
- dimensão da possibilidade. Através da consciência da possibilidade, alternativas podem ser descobertas e desenvolvidas.[46]

O objetivo da educação para a cidadania global é desenvolver uma atitude baseada na consciência de que todos os seres humanos vivem em uma comunidade em que seu destino e o do planeta são idênticos. Essa atitude em relação ao mundo e às outras pessoas leva posteriormente a uma ação em que a perspectiva global também está presente nas ações locais. As diferentes abordagens da educação para o desenvolvimento sustentável estão entrelaçadas com as diversas perspectivas de cidadania global. O objetivo é criar uma *unitas multiplex*, uma unidade na diversidade, que será posteriormente explorada e elaborada no contexto da Unesco. Por mais necessária que seja uma orientação de educação e formação para esses objetivos, a objeção de Lyotard às "grandes narrativas" da humanidade deve ser considerada.[47] Ele acredita que há um perigo de que essas narrativas

---

46. Wintersteiner e Wulf, 2017, p. 38-39.
47. Lyotard, 1986.

sirvam para ocultar o fato de que as coisas referidas são dificilmente realizáveis. Mas essas visões já oferecem certo grau de "satisfação". Elas sugerem que algo foi aprimorado com seu projeto e que elas sabem pelo que lutar e o que fazer. Esta crítica não pode ser descartada. Torna-se mais plausível quando se analisam as estratégias concretas do programa de ação e torna-se consciente das diferenças quase intransponíveis entre as perspectivas. O caráter visionário da Declaração corre o risco de ocultar essas dificuldades, que estão ganhando importância no trabalho concreto sobre a implementação de reformas individuais. O desenvolvimento de uma visão e de um Programa de Ação é algo que traz consigo outras novas e sérias dificuldades, quando são feitas tentativas para colocá-lo em prática. Diante dessas dificuldades, os elementos visionários perdem seu fascínio. Esses objetivos lembram as grandes utopias da história europeia: *A República*, de Platão, *A cidade do sol*, de Tommasio Campanella, *Utopia*, de Thomas More.[48] E há muito mais. As utopias e o pensamento utópico exercem uma fascinação no campo da educação da qual quase ninguém pode escapar. Eles mostram o que seria possível se as pessoas não fossem como são e se as utopias pudessem ser realizadas. As utopias tendem a limitar a diversidade da vida humana em favor de uma ordem social considerada boa. O desenvolvimento desejado para a sustentabilidade é mais diversificado do que todas as utopias que foram projetadas até agora. Para alcançar os objetivos do desenvolvimento sustentável, pode até ser necessário restringir os direitos fundamentais existentes. Talvez o desenvolvimento almejado corra até o risco de se transformar em seu oposto em alguns pontos, de acordo com as descobertas de Horkheimer e Adorno na *Dialética do esclarecimento*.[49]

---

48. Platão, 2000; Campanella, 2009; More, 1967.
49. Horkheimer e Adorno, 1972.

Referências

Adorno, Theodor W.; Dahrendorf, Ralf; Pilot, Harald; Albert, Hans; Habermas, Jürgen; Popper, Karl R. (1976). *The Positivist Dispute in German Sociology*. London: Heinemann.

Adorno, Theodor W. (1978). Einleitung. In: Theodor W. Adorno, Ralf Dahrendorf, Harald Pilot, Hans Albert, Jürgen Habermas, and Karl R. Popper: *Der Positivismusstreit in der deutschen Soziologie*. 6. ed. Darmstadt, Neuwied: Luchterhand. p. 7-79.

Akbaba, Yaltz; Jeffrey, Bob (org.) (2017). *The Implication of "New Populism" for Education*. E & E Publishing.

Althans, Birgit; Bilstein, Johannes (org.) (2015). *Essen — Bildung — Konsum. Pädagogisch-anthropologische Perspektiven*. Wiesbaden: Springer VS.

Althans, Birgit; Schmidt, Friederike; Wulf, Christoph (2015). *Nahrung als Bildung*. Weinheim: Juventa.

Alkemeyer, Thomas; Kalthoff, Herbert; Rieger-Ladich, Markus (org.) (2015). *Bildungspraxis: Körper — Räume — Objekte*. Weilerswist: Velbrück.

Alvarez, Luis W.; Alvarez, Walter; Asaro, Frank; Michel, Helen V. (1980). Extraterrestrial Cause for the Cretaceous-Tertiary Extinction. *Science New Series*, n. 4448, p. 1095-1108.

Ammicht-Quinn, Regina; Potthast, Thomas (org.) (2015). *Ethik in den Wissenschaften*. Tübingen: IZEW.

Anders, Günther (1956). *Die Antiquiertheit des Menschen*. Band I: Über die Seele im Zeitalter der zweiten industriellen Revolution. München: Beck. [Translation: The Outdatedness of Human Beings 1. On the Soul in the Era of the Second Industrial Revolution.

Anders, Günther (1980). *Die Antiquiertheit des Menschen*. Über die Zerstörung des Lebens im Zeitalter der dritten industriellen Revolution.München: Beck. v. II. Translation: The Outdatedness of Human Beings 2. On the Destruction of Life in the Era of the Third Industrial Revolution.

Anderson-Levitt, Kathryn M. (org.) (2012). *Anthropologies of Education. A Global Guide to Ethnographic Studies of Learning and Schooling*. New York, Oxford: Berghahn.

Andreas-Salomé, Lou (1994). *Friedrich Nietzsche in seinen Werken*. Frankfurt/M.: Insel.

Antweiler, Christoph (2016). *Our Common Denominator; Human Universals Revisited*. Oxford; New York: Berghahn Books.

Appadurai, Arjun (1996). *Modernity at Large: Cultural Dimensions of Globalization*. Minneapolis: University of Minnesota Press.

Arbeitsgruppe Medien (2004). Über das Zusammenspiel von Medialität und Performativität. *Paragrana. Internationale Zeitschrift für Historische Anthropologie*, v. 13, n. 1. Praktiken des Performativen, ed. Erika Fischer-Lichte, and Christoph Wulf, p. 129-185.

Arbeitsgruppe Ritual (2004). Differenz und Alterität im Ritual. *Paragrana. Internationale Zeitschrift für Historische Anthropologie*, v. 13, n. 1. Praktiken des Performativen, ed. Erika Fischer-Lichte, and Christoph Wulf, p. 187-249.

Aristóteles (2013). *Poetics*. Trad. Anthony Kenny. Oxford: Oxford University Press.

Aristóteles (1961). *De anima*. Oxford: Clarendon Press.

Audehm, Kathrin; Velten, Rudolf (org.) (2007). *Transgression — Hybridisierung — Differenzierung: Zur Performativität von Grenzen in Sprache, Kultur und Gesellschaft*. Freiburg: Rombach.

Aurobindo, Sri (1955). *The Brain of India*. 5. ed. Pondicherry: Sri Aurobindo Ashram.

Austin, John L. (1962). *How to do things with words*. Oxford: Clarendon Press.

Azimuth. Philosophical Coordinates in Modern and Contemporary Age. (2017). n. 9. The Battlefield of the Anthropocene, ed. by Sara Baranzoni and Paolo Vignola.

Baader, Maike Sophia (1996). *Die romantische Idee des Kindes und der Kindheit. Auf der Suche nach der verlorenen Unschuld.* Neuwied: Luchterhand.

Baader, Maike Sophia; Bilstein, Johannes; Tholen, Toni (org.) (2012). *Erziehung, Bildung und Geschlecht. Männlichkeiten im Fokus der Gender Studies.* Wiesbaden: Springer VS.

Baader, Maike Sophia; Bilstein, Johannes; Wulf, Christoph (org.) (2008). *Die Kultur der Freundschaft. Praxen und Semantiken in anthropologisch-pädagogischer Perspektive.* Weinheim: Beltz.

Bammé, Arno (2014). Fünf Gründe, warum die Menschheit den Herausforderungen des 21. Jahrhunderts nicht gewachsen ist. In: Bammé, Arno (org.). *Schöpfer der zweiten Natur. Der Mensch im Anthropozän.* Marburg: Metropolis. p. 49-62.

Barniwal, Vikas; Sharma, Richa (2020/2021). South Asian Education Thinkers. In: Sarangapani, P.M.; Pappu, R. (org.). *Handbook of Education Systems in South Asia.* Basingstoke: Springer-Nature.

Barret-Ducrocq, Françoise (2002). *Quelle Mondialisation?* Paris: Grasset.

Basedow, Johann Bernhard (1774). *Das in Dessau errichtete Philanthropinum. Eine Schule der Menschenfreundschaft und guter Kenntnisse für Lernende und junge Lehrer, arme und reiche; Ein Fidei-Commiß des Publicums zur Vervollkommnung des Erziehungswesens aller Orten nach dem Plane des Elementarwerks.* Leipzig: Crusius. (Texto digitalizado e completo no arquivo de texto alemão)

Basu (1968). Tagore's Educational Philosophy in Relation to Education. In: *Visva Bharati Quarterly, Education Number,* v. XIII, part I & II (reprint vols. 11-13, 1968).

Baudrillard, Jean (1994a). *Simulacra and Simulation.* Ann Arbor: The University of Michigan Press.

Baudrillard, Jean (1994b). *The Illusion of the End.* Cambridge: Polity Press.

Bauman, Zygmunt (2017). *Retrotopia.* Berlin: Suhrkamp.

Beck, Ulrich; Giddens, Anthony; Lash, Scott (1996). *Reflexive Modernisierung: eine Kontroverse.* Frankfurt/M.: Suhrkamp. [Translation: Reflexive modernization: politics, tradition and aesthetics in the modern social order. Stanford, Calif. 1994; Stanford University Press.]

Beillerot, Jacky; Wulf, Christoph (org.) (2003). *Erziehungswissenschaftliche Zeitdiagnosen: Deutschland und Frankreich*. Münster: Waxmann.

Belting, Hans (2011). *Anthropology of Images: Pictures, Medium, Body*. Princeton: Princeton University Press.

Benjamin, Walter (1980). Über den Begriff der Geschichte. In: Tiedmann, Rolf; Schweppenhäuser, Hermann. *Gesammelte Werke*. 2. ed. Frankfurt/M.: Suhrkamp. v. I, p. 691-704.

Benjamin, Walter (2006). *Berlin Childhood around 1900*. Trad. Howard Eiland. Cambridge, Mass.: Harvard University Press.

Benjamin, Walter (1999). *The Arcades Project*. Trad. Howard Eiland, Kelvin McLaughlin. Cambridge, Mass.: Harvard University Press. Disponível em: https://monoskop.org/images/e/e4/Benjamin_Walter_The_Arcades_Project.pdf

Benjamin, Walter (1990). Charles Baudelaire. Ein Lyriker im Zeitalter des Hochkapitalismus. In: Tiedemann, Rolf; Schweppenhäuser, Hermann. *Gesammelte Schriften*.. Frankfurt/M.: Suhrkamp. v. I/II, p-509-690.

Benner, Dietrich (1986). *Die Pädagogik Herbarts. Eine problemgeschichtliche Einführung in die Systematik neuzeitlicher Pädagogik*. Weinheim: Juventa.

Benner, Dietrich (1990). *Wilhelm von Humboldts Bildungstheorie*. Weinheim: Juventa.

Benthien, Claudia; Wulf, Christoph (org.) (2001). *Körperteile. Eine kulturelle Anatomie*. Reinbek: Rowohlt.

Berg, Eberhard; Fuchs, Martin (org.) (1993). *Kultur, soziale Praxis, Text. Die Krise der ethnographischen Repräsentation*. Frankfurt/M.: Suhrkamp.

Bernecker, Roland; Grätz, Ronald (org.) (2018). *Global Citizenship: Perspectives of a World Community*. Göttingen: Steidl.

Bhabha, Homi K. (2004). *The Location of Culture*. 2. ed. London: Routledge.

Bíblia. (2009). *Sagrada Bíblia Católica. Antigo e Novo Testamentos*. São Paulo: Santuário.

Bilstein, Johannes (org.) (2011). *Anthropologie und Pädagogik der Sinne*. Opladen, Farmington Hills: Budrich.

Bilstein, Johannes; Brumlik, Micha (org.) (2013). *Die Bildung des Körpers*. Weinheim: Beltz Juventa.

Bilstein, Johannes; Miller-Kipp, Gisela; Wulf, Christoph (org.) (1999). *Transformationen der Zeit*. Weinheim: Deutscher Studien Verlag.

Bilstein, Johannes; Peskoller, Helga (org.) (2013). *Erfahrung — Erfahrungen*. Wiesbaden: Springer VS.

Bilstein, Johannes; Uhle, Reinhard (org.) (2007). *Liebe. Zur Anthropologie einer Grundbedingung pädagogischen Handelns*. Oberhausen: Athena.

Bilstein, Johannes; Winzen, Matthias; Wulf, Christoph (org.) (2005). *Anthropologie des Spiels*. Weinheim: Beltz.

Blaschke-Nacak, Gerald; Stenger, Ursula; Zirfas, Jörg (org.) (2018). *Pädagogische Anthropologie der Kinder*. Weinheim: Beltz Juventa.

Boas, Franz (1896/1940). *Race, Language and Culture*. New York: MacMillan.

Bockhorst, Hildegard; Reinwand, Vanessa-Isabelle; Zacharias, Wolfgang (org.) (2012). *Handbuch Kulturelle Bildung*. München: Kopäd.

Boehm, Gottfried (org.) (1994). *Was ist ein Bild?* München: Wilhelm Fink.

Boellstorff, Tom (2008). *Coming of Age in Second Life: An Anthropologist Explores the Virtually Human*. Princeton: Princeton University Press.

Bohnsack, Ralf (1999). *Rekonstruktive Sozialforschung. Einführung in Methodologie und Praxis*. Opladen: Leske und Budrich.

Bohnsack, Ralf (2009). *Qualitative Bild- und Videointerpretation*. Opladen, Farmington Hills: Budrich.

Bohnsack, Ralf; Przyborski, Aglaja; Schäffer, Burkhard (org.) (2006). *Das Gruppendiskussionsverfahren in der Forschungspraxis*. Opladen: Budrich.

Bollnow, Otto F. (1965). *Die anthropologische Betrachtungsweise in der Pädagogik. Der Mensch zwischen Natur, Kultur und Technik*. Stuttgart: NDS-Verlag.

Bollnow, Otto F. (1980). Die anthropologische Betrachtungsweise in der Pädagogik. In: König, Eckard; Ramsenthaler, Horst (org.). *Diskussion Pädagogische Anthropologie*. München: Wilhelm Fink. p. 36-54.

Bonneuil, Christophe; Fressoz, Jean-Baptiste (2016). *The Shock of the Anthropocene: The Earth, History, and Us.* London: Verso.

Bostrom, Nick (2018). *Superintelligenz. Szenarien einer kommenden Revolution.* 3. ed. Berlin: Suhrkamp.

Bourdieu, Pierre (1990). *The Logic of Practice.* Trad. Richard Nice. Stanford: Stanford University Press.

Bourdieu, Pierre (1997). *Méditations pascaliennes.* Paris: Seuil.

Bourdieu, Pierre (1998). *Practical Reason: On the Theory of Action.* Stanford: Stanford University Press.

Bourdieu, Pierre; Wacquant, Loic D. (1992). *An Invitation to Reflexive Sociology.* Chicago: The University of Chicago Press.

Brandstetter, Gabriele (2007). Tanz als Wissenskultur. Körpergedächtnis und wissenstheoretische Herausforderung. In: Gehm, Sabine; Husemann, Pirrko; Wilcke, Katharina von (org.). *Wissen in Bewegung. Perspektiven der künstlerischen und wissenschaftlichen Forschung im Tanz.* Bielefeld: Transcript.

Bredekamp, Horst; Dünkel, Vera; Schneider, Birgit (org.) (2015). *Technical Image: a History of Styles in Scientific Imagery.* Chicago: The University of Chicago Press.

Bridle, James (2019). *New Dark Ages. Der Sieg der Technologie und das Ende der Zukunft.* München: C.H. Beck.

Brumlik, Micha (2018). *Demokratie und Bildung.* Berlin: Neofelis.

Brown, Donald E. (1991). *Human Universals.* New York: McGraw Hill.

Bundesregierung (2017). *Deutsche Nachhaltigkeitsstrategie.* Disponível em: https://www.bundesregierung.de/Contnet/Infomaterial/BPA/Bestellservice/Deutsche_Nachhaltigkeitsstrategie_ New edition_2016.html.

Bundesregierung (2021). *Deutsche Nachhaltigkeitsstrategie. Weiterentwicklung 2021.* Berlin: Bundeskanzleramt.

Bünner, Gertrud; Röthig, Peter (1983). *Grundlagen und Methoden rhythmischer Erziehung.* Stuttgart: Klett.

Bunzl, Matti (2004). Boas and Foucault and the "Native Anthropologist". Notes towards a Neo-Boasnian Anthropology. *American Anthropologist*, v. 106, n. 3, p. 435-451.

Burke, Peter (2015). *The French Historian Revolution: The Annales School 1929-2014.* 2. ed. Stanford: Stanford University Press.

Burns, Robin J.; Aspeslagh, Robert (org.) (1996). *Three Decades of Peace Education around the World. An Anthology.* New York: Garland.

Butler, Judith (1990). *Gender Trouble. Feminism and the Subversion of Identity.* London: Routledge.

Butler, Judith (1997). *Excitable Speech: a Politics of the Performative.* London: Routledge.

Calließ, Jörg; Lob, Reinhold E. (org.) (1987-1988). *Praxis der Umwelt- und Friedenserziehung.* Düsseldorf: Schwann. 3 v.

Campanella, Tommaso (2009). *The City of the Sun.* SMK Books.

Chad, Tara (1936). *Influence of Islam on Indian Culture.* Allahabad: The Indian Press.

Chan, Wingtsit (1963). *A Source Book in Chinese Philosophy.* Princeton: Princeton University Press.

Chaudhuri, Maitrayee (2005). *Feminism in India. Issues in Contemporary Indian Feminism.* London: Zed Books.

Chomsky, Noam (1968). *Language and Mind.* San Diego: Harcourt, Brace & World.

Clemens, Iris (2015). *Erziehungswissenschaft als Kulturwissenschaft. Die Potentiale der Netzwerktheorie für eine kulturwissenschaftliche und kulturtheoretische Ausrichtung der Erziehungswissenschaft.* Weinheim: Beltz Juventa.

Coleridge, Samuel Taylor (2014). *Biographia Literaria* Edinburgh: Edinburgh University Press.

Comenius, Johann Amos (1907). *The Great Didactic.* Trad. M. W. Keating. Disponível em: https://archive.org/stream/cu31924031053709/cu31924031053709_djvu.txt

Comenius, Johann Amos (1966). *Johannis Amos Comenii de rerum humanarum emendatione Consultatio Catholica. Lexicon reale pansophicum. Editio princeps.* Prague: Academia. Partes 1 e 2.

Comenius, Johann Amos (1991). *Joh. Amos Commenii Orbis sensualium pictus: hoc est omnium fundamentalium in mundo rerum et in vita actionum pictura et nomenclatura = Die sichtbare Welt*. Reimpresso da 1ª edição. 4. ed. Dortmund: Harenberg.

Comenius, Johann Amos (1992). *Orbis Sensualium Pictus*. Zürich: Pestalozzianum.

Comenius, Johann Amos (2011). *Johann Amos Comenii Die Welt im Bild: das ist: aller hauptsächlichen Gegenstände und Lebenstätigkeiten Bebilderung & Benamung / nach den besten Ausg. erneut zum Gebrauch der Lernenden von Uvius Fonticola*. Frankfurt: Friedrich.

Condorcet, Marie Jean Antoine Nicolas Caritat, Marquis de (1976). *Selected Writings*. Indianapolis: Bobbs-Merrill.

Contag, Viktoria (1964). *Konfuzianische Bildung und Bildwelt*. Zürich, Stuttgart: Artemis.

Couldry, Nick (2012). *Media, Society, World: Social Theory and Digital Media Practice*. Cambridge, Mass.: Polity.

Council of Europe (2008). *White Paper on Intercultural Dialogue "Living together as equals in dignity"*. Straßburg: Europarat.

Cramer, Konrad; Fulda, Hans-Friedrich; Horstmann, Rolf-Peter; Pothast, Ulrich (org.) (1987). *Theorie der Subjektivität*. Frankfurt: Suhrkamp.

Crutzen, Paul; Davis, Mike; Mastrandrea, Michael D.; Schneider, Stephen H.; Sloterdijk, Peter (2011). *Das Raumschiff Erde hat keinen Notausgang*. Berlin: Suhrkamp.

Crutzen, Paul. J.; Stoermer, Eugene F. (2000). The Anthropocene. In: *Global Change Newsletter*, v. 41, p. 17-18.

Damasio, Antonio (2005). *Descartes' Error: Emotion, Reason, and the Human Brain*. London: Penguin.

Damus, Obrillant; Wulf, Christoph; Saint-Fleur, Joseph; Jeffrey, Denis (org.) (2017). *Pour une éducation à la paix dans un monde violent*. Paris: L'Harmattan.

Darwin, Charles (2006). *On the Origin of the Species by Means of Natural Selection*. Mineola: Dover.

Dalvi, R. (2007). Indian philosophy. In: Boundas, C. (org.). *The Edinburgh Companion to Twentieth-Century Philosophies.* Edinburgh: Edinburg University Press. p. 645-660.

Daun, Holger; Arjmand, Reza (org.) (2018). *Handbook of Islamic Education.* Basingstoke: Springer

Debray, Régis (1991). *Cours de Médiologie Générale.* Paris: Gallimard.

Deleuze, Gilles (1994). *Difference and Repetition.* Trad. Paul Patton. Oxford: Athlone Press.

Delors, Jacques (1996). *Learning: the Treasure Within. Report to Unesco of the International Commission on Education for the Twenty-first Century.* Paris: Unesco.

Derbolav, Josef (1980). Pädagogische Anthropologie als Theorie der individuellen Selbstverwirklichung. In: Eckard König, Eckard; Ramsenthaler, Horst (org.). *Diskussionpädagogische Anthropologie.* München: Wilhelm Fink. p. 55-69.

Derrida, Jacques (1967/2016). *Of grammatology.* Baltimore: John Hopkins University Press.

Derrida, Jacques (2001). *Writing and Difference.* Trad. Michael Naas. Chicago: The University of Chicago Press.

Derrida, Jacques (2007). *Basic Writings.* London: Routledge.

Deutsche UNESCO-Kommission (2017). *Weltbildungsbericht 2017/2018 — Kurzfassung: Verantwortung für Bildung.* Bonn: Deutsche UNESCO-Kommission.

Dewey, John (1959). *Art as Experience.* New York: Capricorn Books.

Dieckmann, Bernhard; Wulf, Christoph; Wimmer, Michael (org.) (1997). *Violence. Nationalism, Racism, Xenophobia.* Muenster: Waxmann.

Dinzelbacher, Peter (org.) (1993). *Europäische Mentalitätsgeschichte. Hauptthemen in Einzeldarstellungen.* Stuttgart: Kröner.

Doudna, Jennifer A.; Sternberg, Samuel H. (2018). *A Crack in Creation: The New Power to Control Evolution.* London: The Bodley Head.

Dressel, Gert (org.) (1996). Historische Anthropologie. Eine Einführung. In: Dülmen, Richard van (2000). *Historische Anthropologie. Entwicklung, Probleme, Aufgaben.* Köln: Böhlau.

Durand, Gilbert (1963). *Les Structures Anthropologiques de l'Imaginaire. Introduction à l'Archétypologie Générale*. Paris: Presses Universitaires de France.

Ehlers, Eckhart (2008). *Das Anthropozän. Die Erde im Zeitalter des Menschen*. Darmstadt: WBG.

Eickhoff, Hajo (1993). *Himmelsthron und Schaukelstuhl: Die Geschichte des Sitzens*. München: Hanser.

Eliade, Mircea (2005). *Myth of the Eternal Return: Cosmos and History*. Princeton: Princeton University Press.

Else, Gerald F. (1958). "Imitation" in the 5th Century. *Classical Philology*, v. 53, n. 2, p. 73-90.

Engell, Lorenz (org.) (2000). *Kursbuch Medienkultur. Die maßgeblichen Theorien von Brecht bis Baudrillard*. Disponível em: http://archiv.ub.uni-marburg.de/ep/0002/2000/80/2745

Engell, Lorenz; Hartmann, Frank; Voss, Christiane (org.) (2013). *Körper des Denkens. Neue Positionen der Medienphilosophie*. München: Wilhelm Fink.

Escobar, Arturo (2018). *Designs for the Pluriverse. Radical Interdependence, Autonomy, and the Makind of Worlds*. Durham: Duke University Press.

Faure, Edgar (1972). *Learning to Be. The World of Education Today and Tomorrow*. Paris: Unesco.

Featherstone, Mike (1995). *Undoing Culture. Globalization, Postmodernism and Identity*. London: Sage.

Federau, Alexander (2017). *Pour une Philosophie de l'Anthropocène*. Paris: Presses Universitaires de France.

Feng Qi (2005). *Knowledge and Wisdom. The Collected Essays on Feng Qi's Philosophy*. edited by Yang Guorong. Shanghai: East China Normal University Press.

Flick, Uwe (2004). *Triangulation. Eine Einführung*. Wiesbaden: VS Verlag für Sozialwissenschaften.

Flick, Uwe (2006). *An Introduction to Qualitative Research*. London: Thousand Oaks.

Flick, Uwe; Kardorff, Ernst von; Steinke, Ines (org.) (2004). A Companion to Qualitative Research. London: Thousand Oaks.

Flitner, Andreas (1963). *Wege zur pädagogischen Anthropologie. Versuch einer Zusammenarbeit der Wissenschaften vom Menschen*. Heidelberg: Quelle & Meyer.

Flitner, Wilhelm (1950). *Allgemeine Pädagogik*. Stuttgart: Klett.

Flügge, Johannes (1963). *Die Entfaltung der Anschauungskraft*. Heidelberg: Quelle & Meyer.

Flusser, Vilém (1993). Eine neue Einbildungskraft. In: Ders. *Lob der Oberflächlichkeit. Für eine Phänomenologie der Medien*. Bensheim: Bollmann. p. 251-331.

Flusser, Vilém (1994). *Kommunikologie*. ed. Edith Flusser and Stefan Bollmann. Bensheim. Düsseldorf: Bollmann.

Flusser, Vilém (2013). *Post-History*. Trad. Rodrigo Maltez Novaez. Minneapolis, MN: Univocal Pub.

Fonagy, Peter (2009). *Bindungstheorie und Psychoanalyse*. Stuttgart: Klett-Cotta.

Foucault, Michel (1971). *"Nietzsche, la Généalogie, l'Histoire," Hommage à Jean Hyppolite*. Paris: Presses Universitaires de France.

Foucault, Michel (1995). *Discipline and Punishment: the Birth of the Prison*. New York: Vintage Books.

Frank, Manfred (1982). *Der kommende Gott. Vorlesung über die Neue Mythologie*. Frankfurt: Suhrkamp.

Frank, Manfred (2012). *Ansichten der Subjektivität*. Berlin: Suhrkamp.

Friebertshäuser, Barbara; Prengel, Annedore (org.) (2013). *Handbuch Qualitative Forschungsmethoden in der Erziehungswissenschaft*. 2. ed. München: Juventa.

Friedensgutachten (2017), edited by Bruno Schoch, Andreas Heinemann-Gründer, Corinna Hauswedell, Jochen Hippler, and Margret Johannsen on behalf of the five German peace research institutes. Münster: LIT.

Fuchs, Christian; Sandoval, Marisol (org.) (2014). *Critique, Social Media & the Information Society*. London: Routledge.

Fukuyama, Francis (1992). *The End of History and the Last Man*. New York: Free Press.

Fukuyama, Francis (2018). *Identity: The Demand for Dignity and the Politics of Resentment*. New York: Farrar, Straus and Giroux.

Fung Yu-lan (1973). *A History of Chinese Philosophy*. Princeton: Princeton University Press. 2 v.

Funk, Leberecht; Röttger-Rössler, Birgitt; Scheidecker, Gabriel (2013). Fühlen (d) Lernen: Zur Sozialisation und Entwicklung von Emotionen im Kulturvergleich. Zeitschrift für Erziehungswissenschaft. *"Bildung der Gefühle"*, Sonderheft 16, p. 217-238.

Gadamer, Hans-Georg; Boehm, Gottfried (org.) (1976). *Seminar Philosophische Hermeneutik*. Frankfurt: Suhrkamp.

Gadamer, Hans-Georg; Vogler, Paul (org.) (1972-1974). *Neue Anthropologie*. Stuttgart: Georg Thieme. 7 v.

Galtung, Johan (1982). *Strukturelle Gewalt. Beiträge zur Friedens- und Konfliktforschung*. Reinbek: Rowohlt.

Gandhi, M. (1921). *Collected Works of Mahatma Gandhi*. Gandhi Sevagram Ashram. v. 22.

Gardner, Howard; Davis, Katie (2013). *The App Generation: How Today's Youth Navigate Identity, Intimacy, and Imagination in a Digital World*. New Haven: Yale University Press.

Gebauer, Gunter; Kamper, Dietmar; Lenzen, Dieter; Mattenklott, Gert; Wünsche, Konrad; Wulf, Christoph (1989). *Historische Anthropologie. Zum Problem der Humanwissenschaften heute oder Versuche einer Neubegründung*. Reinbek: Rowohlt.

Gebauer, Gunter; Wulf, Christoph (1995). *Mimesis. Culture, Art, Society*. Berkeley: University of California Press.

Gebauer, Gunter; Wulf, Christoph (1998). *Spiel, Ritual, Geste. Mimetisches Handeln in der sozialen Welt*. Reinbek: Rowohlt.

Gebauer, Gunter; Wulf, Christoph (2003). *Mimetische Weltzugänge: Soziales Handeln — Rituale und Spiele — ästhetische Produktionen*. Stuttgart: Kohlhammer.

Geertz, Clifford (1973). *The Interpretation of Culture: Selected Essays*. New York: Basic Books.

Gehlen, Arnold (1988). *Man, his Nature and Place in the World*. Trad. Clare McMillan; Karl Pillemer. New York: Columbia University Press.

Gehm, Sabine; Husemann, Pirkko; Wilcke, Katharina von (org.) (2007). *Wissen in Bewegung. Perspektiven der künstlerischen und wissenschaftlichen Forschung im Tanz*. Bielefeld: Transcript.

Gennep, Arnold van (2019). *Rites of Passage*. Trad. Monika B. Vizedom; Gabrielle L. Caffee. Chicago: The University of Chicago Press.

Giddens, Anthony (1990). *The Consequences of Modernity*. Oxford: Polity Press.

Gide, André (1973). *The Counterfeiters*. Trad. Dorothy Bussy. New York: Vintage Books.

Gießmann, Hans; Rinke, Bernhard (org.) (2019). *Handbuch Frieden*. Berlin: Springer VS.

Giesecke, Michael (1998). *Der Buchdruck in der frühen Neuzeit*. Frankfurt: Suhrkamp.

Gil, Isabel Capeloa; Wulf, Christoph (org.) (2015). *Hazardous Future: Disaster, Representation and the Assessment of Risk*. Boston: De Gruyter.

Girard, René (1977). *Violence and the Sacred*. Baltimore: John Hopkins University Press.

Girard, René (1986). *The Scapegoat*. Baltimore: John Hopkins University Press.

Gödde, Günter; Zirfas, Jörg (org.) (2018). *Kritische Lebenskunst. Analysen, Orientierungen, Strategien*. Stuttgart: Metzler.

Göhlich, Michael (2001). *System, Handeln, Lernen unterstützen. Eine Theorie der Praxis pädagogischer Institutionen*. Weinheim: Beltz.

Göhlich, Michael; Liebau, Eckart; Leonhard, Hans-Walter; Zirfas, Jörg (org.) (2006). *Transkulturalität und Pädagogik. Interdisziplinäre Annäherungen an ein kulturwissenschaftliches Konzept und seine pädagogische Relevanz*. Weinheim: Juventa.

Göhlich, Michael; Wulf, Christoph; Zirfas, Jörg (org.) (2014). *Pädagogische Theorien des Lernens*. 2. ed. Weinheim: Beltz.

Goodman, Nelson (1978). *Ways of Worldmaking*. Cambridge, MA: Hackett Publishing.

Gosh, R. R.; Naseem, M. A.; Vijh, A. (2012). Tagore and Education. Gazing beyond the Colonial Cage. In: Abdi, Ali A. *Decolonizing Philosophies of Education*. Rotterdam: Brill Sense. p. 59-71.

Goyal, S. (2019). Correction to Gandhi: Philosopher or Pragmatic Politician? *Journal of Dharma Studies*, v. 1, n. 1.

Gray, Chris Hables (1995). *The Cyborg Handbook*. London: Routledge.

Greenblatt, Stephan (1991). *Marvelous Possessions*. Oxford: Oxford University Press.

Grimes, Ronald L. (1985). *Research in Ritual Studies*. Methuen: Scarecrow Press.

Großklaus, Götz (2004). *Medien-Bilder. Inszenierung der Sichtbarkeit*. Frankfurt: Suhrkamp.

Grundmann, Thomas; Hofmann, Frank; Misselhorn, Catrin; Waibel, Violetta; Zanetti, Véronique (org.) (2007). *Anatomie der Subjektivität. Bewusstsein, Selbstbewusstsein und Selbstgefühl*. Frankfurt: Suhrkamp.

Gugel, Günther (1995). *Gewalt muß nicht sein. Eine Einführung in friedenspädagogisches Denken und Handeln*. Tübingen: Verein für Friedenspädagogik.

Gugutzer, Robert; Klein, Gabriele; Meuser, Michael (org.) (2017). *Handbuch Körpersoziologie*. Wiesbaden: Springer VS. 2 v.

Gupta, U. D. (2009). *Reason and Experience in Indian Philosophy*. Delhi: Indian Council of Philosophical Research.

Haan, Gerhard de; Seitz, Klaus (2001). Kriterien für die Umsetzung eines internationalen Bildungsauftrages. *Transfer*, n. 21, p. 58-66.

Habermas, Jürgen (1985). *Die Neue Unübersichtlichkeit*. Frankfurt: Suhrkamp.

Habermas, Jürgen (1989). *Structural Transformation of the Public Sphere: an Inquiry into a Category of Bourgeois Society*. Trad. Thomas Burger; Frederick Lawrence, Cambridge, Mass.: MIT Press.

Habermas, Jürgen (2012). *The Crisis of the European Union*. Trad. Claran Cronin. Cambridge, UK: Polity.

Hall, Stuart (1994/2012). *Ausgewählte Schriften bei Argument: Ideologie, Kultur, Rassismus*. Hamburg: Argument Verlag.

Hammer, Herbert (1925). *Abraham Dürninger. Ein Herrnhuter Wirtschaftsmensch des 18. Jahrhunderts*. Berlin: Furche.

Harari, Yuval Noah (2017). *Homo Deus. A Brief History of Tomorrow*. New York: Vintage.

Harari, Yuval Noah (2018). *21 Lessons for the 21th Century*. New York: Spiegel & Grau.

Haraway, Donna (1991). *Simians, Cyborgs, and Women. The Reinvention of Nature*. London: Routledge.

Haraway, Donna (2016). *Staying with the Trouble*. Durham: Duke University Press.

Hartung, Jan-Peter; Rifeld, Helmut (org.) (2006). *Islamic Education, Diversity and National Identity*. New Delhi: Sage.

Havelock, Eric A. (1986). *The Muse Learns to Write. Reflections on Orality and Literacy from Antiquity to the Presence*. London: Yale University Press.

Heidegger, Martin (2010). *Being and Truth*. Bloomington: Indiana University.

Heidegger, Martin (1997). *Kant and the Problem of Metaphysics*. Trad. Richard Taft. 5. ed. Bloomington: Indiana University.

Heidegger, Martin (2015). *Holzwege*. 9. ed. Frankfurt: Klostermann.

Heitmeyer, Wilhelm; Soeffner, Hans-Georg (2004). *Gewalt. Entwicklungen, Strukturen, Analyseprobleme*. Frankfurt: Suhrkamp.

Herbart, Johann Friedrich (1976). *Allgemeine Pädagogik; aus dem Zweck der Erziehung abgeleitet*. 5. ed. Bochum: Kamp.

Herder, Johann Gottfried von (1987). *Herder und die Anthropologie der Aufklärung*. München: Hanser. v. 1.

Herrmann, Ulrich (1994). Vervollkommnung des Unverbesserlichen? Über ein Paradox in der Anthropologie des 18. Jahrhunderts. In: Kamper, Dietmar; Wulf, Christoph (org.). *Anthropologie nach dem Tode des Menschen*. Frankfurt: Suhrkamp. p. 132-152.

Heydorn, Heinz-Joachim (1970). *Über den Widerspruch von Bildung und Herrschaft.* Frankfurt: EVA.

Hölderlin, Friedrich (1961). *Hyperion.* Stuttgart: Reclam.

Holzwarth, Simone (2015). *Gandhi and Nai Talim. Rural Craft Education for a New Village-Minded Social Order.* Tese de doutorado, Humboldt University, Berlim.

Hörisch, Jochen (org.) (1979). *Ich möchte ein solcher werden wie. Materialien zur Sprachlosigkeit des Kaspar Hauser.* Frankfurt: Suhrkamp.

Hörl, Erich (org.) (2011). *Die technologische Bedingung — Beiträge zur Beschreibung der technischen Welt.* Frankfurt: Suhrkamp.

Horkheimer, Max; Adorno, Theodor W. (1972). *The Dialectic of Enlightenment: Continuum.* New York: Seabury Press.

Huber, Matthias; Krause, Sabine (org.) (2018). *Bildung und Emotion.* Wiesbaden: Springer.

Hüppauf, Bernd; Wulf, Christoph (org.) (2009). *Dynamics and Performativity of Imagination. Images between the Visible and the Invisible.* London: Routledge.

Humboldt, Wilhelm von (1960a). Plan einer vergleichenden Anthropologie. In: Flitner, Andreas; Giel, Klaus (org.). *Werke.* Darmstadt: WBG. v. I, p. 337-375.

Humboldt, Wilhelm von (1960b). Das 18. Jahrhundert. In: Flitner, Andreas; Giel, Klaus (org.). *Werke.* Darmstadt: WBG. v. I, p. 376-505.

Humboldt, Wilhelm von (1960c). Ideen zu einem Versuch, die Gränzen der Wirksamkeit des Staats zu bestimmen. In: Flitner, Andreas; Giel, Klaus (org.). *Werke.* Darmstadt: WBG. v. I, p. 56-233.

Humboldt, Wilhelm von (1960d). Theorie der Bildung des Menschen. In: Flitner, Andreas; Giel, Klaus (org.). *Werke.* Darmstadt: WBG. v. I, p. 234-240.

Humboldt, Wilhelm von (1960e). Über den Geist der Menschheit. In: Flitner, Andreas; Giel, Klaus (org.). *Werke.* Darmstadt: WBG. v. I, p. 506-518.

Humboldt, Wilhelm von (1968): Über die Verschiedenheit des menschlichen Sprachbaues und ihren Einfluß auf die geistige Entwicklung des Menschengeschlechts. In: Leitzmann, Albert (org.). *Wilhelm von Humboldts Werke.* Berlin: De Gruyter. v. 7, p. 1-344.

Humboldt, Wilhelm von (1999). *On Language. On the Diversity of Human Language Construction and its Influence on the Mental Development of the Human Species*. New York: Cambridge University Press.

Hume, David (1874). *The Philosophical Works of David Hume*. London: Longmans, Green & Co.

Huschka, Sabine (org.) (2009). *Wissenskultur Tanz. Historische und zeitgenössische Vermittlungsakte zwischen Praktiken und Diskursen*. Bielefeld: Transcript.

Huschka, Sabine (2017). Bewegung. In: Kraus, Anja; Budde, Jürgen; Hietzge, Maud; Wulf, Christoph (org.). *Schweigendes Wissen*. Weinheim: Beltz Juventa. p. 625-638.

Imdahl, Max (1994). Ikonik. Bilder und ihre Anschauung. In: Boehm, Gottfried (org.). *Was ist ein Bild?* München: Wilhelm Fink. p. 300-325.

Indialogue Foundation (2015). *International Gandhi Jayanti Conference 2015 on Education as a Basic Right of Human Kind*. New Delhi: Indialogue Foundation.

Irrgang, Bernhard (2005). *Posthumanes Menschsein? Künstliche Intelligenz, Cyberspace, Roboter, Cyborgs und Designer Menschen — Anthropologie des künstlichen Menschen*. Wiesbaden: Franz Steiner.

Iser, Wolfgang (1991). *Das Fiktive und das Imaginäre: Perspektiven literarischer Anthropologie*. Frankfurt: Suhrkamp.

Itard, Jean Marc Gaspard (1962). *The Wild Boy of Aveyron*. Appleton Century Crofts.

Jacoboni, Marco (2008). *Mirroring People*. New York: Farrar, Straus and Giroux.

Jodhka, Surinder S. (org.) (2013). *Interrogating India's Modernity*. New Delhi: Oxford University Press.

Jörissen, Benjamin (2007). *Beobachtungen der Realität. Die Frage nach der Wirklichkeit im Zeitalter der Neuen Medien*. Bielefeld: Transcript.

Johnson, Mark (1990). *The Body in the Mind: The Bodily Basis of Meaning, Imagination, and Reason*. Chicago: University of Chicago Press.

Kamper, Dietmar (1986). *Zur Soziologie der Imagination*. München: Hanser.

Kamper, Dietmar (1995). *Unmögliche Gegenwart. Zur Theorie der Phantasie*. München: Wilhelm Fink.

Kamper, Dietmar; Wulf, Christoph (org.) (1982). *Die Wiederkehr des Körpers*. Frankfurt: Suhrkamp.

Kamper, Dietmar and Wulf, Christoph (org.) (1984). *Das Schwinden der Sinne*. Frankfurt: Suhrkamp.

Kamper, Dietmar and Wulf, Christoph (org.) (1986). *Lachen — Gelächter — Lächeln. Reflexionen in drei Spiegeln*. Frankfurt: Syndikat.

Kamper, Dietmar and Wulf, Christoph (org.) (1987). *Die sterbende Zeit. Zwanzig Diagnosen*. Neuwied: Luchterhand.

Kamper, Dietmar and Wulf, Christoph (org.) (1988a). *Die erloschene Seele*. Berlin: Dietrich Reimer.

Kamper, Dietmar and Wulf, Christoph (org.) (1988b). *Das Schicksal der Liebe. Die Wandlungen des Erotischen in der Geschichte*. Weinheim: Quadriga.

Kamper, Dietmar and Wulf, Christoph (org.) (1989). *Der Schein des Schönen*. Göttingen: Steidl.

Kamper, Dietmar and Wulf, Christoph (org.) (1992). *Schweigen. Unterbrechung und Grenze der menschlichen Wirklichkeit*. Berlin: Reimer.

Kamper, Dietmar; Wulf, Christoph (org.) (1994). *Anthropologie nach dem Tode des Menschen. Vervollkommnung und Unverbesserlichkeit*. Frankfurt: Suhrkamp.

Kamper, Dietmar and Wulf, Christoph (org.) (1997). *Das Heilige. Seine Spur in der Moderne*. 2. ed. Frankfurt: Athenäum.

Kierkegaard, Søren (1996). *Papers and Journals. A Selection*. Trad. Alastair Hannay. London: Penguin.

Kierkegaard, Søren (1983). *Kierkegaard's Writings. Fear and Trembling/Repetition*. Trad. H. V. Hong; E. H. Hong. Princeton: Princeton University Press. v. VI.

Kierkegaard, S. A. (1843/2000). JP I1030 (Pap. IV A 164). In: Hong, H. D.; Hong, E. H. (orgs.). *The Essential Kierkegaard*. Princeton: Princeton University Press.

King, Richard (2001). *Orientalism and Religion. Postcolonial Theory, India and 'The Mystic East'*. London: Routledge.

Kishwar, Madhu (2008). *Zealous Reformers, Deadly Laws: Battling Stereotypes*. Los Angeles: Sage.

Kittler, Friedrich (2000). *Eine Kulturgeschichte der Kulturwissenschaft*. München: Wilhelm Fink.

Kittler, Friedrich (2013). *Die Wahrheit der technischen Welt. Essays zur Genealogie der Gegenwart*. Berlin: Suhrkamp.

Klafki, Wolfgang (1957). *Das pädagogische Problem des Elementaren und die Theorie der kategorialen Bildung*. Weinheim: Beltz.

Kohl, Karl-Heinz (1993). *Ethnologie — die Wissenschaft vom kulturell Fremden. Eine Einführung*. München: Beck.

Kondopodis, Michalis; Wulf, Christoph; Fichtner, Bernd (orgs.) (2011). *Children, Development and Education. Cultural, Historical, Anthropological Perspectives*. Dordrecht: Springer.

Kontopodis, Michalis; Varvantakis, Christos; Wulf, Christoph (org.) (2017). *Global Youth in Digital Trajectories*. London: Routledge.

Korthaase, Werner; Hauff, Sigurd; Fritsch, Andreas (org.) (2005). *Comenius und der Weltfriede*. Berlin: Deutsche Comenius Gesellschaft.

Krämer, Sybille (2008). *Medium, Bote, Übertragung. Kleine Metaphysik der Medialität*. Frankfurt: Suhrkamp.

Krais, Beate; Gebauer, Gunter (2002). *Habitus*. Bielefeld: Transcript.

Kraus, Anja; Budde, Jürgen; Hietzge, Maud; Wulf, Christoph (org.) (2017). *Handbuch Schweigendes Wissen*. Weinheim: Beltz Juventa.

Kraus, Anja; Wulf, Christoph (org.) (2022). *The Palgrave Handbook of Embodyment and Learning*. London: Palgrave Macmillan.

Krenak, Ailton (2021). *Ideen, um das Ende der Welt zu vertagen*. München; btb.

Krenak, Ailton (2019). *Ideias para Adiar o Fim do Mundo*. São Paulo: Companhia das Letras.

Krenak, Ailton (2020). *A Vida não É Útil*. São Paulo: Companhia das Letras.

Kress, Gunther; Selander, Staffan; Säljö, Roger; Wulf, Christoph (orgs.) (2021). *Learning as Social Practice. Beyond Education as an Individual Enterprise*. Abingdon and New York: Routledge.

Kultur des Friedens (2017). *Ein Beitrag zum Bildungsauftrag der UNESCO: Building Peace in the Minds of Men and Women*. Organizado por Berliner Komitee para UNESCO-Arbeit. Berlin: Berliner Komitee für UNESCO-Arbeit.

Kumar, A. (2015). *Radical Equality: Ambedkar, Gandhi, and the Risk of Democracy*. Stanford: Stanford University Press.

Kumar, Krishna; Oesterfeld, Joachim (orgs.) (2007). *Education and Social Change in South Asia*. New Delhi: Orient Longman.

Lakoff, George (1999). *Philosophy in the Flesh: The Embodied Mind and Its Challenge to Western Thought*. New York: Basic Books.

Lang, Anke (2017). *Körperdiskurse anthropologisch gespiegelt. Eine Epistemologie erziehungswissenschaftlicher Theoriebildung*. Wiesbaden: Springer VS.

Langeveld, Martinus J. (1964). *Studien zur Anthropologie des Kindes* 2. ed. Tübingen: Niemeyer.

Lassahn, Rudolf (1983). *Pädagogische Anthropologie. Eine historische Einführung*. Heidelberg: Quelle und Meyer.

Latour, Bruno (1999). *Pandora's Hope: Essays on the Reality of Science Studies*. Cambridge, Mass.: Harvard University Press.

Latour, Bruno (1993). *We Have Never Been Modern*. Cambridge, Mass.: Harvard University Press.

Latour, Bruno (2018). *Down to Earth: Politics in the New Climatic Regime*. Cambridge, UK: Polity Press.

Lenzen, Dieter (1985). *Mythologie der Kindheit*. Reinbek: Rowohlt.

Lenzen, Dieter (1989). Melancholie, Fiktion und Historizität. In: Gebauer, Gunter; Kamper, Dietmar; Lenzen, Dieter; Mattenklott, Gert; Wünsche, Konrad; Wulf, Christoph (org.). *Historische Anthropologie*. Reinbek: Rowohlt. p. 13-48.

Lenzen, Dieter (1991). *Vaterschaft*. Reinbek: Rowohlt.

Lesch, Harald; Kampenhausen, Klaus (2018). *Die Menschheit schafft sich ab. Die Erde im Griff des Anthropozän*. Grünwald: Komplett-Media.

Liebau, Eckart; Miller-Kipp, Gisela; Wulf, Christoph (org.) (1999). *Metamorphosen des Raums. Erziehungswissenschaftliche Forschungen zur Chronotopologie*. Weinheim: Deutscher Studien Verlag.

Liebau, Eckart; Peskoller, Helga; Wulf, Christoph (org.) (2003). *Natur. Pädagogisch-anthropologische Perspektiven*. Weinheim: Deutscher Studienbuch Verlag.

Liebau, Eckar; Schumacher-Chilla, Doris; Wulf, Christoph (org.) (2001). *Anthropologie pädagogischer Institutionen*. Weinheim: Deutscher Studien Verlag.

Liebau, Eckart; Wulf, Christoph (org.) (1996). *Generation*. Weinheim: Deutscher Studien Verlag.

Lieberg, Albert T. (2018). *Der Systemwechsel. Utopie oder existentielle Notwendigkeit*. Marburg: Büchner.

Liedtke, Max (1994). Der Aufgabenbereich der Pädagogischen Anthropologie. In: Wulf, Christoph; Zirfas, Jörg (org.). *Theorien und Konzepte der Pädagogischen Anthropologie*. Donauwörth: Auer. p. 176-192.

Liegle, Ludwig (2017). *Beziehungspädagogik. Erziehung, Lehren und Lernen als Beziehungspraxis*. Stuttgart: Kohlhammer.

Li ji. *The Book of Rites*. Disponível em: https://www.wdl.org/en/item/11379/

Litt, Theodor (1959). *Das Bildungsideal der deutschen Klassik und die moderne Arbeitswelt*. 6. ed. Bonn: Bundeszentrale für Heimatdienst.

Loch, Werner (1963). *Die anthropologische Dimension der Pädagogik*. Essen: Neue Deutsche Schule.

Loenhoff, Jens (2012). *Implizites Wissen. Epistemologische und handlungstheoretische Perspektiven*. Weilerswist: Velbrück.

Löwith, Karl (1987). Anhang zu Nietzsches Philosophie der ewigen Wiederkehr des Gleichen. Zur Geschichte der Nietzsche-Deutungen. In: *Sämtliche Schriften*. Stuttgart: Metzler. v. 6.

Loh, Janina (2018). *Trans- und Posthumanismus*. Hamburg: Junius.

Lovelock, James (1988). *Ages of Gaia: A Biography of our Living Earth*. New York: Norton.

Loxley, James (2006). *Performativity*. London: Routledge.

Luhmann, Niklas; Schorr, Karl Eberhard (org.) (1982). *Zwischen Technologie und Selbstreferenz: Fragen an die Pädagogik*. Frankfurt: Suhrkamp.

(1997). *Lun Yu. The Analects of Confucius*. New York: Oxford University Press.

Lüth, Christoph; Wulf, Christoph (org.) (1997). *Vervollkommnung durch Arbeit und Bildung?* Weinheim: Deutscher Studien Verlag.

Lyotard, Jean-François (1986). *The Postmodern Condition. A Report on Knowledge*. Manchester: Manchester University Press.

Madhavananda, Swami; Madhavan, Guru; Majumdar, R. C. (1953). *Great Women of India*. Belur Math: Advaita Ashrama.

Manemann; Jürgen (2014). *Kritik des Anthropozäns: Plädoyer für eine neue Humanökologie*. Bielefeld: Transcript.

Marquardt, Wolfgang (1975). *Geschichte und Strukturanalyse der Industrieschule. Arbeitserziehung, Industrieunterricht, Kinderarbeit in niederen Schulen (ca. 1770-1850/1870)*. Dissertação (Mestrado) — Philosophie, Technische Universität, Hannover.

Mattenklott, Gert (1982). *Der übersinnliche Leib. Zur Metaphysik des Körpers*. Reinbek: Rowohlt.

Matthes, Eva (2011). *Geisteswissenschaftliche Pädagogik. Ein Lehrbuch*. München: Oldenbourg.

Mattig, Ruprecht (2012). Wilhelm Humboldts "Die Vasken". Anmerkungen zu Theorie, Methode und Ergebnissen eines Klassikers kulturanthropologischer Bildungsforschung. In: *Zeitschrift für Erziehungswissenschaft*, v. 15, n. 4, p. 807-827.

Mattig, Ruprecht (2019). *Wilhelm von Humboldt als Ethnograph. Bildungsforschung im Zeitalter der Aufklärung*. (no prelo)

Mauss, Marcel (1973). *Sociologie et Anthropologie, Précédé d'une Introduction à l'œuvre de Marcel Mauss, par Claude Lévi-Strauss*. Paris: Presses Universitaires de France.

McLuhan, Marshall (1964). *Understanding Media. The Extensions of Man*. New York: McGraw Hill.

McLuhan, Marshall (1968). *Die magischen Kanäle. Understanding Media*. Düsseldorf: Econ.

McLuhan, Marshall (1962). *The Gutenberg Galaxy. The Making of Typographic Man*. London: Routledge and Paul.

Manemann, Jürgen (2014). *Kritik des Anthropozäns. Plädoyer für eine neue Humanökologie*. Bielefeld: Transcript.

Menke, Christoph (2017). *Kraft. Ein Grundbegriff ästhetischer Anthropologie*. Berlin: Suhrkamp.

Menze, Clemens (1965). *Wilhelm von Humboldts Lehre und Bild vom Menschen*. Ratingen: Henn.

Menze, Clemens (1975). *Die Bildungsreform Wilhelm von Humboldts*. Hannover: Schroedel.

Mersch, Dieter (2006). *Medientheorien zur Einführung*. Hamburg: Junius.

Mersch, Dieter (2021). Der Mensch zwischen Humanismus und Posthumanismus In: Mersch, Dieter; Wulf, Christoph; Senkbeil, Thomas; Bilgi, Oktay (2021). *Der Mensch als Faktizität. Pädagogisch-anthropologische Zugänge*. Bielefeld: Transcript.

Mersch, Dieter; Wulf, Christoph; Senkbeil, Thomas; Bilgi, Oktay (2021). *Der Mensch als Faktizität. Pädagogisch-anthropologische Zugänge*. Bielefeld: Transcript.

Merleau-Ponty, Maurice (1968). *The Visible and the Invisible; Followed by Working Notes*. Trad. Alphonso Lingis. Evanston, Ill.: Northwestern University Press.

Merleau-Ponty, Maurice (2012). *Phenomenology of Perception*. Trad. Donald A. Landes. Abingdon: Routledge.

Mersch, Dieter (2006). *Medientheorien zur Einführung*. Hamburg: Junius.

Meyer-Drawe, Käthe (1984). *Leiblichkeit und Sozialität. Phänomenologische Beiträge zu einer pädagogischen Theorie der Inter-Subjektivität*. München: Wilhelm Fink.

Meyer-Drawe, Käthe (2008). *Diskurse des Lernens*. München: Wilhelm Fink.

Michaels, Axel (2016). *Homo Ritualis. Hindu Ritual and its Significance for Ritual Theory*. Oxford: Oxford University Press.

Michaels, Axel; Wulf, Christoph (org.) (2011). *Images of the Body in India*. London: Routledge.

Michaels, Axel and Wulf, Christoph (org.) (2012). *Emotions in Rituals and Performances*. London: Routledge.

Michaels, Axel and Wulf, Christoph (org.) (2014). *Exploring the Senses: Emotions, Performativity, and Ritual*. London: Routledge.

Michaels, Axel and Wulf, Christoph (org.) (2020). *Science and Scientification in South Asia and Europe*. London: Routledge.

Michelsen, Gerd (org.) (2017). *Die Deutsche Nachhaltigkeitsstrategie. Wegweiser für eine Politik der Nachhaltigkeit*. Wiesbaden: Hessische Landeszentrale für politische Bildung.

Millennium Ecosystem Assessment (2005). *Ecosystems and Human Well-Being: Synthesis*. Washington, DC: Island Press. Disponível em: https://www.millenniumassessment.org/documents/document.356.aspx.pdf

Mitchell, William J. T. (1994). *Picture Theory. Essays on Verbal and Visual Representation*. Chicago: Chicago University Press.

Mitra, Sisirkumar (1947). *India's Cultural Empire and her Future*. 2. ed. Madras: Sri Aurobindo Library.

Mollenhauer, Klaus (1983). *Vergessene Zusammenhänge: Über Kultur und Erziehung*. München: Juventa.

Mollenhauer, Klaus (1986). *Umwege*. Weinheim: Juventa.

Mollenhauer, Klaus (1996). *Grundfragen ästhetischer Bildung. Theoretische und empirische Befunde zu ästhetischen Erfahrungen mit Kindern*. Weinheim: Juventa.

Mollenhauer, Klaus; Wulf, Christoph (org.) (1996). *Aisthesis/Ästhetik. Zwischen Wahrnehmung und Bewusstsein*. Weinheim: Deutscher Studien Verlag.

Montandon, Frédérique (2013). Das Musikinstrument und die Pädagogik der Dinge. In: Nohl, Arnd-Michael; Wulf, Christoph (org.). *Mensch und Ding. Die Materialität pädagogischer Prozesse. Sonderheft der Zeitschrift für Erziehungswissenschaft.* Wiesbaden: Springer VS. p. 71-89.

More, Max; Vita-More, Natasha (orgs.) (2013). *The Transhumanist Reader: Classical and Contemporary Essays on the Science, Technology, and Philosophy of the Human Future.* Oxford: John Wiley & Sons.

More, Thomas (1967). Utopia. In: Greene, James J.; Dolan, John P. (orgs.). *The Essential Thomas More.* New York: New American Library.

Müller, Hans-Rüdiger; Krinninger, Dominik (2016). *Familienstile: Eine pädagogisch-ethnographische Studie zur Familienerziehung.* Weinheim: Beltz Juventa.

Nationaler Aktionsplan für Deutschland (2005). *UN-Dekade Bildung für nachhaltige Entwicklung. Berlin: Bundesministerium für Bildung und Forschung.* Disponível em: https://www.umweltbildung.de/uploads/media/NAP_01.pdf

Neumann, Sacha (2013). Die anderen Dinge der Pädagogik. Zum Umgang mit alltäglichen Gegenständen in Kinderkrippen. In: Nohl, Arnd-Michael; Wulf, Christoph (org.). *Mensch und Ding. Die Materialität pädagogischer Prozesse. Sonderheft der Zeitschrift für Erziehungswissenschaft.* Wiesbaden: Springer VS. p. 207-221.

Nicolini, Davide (2013). *Practice Theory, Work and Organization. An Introduction.* Oxford: Oxford University Press.

Niethammer, Lutz (1989). *Posthistoire. Ist die Geschichte zu Ende?* Reinbek: Rowohlt.

Nietzsche, Friedrich (1973). *Thus Spoke Zarathustra. A Book for All and None.* New York: Viking Press.

Nietzsche, Friedrich (2012). *Untimely Meditations.* Trad. R. J. Hollingdale. Cambridge: Cambridge University Press.

Nietzsche, Friedrich (2017). *Sobre a Utilidade e a Desvantagem da História para a Vida.* São Paulo: Hedra.

Nitschke, August (1994). *Die Zukunft in der Vergangenheit.* München: Piper.

Nohl, Hermann (1929). Pädagogische Menschenkunde. In: Nohl, Hermann; Pallat, Ludwig (org.). *Handbuch der Pädagogik.* Langensalza: Beltz. v. 2, p. 51-75.

Nohl, Arnd-Michael (2011). *Pädagogik der Dinge*. Bad Heilbrunn: Klinkhardt.

Oeser, Erhard (2011). *Katastrophen. Triebkraft der Evolution*. Darmstadt: Wissenschaftliche Buchgesellschaft.

Oesterfeld, Joachim J. (2007). National Education, Cultural Diversity and Citizenship in Colonial India. *EMIGRA Working Papers*, n. 58. Disponível em: https://ddd.uab.cat/record/98530?ln=ca Last

Ong, Walter J. (2002). *Orality and Literacy. The Technologizing of the Word*. London: Routledge.

Osterwalder, Fritz (1996). *Pestalozzi — ein pädagogischer Kult*. Weinheim: Beltz.

Paragrana. Internationale Zeitschrift für Historische Anthropologie (2001). Theorien des Performativen. Ed. Erika Fischer-Lichte; Christoph Wulf, v. 10, n. 1.

Paragrana. Internationale Zeitschrift für Historische Anthropologie (2004). Praktiken des Performativen. Ed Erika Fischer-Lichte; Christoph Wulf, v. 13, n. 1.

Paragrana. Internationale Zeitschrift für Historische Anthropologie (2009a). The Body in India. ed. Michaels von Axel; Christoph Wulf. v. 18, n. 1.

Paragrana. Internationale Zeitschrift für Historische Anthropologie (2009b). Handlung und Leidenschaft. Jenseits von actio und passio. ed. Klaus-Peter Köpping; Burkhard Schnepel; Christoph Wulf. v. 18, n. 2.

Paragrana. Internationale Zeitschrift für Historische Anthropologie (2011). Töten. Affekte, Akte und Formen. Ed. Christoph Wulf; Jörg Zirfas. v. 20, n. 1.

Paragrana. Internationale Zeitschrift für Historische Anthropologie (2013). Well-being. ed. Susanne Klien; Christoph Wulf. v. 22, n. 1.

Paragrana. Internationale Zeitschrift für Historische Anthropologie (2018). Rhythmus/Balance/Resonanz. ed. Gabriele Brandstetter; Michael Buchholz; Andreas Hamburger; Christoph Wulf. v. 27, n. 1.

Paragrana. Internationale Zeitschrift für Historische Anthropologie (2021). Religion als Perfektionierung. ed. Lars Allolio-Näcke; Juergen vanOorschot; Christoph Wulf. v. 30, n. 1.

Peng, Zhengmei; Gu, Juan; Meyer, Meinert A. (2018). Grundcharakteristiken der konfuzianischen Allgemeinbildung und deren Transformation in der Vergangenheit und in der heutigen globalisierten Zeit. *Zeitschrift für Erziehungswissenschaft*, n. 21, p. 259-278.

Platão (2019). *A República*. São Paulo: Lafonte.

Plessner, Helmuth (1950). *Lachen und Weinen. Eine Untersuchung nach den Grenzen menschlichen Verhaltens*. Bern: Francke.

Plessner, Helmuth (1970). *Laughing and Crying; a Study of the Limits of Human Behavior*. Evanston: Northwestern University Press.

Plessner, Helmuth (1980-85). *Gesammelte Schriften*. Ed. Günter Dux; Odo Marquard; Elisabeth Ströker. Frankfurt: Suhrkamp. 10 v.

Plessner, Helmuth (1982). Zur Anthropologie der Nachahmung. In: Plessner, Helmuth. Ausdruck der menschlichen Natur. In: *Gesammelte Schriften*. Ed. Günter Dux; Odo Marquard; Elisabeth Ströker. Frankfurt: Suhrkamp. v. VII, p. 389-398.

Plessner, Helmuth (1983). Conditio humana. In: vol *Gesammelte Schriften*. Ed. Günter Dux; Odo Marquard; Elisabeth Ströker. Frankfurt: Suhrkamp. v. VIII.

Polanyi, Michael (1966). The Logic of Tacit Inference. In: Polanyi, Michael. *Society, Economics & Philosophy. Selected Papers*. New Brunswick: Transaction Publisher. p. 138-158.

Polanyi, Michael (1969). The Body-Mind Relation. In: Polanyi, Michael. *Society, Economics & Philosophy. Selected Papers*. New Brunswick: Transaction Publisher. p. 313-328.

Polanyi, Michael (1974). *Personal Knowledge. Towards a Post-Critical Philosophy. A Chemist and Philosopher Attempt to Bridge the Gap between Fact and Value, Science and Humanity*. Chicago: University of Chicago Press.

Polanyi, Michael (1985). *Implizites Wissen*. Frankfurt: Suhrkamp.

Portmann, Adolf (1964). *New Paths in Biology*. Trad. Arnold J. Pomerans. New York: Harper and Row.

Potthast, Thomas; Herrmann, Beate; Müller, Uta (org.) (2010). *Wem gehört der menschliche Körper? Ethische, rechtliche und soziale Aspekte der Kommerzialisierung des menschlichen Körpers und seiner Teile*. Paderborn: Mentis.

Poulain, Jacques (2012). *Die neue Moderne. Jenseits von Pragmatik und Postmoderne.* Frankfurt: Peter Lang.

Poulain, Jacques (2017). *Peut-in-Guérir de la Mondialisation?* Paris: Hermann.

Prange, Klaus (2012). *Erziehung als Handwerk. Studien zur Zeigestruktur der Erziehung.* Paderborn: Schöningh.

Precht, Richard David (2020). *Künstliche Intelligenz und der Sinn des Lebens.* München: Goldmann.

Priem, Karin; König, Gudrun; Casale, Rita (org.) (2012). Die Materialität der Erziehung: Kulturelle und soziale Aspekte pädagogischer Objekte. *Zeitschrift für Pädagogik*, n. 58, em anexo.

Pross, Harry (1970). *Publizistik: Thesen zu einem Grundcolloquium.* Neuwied: Luchterhand.

Raina, Dhruv (2020). Prolegomenon to the Study of Science and Religion: A Philosophical and Historical Reflection. In: Michaels, Axel; Wulf, Christoph (orgs.). *Science and Scientification in South Asia and Europe.* London: Routledge. p. 193-205.

Rammert, Werner (2007). *Technik — Wissen — Handeln.* Wiesbaden: VS.

Ramge, Thomas (2018). *Mensch und Maschine. Wie künstliche Intelligenz und Roboter unser Leben verändern.* Stuttgart: Reclam.

Randers, Jörgen (2012). *Der neue Bericht an den Club of Rome. Eine globale Prognose.* München: Oekom.

Rathmayr, Bernhard (2013). *Die Frage nach den Menschen. Eine Historische Anthropologie der Anthropologien.* Opladen: Budrich.

Reckwitz, Andreas (2017). *Die Gesellschaft der Singularitäten.* Berlin: Suhrkamp.

Reinhard, Wolfgang (2004). *Lebensformen Europas. Eine historische Kulturanthropologie.* München: Beck.

Renn, Jürgen (2015). Was wir von Kuschim über die Evolution des Wissens und die Ursprünge des Anthropozän lernen können. In: Renn, Jürgen; Scherer, Bernd (org.). *Das Anthropozän. Zum Stand der Dinge.* Berlin: Matthes & Seitz. p. 184-209.

Renn, Jürgen; Scherer, Bernd (org.) (2015). *Das Anthropozän. Zum Stand der Dinge*. Berlin: Matthes & Seitz.

Resina, Joan Ramon; Wulf, Christoph (org.) (2019). *Repetition, Recurrence, Returns*. Lanham: Lexington Books/Roman & Littlefield.

Ricoeur, Paul (1984-1988). *Time and Narrative*. Chicago: University of Chicago Press.

Ricoeur, Paul (1992). *Oneself as Another*. Chicago: University of Chicago Press.

Rimbaud, Arthur (1885). *Les Lettres du «Voyant»*. Disponível em: https://www.comptoirlitteraire.com/docs/553-rimbaud-lettres-du-voyant-.pdf

Rittelmeyer, Christian (2012). *Bildung ein pädagogischer Grundbegriff*. Stuttgart: Kohlhammer.

Rittelmeyer, Christian (2018). *Digitale Bildung. Ein Einspruch*. Oberhausen: Athena.

Rizzolatti, Giacomo; Sinigalia, Corrado (2008). *Mirrors in the Brain. How our Minds Share Actions and Emotions*. Oxford: Oxford University Press.

Roetz, Heiner (2008). Confucianism between Tradition and Modernity, Religion, and Secularization: Questions to Tu Weiming. *Dao*, n. 7, p. 367-380.

Rosa, Hartmut (2019). *Resonance: A Sociology of the Relationship to the World*. Medford: Polity Press.

Roselius, Katharina; Meyer, Meinert A. (2018). Bildung in globalizing times. *Zeitschrift für Erziehungswissenschaft*, n. 21, p. 217-240.

Roth, Heinrich (1971). *Pädagogische Anthropologie*. Hannover: Schroedel. 2 v.

Rousseau, Jean-Jacques (1979). *Emile, or On Education*. Trad. Allan Bloom. New York: Basic Books.

Ryle, Gilbert (1990). Knowing How and Knowing That. In: *Collected Papers*. Bristol: Thoemmes. v. 2, p. 212-225.

Said, Edward (1995). *Orientalism. Western Conceptions of the Orient*. London: Penguin.

Samson, Paul R.; Pitt, David (org.) (1999). *The Biosphere and Noosphere Reader. Global Environment, Society, and Change*. London: Routledge.

Sartre, Jean-Paul (2004). *The Imaginary: A Phenomenological Psychology of the Imagination*. Trad. Jonathan Webber. London: Routledge.

Schäfer, Gerd; Wulf, Christoph (org.) (1999). *Bild — Bilder — Bildung*. Weinheim: Deutscher Studien Verlag.

Schaller, Klaus (1962). *Die Pädagogik des Johann Amos Comenius und die Anfänge des pädagogischen Realismus im 17. Jahrhundert*. Heidelberg: Quelle und Meyer.

Schatzki, Theodor; Knorr-Cetina, Karin; Savigny, Eike (org.) (2001). *The Practice Turn in Contemporary Theory*. London: Routledge.

Scheler, Max (2009). *The Human Place in the Cosmos*. Evanston Il.: Northwestern University Press.

Schelle, Carla; Rabenstein, Kerstin; Reh, Sabine (org.) (2010). *Unterricht als Interaktion. Ein Fallbuch für die Lehrerbildung*. Bad Heilbrunn: Klinkhardt.

Schelling, Friedrich Wilhelm Josef (1978). *System of Transcendental Idealism*. Trad. Peter Heath. Charlottesville: University Press of Virginia.

Scheunpflug, Annette (2001). *Biologische Grundlagen des Lernens*. Berlin: Cornelsen.

Schiller, Friedrich; Humboldt, Wilhelm von (1962). *Der Briefwechsel zwischen Friedrich Schiller und Wilhelm von Humboldt*. Berlin: Aufbau. v. II.

Schlegel, Friedrich (1968). *Dialogue on Poetry and Literary Aphorisms*. Trad. Ernst Behler; Roman Stuc. Pennsylvania: Pennsylvania State University Press.

Schleiermacher, Friedrich (1983). *Pädagogische Schriften*. Ed. Erich Weniger; Theodor Schulze. Berlin: Ullstein. v. I.

Schleiermacher, Friedrich (2000). *Texte zur Pädagogik, Kommentierte Studienausgabe*. ed. Michael Winkler; Jens Brachmann. Frankfurt: Suhrkamp.

Schluß, Henning (2000). Martin Luther und die Pädagogik — Versuch einer Rekonstruktion. In: *Vierteljahresschrift für Wissenschaftliche Pädagogik*, n. 3, p. 321-341.

Schmidt, Rober; Stock, Wiebke-Marie; Volbers, Jörg (2011). *Zeigen. Dimensionen einer Grundtätigkeit*. Weilerswist: Velbrück.

Schmitt, Jean-Claude (2016). *Les Rythmes au Moyen Âges*. Paris: Gallimard.

Scholz, Imme (2017). Herausforderung Sustainable Development Goals. In: Michelsen, Gerd (org.). *Die Deutsche Nachhaltigkeitsstrategie. Wegweiser für eine Politik der Nachhaltigkeit*. Wiesbaden: Hessische Landeszentrale für politische Bildung. p. 23-39.

Schreiner, Peter (1999). *Hinduismus — Kurz gefast*. Freiburg: Josef Knecht.

Schuhmacher-Chilla, Doris (1995). *Ästhetische Sozialisation und Erziehung*. Berlin: Dietrich Reimer.

Schweitzer, Friedrich (1996). Luther und die Geschichte der Bildung. Pflichtgemäße Reminiszenz oder notwendige Erinnerung? In: *Jahrbuch für Historische Bildungsforschung*. Weinheim: Juventa. v. 3, p. 9-23.

Segal, Daniel A.; Yanagisako, Sylvia J. (org.) (2005). *Unwrapping the Sacred Bundle. Reflections on the Disciplining of Anthropology*. Durham: Duke University Press.

Seichter, Sabine (2012). *Erziehung und Ernährung*. Weinheim: Beltz Juventa.

Seidel, Siegfried (org.) (1962). *Der Briefwechsel zwischen Friedrich Schiller und Wilhelm von Humboldt*. Berlin: Aufbau. 2 v.

Senghaas, Dieter (org.) (1995). *Den Frieden denken. Si vis pacem, para pacem*. Frankfurt: Suhrkamp.

Senghaas, Dieter (org.) (1997). *Frieden machen*. Frankfurt: Suhrkamp.

Senghaas, Dieter (2007). *On Perpetual Peace: a Timely Assessment*. New York: Berghahn Books.

Sharma, Yogendra (2002). *The Doctrines of the Great Indian Educators*. New Delhi: Kanishka Publishers.

Sikand, Yoginder (2005). *Bastions of the Believers. Madrasas and Islamic Education in India*. New Delhi: Penguin.

Sikand, Yoginder (2009). Bridging *Deen* and *Duniya*: The "Modernisation" of Islamic Education in India. *Journal of Muslim Minority Affairs*, v. 29, n. 2, p. 237-247.

Skirl, Miguel (2000). Ewige Wiederkunft. In: Ottmann, Henning (org.). *Nietzsche-Handbuch*. p. 222-230. Stuttgart: Metzler.

Smil, Vaclav (2011). Harvesting the Biosphere: The Human Impact. *Population and Development Review*, v. 37, n. 4, p. 613-636.

Smith, Wilfred Cantwell (1979). *Faith and Belief*. Princeton: Princeton University Press.

Sørensen, Estrid (2009). *The Materiality of Learning. Technology and Knowledge in Educational Practice*. Cambridge: Cambridge University Press.

Sousa Santos, Boaventura de (2018). *The End of the Cognitive Empire*. Durham: Duke University Press.

Spitz, René (1965). *The First Year of Life; a Psychoanalytic Study of Normal and Deviant Development of Object Relations*, in Collaboration with W. Godfrey Cobliner. New York: International Universities Press.

Spivak, G.C. (1988). Can the Subaltern Speak? In: Nelson, C.; Grossberg, L. (org.). *Marxism and the Interpretation of Culture*. Chicago: University of Illinois Press. p. 271-313.

Spivak, G.C. (2013). *An Aesthetic Education in the Era of Globalization*. Cambridge, MA: Harvard University Press.

Spranger, Eduard (1908). *Wilhelm von Humboldt und die Humanitätsidee*. Berlin: Reuther & Reichard.

Stalder, Felix (2016). *Kultur der Digitalität*. Berlin: Suhrkamp.

Stenger, Ursula (2002). *Schöpferische Prozesse*. Weinheim: Juventa.

Stern, Daniel N. (1985). *The Interpersonal World of the Infant: A View from Psychoanalysis and Developmental Psychology*. New York: Basic Books.

Stieve, Claus (2008). *Von den Dingen lernen: Die Gegenstände unserer Kindheit*. München: Wilhelm Fink.

Stieve, Claus (2013). Differenzen früher Bildung in der Begegnung mit den Dingen. Am Beispiel des Wohnens und seiner Repräsentation im Kindergarten. In: Nohl, Arnd-Michael; Wulf, Christoph (org.). Mensch und Ding. Die Materialität pädagogischer Prozesse. *Sonderheft der Zeitschrift für Erziehungswissenschaft*, n. 25, p.189-202.

Sting, Stephan; Dieckmann, Bernhard; Zirfas, Jörg (org.) (1998). *Gedächtnis und Bildung. Pädagogisch-anthropologische Zusammenhänge*. Weinheim: Deutscher Studien Verlag.

Suzuki, Shoko; Wulf, Christoph (org.) (2007). *Mimesis, Poiesis, Performativity in Education*. Münster: Waxmann.

Tagore, Rabindranath (2007). *The English Writings*. New Delhi: Atlantic.

Tan, Charlene (org.) (2014). *Reforms in Islamic Education*. London: Bloomsbury.

Tanzer, John; Phua, Carol; Barney, Jeffries; Lawrence, Anissa; Gonzales, Aimee; Gamblin, Paul; Roxburgh, Tony (2015). *Rapport Planète Vivante Océans. Espèces, Habitats et Bien-Être Humain*. Gland: WWF International.

Tarde, Gabriel de (1962). *The Laws of Imitation*. Trad. Elsie Clews Parsons. Gloucester: P. Smith.

Taussig, Michael (1993). *Mimesis and Alterity: A Particular History of the Senses*. New York: Routledge.

Tavani, Elena (2012). *L'Immagine e la Mimesis. Acte Tecnica, Estetica in Theodor W. Adorno*. Pisa: Edizioni ETS.

Teilhard de Chardin, Pierre (1965). *The Appearance of Man*. Trad. J. M. Cohen. New York: Harper & Row.

Tenorth, Heinz-Elmar (2018). *Wilhelm von Humboldt: Bildungspolitik und Universitätsreform*. Paderborn: Schöningh.

Tervooren, Anja; Engel, Nicolas; Göhlich, Michael; Miethe, Ingrid; Reh, Sabine (org.) (2014). *Ethnographie und Differenz in pädagogischen Feldern. Internationale Entwicklungen erziehungswissenschaftlicher Forschung*. Bielefeld: Transcript.

Todorov, Tzvetan (1999). *The Conquest of America: The Question of the Other*. Trad. Richard Howard. Norman: University of Oklahoma Press.

Tomasello, Michael. (1999). *The Cultural Origins of Human Cognition*. Cambridge: Harvard University Press.

Trabant, Jürgen (1986). *Apeliotes oder Der Sinn der Sprache: Wilhelm von Humboldts Sprach-Bild*. München: Wilhelm Fink.

Trabant, Jürgen (1990). *Traditionen Humboldts*. Frankfurt: Suhrkamp.

Trabant, Jürgen (2014). *Globalesisch oder was? Ein Plädoyer für Europa*. München: Beck.

Turner, Victor (1974). *Drama, Fields, and Metaphors*. Ithaca: Cornell University Press.

Turner, Victor (1977). *The Ritual Process: Structure and Anti-Structure*. Ithaca: Cornell University Press.

Turner, Victor (1982). *From Ritual to Theatre: The Human Seriousness of Play*. New York: Performing Arts Journal Publication.

Tu Weiming (1985). *Confucian Thought: Selfhood as Creative Transformation*. Albany: State University of New York Press.

Tu Weiming (org.) (1996). *Confucian Traditions in East Asian Modernity*. Cambridge, Mass.: Harvard University Press.

Tu Weiming (2008). Creativity. A Confucian View. *Dao*, n. 6, p. 115-124.

Tu Weiming (2013). Confucian Humanism in Perspective. *Frontiers of Literary Studies in China*, n. 7, p. 333-338.

Uher, Johanna (org.) (1995). *Pädagogische Anthropologie und Evolution*. Erlangen: Universitätsbibliothek.

Unesco (1972). *Learning to Be. The World of Education Today and Tomorrow*. Paris: Unesco.

Unesco (1996). *Learning. The Treasure within*. Paris: Unesco.

Unesco (2014). *Roadmap for Implementing the Global Action Programme on Education for Sustainable Development*. Paris: Unesco.

Unesco (2016). *Repensar a Educação. Rumo a um bem comum mundial?* Brasília: Unesco.

Vernadsky, Vladimir I. (1929). *La Biosphère*. Paris: Félix Alcan.

Vieira, Karina Limonta (2021). The Body in Education: Conceptions and Dimensions in Brazil and Latin America. In: Kraus, Anja; Wulf, Christoph (org.). *Palgrave Handbook of Embodiment and Learning*. London: Palgrave Macmillan.

Virilio, Paul (1988). *La Machine de Vision*. Paris: Galilée.

Virilio, Paul (2006). *Speed and Politics*. Los Angeles: Semiotext.

Virilio, Paul (2009). *The Aesthetics of Disappearance*. Los Angeles: Semiotext.

Vitousek, Peter M.; Ehrlich, Paul R.; Ehrlich, Anne H.; Matson, Pamela A. (1986). Human Appropriation of the Products of Photosynthesis. *Bioscience*, v. 36, n. 6, p. 368-373.

Vitousek, Peter M.; Mooney, Harold A.; Lubchenco, Jane; Melillo, Jerry M. (1997). Human Domination of Earth's Ecosystems. *Science*, v. 277, n. 5325, p. 494-499.

Vivekananda (1970-73). *The Complete Works of Swami Vivekananda*. Calcutta: Advaita Ashrama.

Vollmer, Maria Theresa (2015). *Von Mahatma Gandhi "Frieden" lernen. Möglichkeiten und Grenzen des Handlungsmodells Satyagraha*. Dissertação (Mestrado) — Erziehungswissenschaft und Psychologie, Berlin.

Voosen, Paul (2016). Anthropocene Pinned to Post War Period. *Science*, v. 353, n. 6302, p. 852-853.

Voss, Christiane; Engell, Lorenz (org.) (2015). *Mediale Anthropologie*. Paderborn: Fink.

Wagner, Hans-Josef (1995). *Die Aktualität der strukturalen Bildungstheorie Humboldts*. Weinheim: Deutscher Studien-Verlag.

Waldenfels, Bernhard (2007). *The Question of the Other*. Hong Kong: Chinese University Press.

Waldenfels, Bernhard (2010). *Sinne und Künste im Wechselspiel. Modi ästhetischer Erfahrung*. Berlin: Suhrkamp.

Wallenhorst, Nathanael (2019). *L'Anthropocène Décodé pour les Humains*. Paris: Les Éditions Le Pommier.

Wallenhorst, Nathanael; Wulf, Christoph (2022a). *Dictionnaire d'Anthropologie Prospective*. Paris: Vrain.

Wallenhorst, Nathanael; Wulf, Christoph (2022b). *Handbook of the Anthropocene*. Basingstoke: Springer Nature.

Webel, Charles; Galtung, Johan (org.) (2007). *Handbook of Peace and Conflict Studies.* London: Routledge.

Weidtmann, Niels (2016). *Interkulturelle Philosophie. Aufgaben, Dimensionen, Wege.* Tübingen: Francke.

Welsch, Wolfgang (2005). *Unsere postmoderne Moderne.* Berlin: Akademie.

Welsch, Wolfgang (2011). *Immer nur der Mensch? Entwürfe zu einer anderen Anthropologie.* Berlin: Akademie.

Weniger, Erich (1957). *Die Eigenständigkeit der Erziehung in Theorie und Praxis.* Weinheim: Beltz.

Westphal, Kerstin (2004). *Lernen als Ereignis. Zugänge zu einem theaterpädagogischen Konzept.* Hohengehren: Schneider.

White, Harrison (2008). *Identity and Control — How Social Formations Emerge.* 2. ed. Princeton: Princeton University Press.

Wiesing, Lambert (2008). *Die Sichtbarkeit des Bildes. Geschichte und Perspektiven der formalen Ästhetik.* Frankfurt: Campus.

Willems, Herbert; Jurga, Martin (org.) (1998). *Inszenierungsgesellschaft. Ein einführendes Handbuch.* Opladen: Westdeutscher.

Wimmer, Michael (2006). *Dekonstruktion und Erziehung. Studien zum Paradoxieproblem in der Pädagogik.* Bielefeld: Transcript.

Wimmer, Michael (2009). Vom Anderen. In: Michael Göhlich, Zirfas Jörg (org.). *Der Mensch als Maß der Erziehung. Festschrift für Christoph Wulf.* Weinheim: Beltz. p. 185-197.

Wimmer, Michael (2014). *Pädagogik als Wissenschaft des Unmöglichen. Bildungsphilosophische Interventionen.* Paderborn: Ferdinand Schöningh.

Winckelmann, Johann Joachim (1995/1755). *Gedanken über die Nachahmung der griechischen Werke in der Malerei und Bildhauerkunst.* Stuttgart: Reclam.

Wintersteiner, Werner (1999). *Pädagogik des Anderen. Bausteine für eine Friedenspädagogik in der Postmoderne.* Münster: Agenda-Verlag.

Wintersteiner, Werner; Christoph (2017). Global Citizenship — konvivialistischer Kosmopolitismus. In: Bernecker, Roland; Grätz, Ronald (org.). *Global Citizenship. Perspektiven einer Weltgemeinschaft*. Göttingen: Steidl. p. 35-43.

Wintersteiner, Werner; Grobbauer, Heidi; Diendorfer, Gertraud; Reitmair-Juárez, Susanne (2014). *Global Citizenship Education. Politische Bildung für die Weltgesellschaft*. Wien: Österreichische UNESCO-Kommission.

Wittgenstein, Ludwig (1958). *Philosophical Investigations — Philosophische Untersuchungen; with German and English Indexes*. New York: MacMillan.

Wittig, Steffen (2018). *Die Ludifizierung des Sozialen*. Paderborn: Schöningh.

Wünsche, Konrad (2007). *"Und du verkennst dich doch". Eine Galerie der Anthropologie*. Göttingen: Wallenstein.

Wulf, Christoph (org.) (1973). *Kritische Friedenserziehung*. Frankfurt: Suhrkamp.

Wulf, Christoph (org.) (1974). *Handbook on Peace Education*. Oslo, Frankfurt: International Peace Research Association.

Wulf, Christoph (org.) (1994). *Einführung in die pädagogische Anthropologie*. Weinheim: Beltz.

Wulf, Christoph (org.) (1995). *Education in Europe. An Intercultural Task*. Münster: Waxmann.

Wulf, Christoph (org.) (1996). *Anthropologisches Denken in der Pädagogik 1750-1850*. Weinheim: Deutscher Studienbuch Verlag.

Wulf, Christoph (org.) (1998). *Education for the 21st Century. Commonalities and Diversities*. Münster: Waxmann.

Wulf, Christoph (2001). *Anthropologie der Erziehung*. Weinheim: Beltz.

Wulf, Christoph (2003). *Educational Science. Hermeneutics, Empirical Research, Critical Theory*. Münster: Waxmann.

Wulf, Christoph (2005a). *Antropologia da Educação*. Campinas: Alínea.

Wulf, Christoph (2005b). *Zur Genese des Sozialen. Mimesis, Performativität, Ritual*. Bielefeld: Transcript.

Wulf, Christoph (2006a). *Anthropologie kultureller Vielfalt*. Bielefeld: Transcript.

Wulf, Christoph (2006b). Praxis. In: Jens Kreinath, Jan Snoek, Michael Stausberg (org.). *Theorizing Rituals: Issues, Topics, Approaches, Concepts*. Leiden: Brill. p. 395-411.

Wulf, Christoph (2008). Rituale im Grundschulalter. Performativität, Mimesis und Interkulturalität. *Zeitschrift für Erziehungswissenschaft*, v. 11, n. 1, p. 67-83.

Wulf, Christoph (2009). *Anthropologie. Geschichte, Kultur, Philosophie*. Köln: Anaconda.

Wulf, Christoph (org.) (2010). *Der Mensch und seine Kultur. Menschliches Leben in Gegenwart, Vergangenheit und Zukunft*. Köln: Anaconda.

Wulf, Christoph (2013a). *Anthropology. A Continental Perspective*. Chicago: University of Chicago Press.

Wulf, Christoph (2013b). *Homo Pictor*. Imaginação, ritual e aprendizado mimético no mundo globalizado. Sâo Paulo: Hedra.

Wulf, Christoph (2014). *Bilder des Menschen. Imaginäre und performative Grundlagen der Kultur*. Bielefeld: Transcript.

Wulf, Christoph (ed.) (2016). *Exploring Alterity in a Globalized World*. London, New York, New Delhi: Routledge.

Wulf, Christoph (2017). *Antropologia do Homem Global*. São Paulo: Annablume.

Wulf, Christoph (2018). *Homo imaginationis*. Firenze: Mimesis.

Wulf, Christoph (2022). *Human Beings and their Images. Mimesis, Imagination. Performativity*. London; Bloomington.

Wulf, Christoph; Althans, Birgit; Audehm, Kathri; Bausch, Constanze; Göhlich, Michael; Sting, Stephan; Tervooren, Anja; Wagner-Willi, Monika; Zirfas, Jörg (2001). *Das Soziale als Ritual performativen Bedeutung von Gemeinschaft*. Opladen: Leske und Budrich.

Wulf, Christoph; Althans, Birgit; Audehm, Kathrin; Bausch, Constanze; Jörissen, Benjamin; Göhlich, Michael; Mattig, Ruprech; Tervooren, Anja; Wagner-Willi, Monika; Zirfas, Jörg (2004). *Bildung im Ritual. Schule, Familie, Jugend, Medien*. Wiesbaden: Verlag für Sozialwissenschaften.

Wulf, Christoph; Althans, Birgi; Blaschke, Gerald; Ferrin, Nin; Göhlich, Michael; Jörissen, Benjamin; Mattig, Ruprecht; Nentwig-Gesemann, Iris; Schinkel, Sebastian; Tervooren, Anja; Wagner-Willi, Monika; Zirfas, Jörg (2007). *Lernkulturen im Umbruch. Rituelle Praktiken in Schule, Medien, Familie und Jugend*. Wiesbaden: Verlag für Sozialwissenschaften.

Wulf, Christoph; Althans, Birgit; Audehm, Kathrin; Bausch, Constanze; Göhlich, Michael; Sting, Stephan; Tervooren, Anja; Wagner-Willi, Monika; Zirfas, Jörg (2010). *Ritual and Identity: The Staging and Performing of Rituals in the Lives of Young People*. London: Tufnell Press.

Wulf, Christoph; Althans, Birgit; Audehm, Kathrin; Blaschke, Gerald; Ferrin, Nino; Kellermann, Ingri; Mattig, Ruprecht; Schinkel, Sebastian (2011). *Die Geste in Erziehung, Bildung und Sozialisation: Ethnographische Feldstudien*. Wiesbaden: Verlag für Sozialwissenschaften.

Wulf, Christoph; Althans, Birgit; Foltys, Julia; Fuchs, Martina; Klasen, Sigrid; Lamprecht, Juliane; Tegethoff, Dorothea (2008). *Geburt in Familie, Klinik und Medien*. Opladen: Barbara Budrich.

Wulf, Christoph; Baitello, Norval (orgs.) (2014). *Emoção e Imaginação*: Os Sentidos e as Imagens em Movimento. São Paulo: Estação das Letras e Cores Editor.

Wulf, Christoph; Baitello, Norval (orgs.) (2019). *Sapientia*: uma arqueologia de saberes esquecidos. São Paulo: Edições Sesc.

Wulf, Christoph; Bittner, Martin; Clemens, Iris; Kellermann, Ingrid (2012). Unpacking Recognition and Esteem in School Pedagogies. *Ethnography and Education*, v. 7, n. 1, p. 59-75.

Wulf, Christoph; Brougère, Gilles; Colin, Lucette; Délory-Momberger, Christine; Kellermann, Ingrid; Lichau, Karsten (2018). *Begegnung mit dem Anderen. Orte, Körper und Sinne im Schüleraustausch*. Münster: Waxmann.

Wulf, Christoph; Bryan, Newton (org.) (2006). *Desarrollo Sostenible*. Münster: Waxmann.

Wulf, Christoph; Fischer-Lichte, Erika (org.) (2010). *Gesten: Inszenierung, Aufführung, Praxis*. Paderborn: Fink.

Wulf, Christoph; Göhlich, Michael; Zirfas, Jörg (org.) (2001). *Grundlagen des Performativen. Eine Einführung in die Zusammenhänge von Sprache, Macht und Handeln*. Weinheim: Juventa.

Wulf, Christoph; Hänsch, Anja; Brumlik, Micha (org.) (2008). *Das Imaginäre der Geburt. Praktiken, Narrationen und Bilder*. München: Fink.

Wulf, Christoph; Kamper, Dietmar (org.) (2002). *Logik und Leidenschaft. Erträge Historischer Anthropologie*. Berlin: Reimer.

Wulf, Christoph; Kamper, Dietmar; Gumbrecht, Hans Ulrich (org.) (1994). *Ethik der Ästhetik*. Berlin: Akademie.

Wulf, Christoph; Macha, Hildegard; Liebau, Eckart (org.) (2004). *Formen des Religiösen. Pädagogisch-anthropologische Annäherungen*. Weinheim: Beltz.

Wulf, Christoph; Merkel, Christine (org.) (2002). *Globalisierung als Herausforderung der Erziehung*. Münster: Waxmann.

Wulf, Christoph; Suzuki, Shoko; Zirfas, Jörg; Kellermann, Ingrid; Inoue, Yoshitaka; Ono, Fumio; Takenaka, Nanae (2011). *Das Glück der Familie: Ethnografische Studien in Deutschland und Japan*. Wiesbaden: Verlag für Sozialwissenschaften.

Wulf, Christoph; Weigand, Gabriele (2011). *Der Mensch in der globalisierten Welt. Anthropologische Reflexionen zum Verständnis unserer Zeit*. Münster: Waxmann.

Wulf, Christoph; Zirfas, Jörg (org.) (1994). *Theorien und Konzepte der pädagogischen Anthropologie*. Donauwörth: Ludwig Auer.

Wulf, Christoph; Zirfas, Jörg (org.) (2004a). *Die Kultur des Rituals: Inszenierungen, Praktiken, Symbole*. München: Wilhelm Fink.

Wulf, Christoph; Zirfas, Jörg (2004b). Performative Welten. Einführung in die historischen, systematischen und methodischen Dimensionen des Rituals. In: Wulf, Christoph; Zirfas, Jörg (org.). *Die Kultur des Rituals*. München: Wilhelm Fink. p. 7-48.

Wulf, Christoph; Zirfas, Jörg (org.) (2005). *Ikonologie des Performativen*. München: Wilhelm Fink.

Wulf, Christoph; Zirfas, Jörg (org.) (2007). *Pädagogik des Performativen*. Weinheim: Beltz.

Wulf, Christoph; Zirfas, Jörg (org.) (2014a). *Handbuch Pädagogische Anthropologie*. Wiesbaden: VS Springer.

Wulf, Christoph; Zirfas, Jörg (2014b). Homo educandus. Eine Einleitung in die Pädagogische Anthropologie. In: Wulf, Christoph; Zirfas, Jörg (org.). *Handbuch Pädagogische Anthropologie*. Wiesbaden: VS Springer. p. 9-26

Zalasiewicz, Jan (2015). Die Einstiegsfrage: Wann hat das Anthropozän begonnen? In: Renn, Jürgen; Scherer, Bernd (org.). *Das Anthropozän. Zum Stand der Dinge*. Berlin: Matthes & Seitz. p. 160-180.

Zeitschrift für Erziehungswissenschaft (2004). *Innovation und Ritual*. ed. Christoph Wulf; Jörg Zirfas. Sonderband 2.

Zeitschrift für Erziehungswissenschaft (2006). Biowissenschaft und Erziehungswissenschaft. ed. Annette Scheunpflug; Christoph Wulf. Sonderband 5.

Zeitschrift für Erziehungswissenschaft (2012). Die Bildung der Gefühle. ed. Ute Frevert; Christoph Wulf. Sonderband 16.

Zeitschrift für Erziehungswissenschaft (2013). Mensch und Ding. Die Materialität pädagogischer Prozesse. ed. Arnd-Michael Nohl; Christoph Wulf. Sonderband 25.

Zeitschrift für Erziehungswissenschaft (2015). Pädagogische Anthropologie. ed. Annette Scheunpflug; Christoph Wulf. Band 18.

Zeitschrift für Historische Anthropologie. Kultur, Gesellschaft, Alltag (1993f.) Wien: Böhlau.

Zirfas, Jörg (2004). *Pädagogik und Anthropologie. Eine Einführung*. Stuttgart: Kohlhammer.

Zirfas, Jörg; Lohwasser, Diana; Burghardt, Daniel; Klepacki, Leopold; Höhne, Thomas (2016). *Geschichte der Ästhetischen Bildung*. Klassik und Romantik. Paderborn: Schöningh. v. 2-3.

Zotz, Volker (2015). *Der Konfuzianismus*. Wiesbaden: Marix.

Sobre o autor

CHRISTOPH WULF é doutor em Filosofia pela Universidade de Marburg. Na Universidade Livre de Berlim, ele atua como Professor de Educação e Antropologia, membro do Interdisciplinary Center for Historical Anthropology, Grupo de Pesquisa "The staging of the Body" (1997-2006), Pesquisador Colaborador no centro (SFB) "Cultures of the Performative" (1999-2010), Cluster de Excelência "Languages of Emotion" (2007-2014; Principal Pesquisador) e o Grupo de Pesquisa "InterArts Studies" (2006-2015).

O autor é fundador da Comissão de "Antropologia Educacional" da Associação Alemã de Pesquisa Educacional (DGfE), secretário fundador da Comissão de Educação para a Paz da Associação Internacional de Pesquisa para a Paz (IPRA), presidente da Rede de Ciência Educacional de Amsterdã. O autor também é vice-presidente da Comissão Alemã da Unesco. Seus livros foram traduzidos para vinte idiomas.

O autor é professor visitante e pesquisador em Stanford, Paris, Roma, Lisboa, Viena, Basileia, Estocolmo, Amsterdã, Londres, Tóquio, Quioto, Maiçor, Nova Déli, Pequim, Xangai, São Petersburgo, Moscou, Kazan, São Paulo.

Ao longo de sua trajetória acadêmica, Christoph Wulf tem se dedicado a áreas como antropologia, educação estética e intercultural, pesquisa de performatividade e ritual, pesquisa de diversidade e emoção, aprendizado mimético e pesquisa sobre imaginação, educação cultural, violência, educação para o desenvolvimento sustentável e antropoceno. As reflexões filosóficas em suas obras partem da utilização de métodos diacrônicos e sincrônicos, levando em consideração os aspectos qualitativos de pesquisas empíricas.

Principais obras do autor em português

Livros

Planeta: a aventura desconhecida (com Edgar Morin). São Paulo: Unesp, 2003.

Mimese na cultura. Agir social, rituais e jogos, produções estéticas (com Gunter Gebauer). São Paulo: Annablume, 2004.

Antropologia da Educação. Campinas: Alínea, 2005.

Homo Pictor. Imaginação, ritual e aprendizado mimético no mundo globalizado. São Paulo: Hedra, 2013.

Emoção e imaginação: os sentimentos e as imagens em movimento (com Norval Baitello). São Paulo: Estação das Letras e Cores, 2014.

Antropologia do homem globalizado. São Paulo: Annablume, 2017.

Sapientia: uma arqueologia dos saberes esquecidos (com Norval Baitello). São Paulo: Edições Sesc SP, 2019.

Artigos

Diversidade Cultural. O Outro e a Necessidade de Reflexão Antropológica. In: *Conhecimento e Desenvolvimento Sustentável: dos problemas societais aos fundamentos muiltidisciplinares*. Organização Rede alfa Plan GIES União Europeia. Apoio Universidade da Beira Interior-UBI — Covilhã/Portugal; Universidade Estadual de Campinas-Unicamp — Campinas, 2005, p. 85-105.

Linguagem, imaginação e performatividade: novas perspectivas para a Antropologia Histórica. In: BAITELLO, N; GUIMARÃES, L.; MENEZES, J.; PAIERO, D. (Orgs.). *Os símbolos vivem mais que os homens*. São Paulo: Centro Interdisciplinar de Semiótica da Cultura e da Mídia, 2007, p. 37-54.

Mimese. In: CARVALHO, A. D. (Org.) *Dicionário de Filosofia da Educação*. Porto (Portugal): Porto Editora, 2007. p. 239-242.

O Ouvido. In: *Revista Ghrebh*, n° 9, 2007.

Antropologia: um desafio para a educação e o desenvolvimento humano. In: *Revista Brasileira de Estudos Pedagógicos*, v. 97, n° 246, 2016.

Educação para o desenvolvimento sustentável no Antropoceno: mimese, rituais, gestos. In: *Revista Lusófona de Educação*, v. 52, n° 52, 2021.

E-mail: christoph.wulf@fu-berlin.de

LEIA TAMBÉM

CRIANÇAS, EDUCAÇÃO E O DIREITO À CIDADE:
Pesquisas e práticas

Marcia Aparecida Gobbi
Maria Cristina Stello Leite
Cleriston Izidro dos Anjos (Orgs.)

288 páginas • 16 x 23 cm • ISBN 978-65-5555-079-5

O livro dá a conhecer bebês nas creches e experiências e projetos que deram certo em escolas/creches. Permite surpreendermo-nos com crianças em ocupações e fazendo política nas organizações sociais urbanas; depararmo-nos com crianças circulando pelas ruas da polis através de projetos possibilitados pelas escolas e pelo poder público. Teoricamente, os textos convergem no sentido de reconhecer o direito à cidade, às crianças e aos bebês. Permite, de um lado, conhecer quem são as crianças estudadas em seus contextos e, desvendar veredas da própria cidade onde esses sujeitos habitam. Por fim, vai ao encontro do desejo de transformar as cidades em lugares mais acolhedores para os/as mais vulneráveis, sobretudo, os bebês e as crianças.

LEIA TAMBÉM

ELES LEEM, MAS NÃO COMPREENDEM:
Onde está o equívoco?

Élie Bajard

344 páginas • 16 x 23 cm • ISBN 978-65-5555-025-2

Esta não é apenas mais uma obra sobre a alfabetização de crianças. Ela elabora críticas linguisticamente fundamentadas a princípios do construtivismo, e outras severas ao método fônico. Mas o autor não se limita às críticas. Os pilares teóricos estão estabelecidos no terreno em que o objeto a ser apropriado pelas crianças é a linguagem escrita, histórica e culturalmente construída para se situar na relação entre os olhos e a mente de quem lê e de quem escreve. Por isso, mira a linguagem escrita, refundada, desde a invenção da imprensa e seu uso diário impulsionado pela sua explosão criativa em aplicativos em ambientes digitais.